ZfB – Special Issues

Wie führt man ein Unternehmen erfolgreich?
Linux als Vorbild für Unternehmensführung?
Günter Fandel / Peter-J. Jost (Hrsg.)
Ökonomische Analyse von Governance-Strukturen
Unternehmenstheorie und praktische Erfahrungen
2003. XII, 96 S. (Bd. 5/2003) Br. EUR 49,90
ISBN 3-409-12450-0

Wettbewerbsvorsprung durch Dienstleistungen
Günter Fandel / Horst Wildemann (Hrsg.)
Produktion von Dienstleistungen
2004. X, 130 S. (Bd. 1/2004) Br. EUR 49,00
ISBN 3-409-12643-0

Erfolgreiche Praxisanwendungen in Anreizgestaltung,
Kontrolle und Finanzen
Günter Fandel / Bernd Rudolph / Wolfgang Kürsten (Hrsg.)
Finanzwirtschaftliche Information, Anreizgestaltung und Kontrolle
2004. X, 106 S. (Bd. 2/2004) Br. EUR 46,00
ISBN 3-409-12722-4

Der Realoptionsansatz und seine Anwendungsbereiche
Thomas Dangl / Michael Kopel / Wolfgang Kürsten (Hrsg.)
Real Options
2004. 168 S. (Bd. 3/2004) Br. EUR 49,00
ISBN 3-409-03443-9

Strategische Entscheidungen im Wettbewerb
Günter Fandel / Peter-J. Jost (Hrsg.)
Strategische Anreizsetzung im Unternehmen
2005. X, 110 S. (Bd. 4/2004) Br. EUR 46,00
ISBN 3-409-14280-0

Bestell-Coupon Fax: 06 11.78 78-420

Ja, ich bestelle zur sofortigen Lieferung:

☐ Fandel / Jost (Hrsg.)
Ökonomische Analyse
von Governance-Strukturen
Br. EUR 49,90
ISBN 3-409-12450-0

☐ Fandel / Wildemann (Hrsg.)
Produktion von
Dienstleistungen
Br. EUR 49,00
ISBN 3-409-12643-0

☐ Fandel / Rudolph / Kürsten (Hrsg.)
Finanzwirtschaftliche
Information, Anreizgestaltung
und Kontrolle
Br. EUR 46,00
ISBN 3-409-12722-4

☐ Dangl / Kopel / Kürsten (Hrsg.)
Real Options
Br. EUR 49,00
ISBN 3-409-03443-9

☐ Fandel / Jost (Hrsg.)
Strategische Anreizsetzung
im Unternehmen
Br. EUR 46,00
ISBN 3-409-14280-0

zuzügl. Versand EUR 3,32

Geschäftsführer: Andreas Kösters,
AG Wiesbaden HRB 9754

Vorname und Name

Straße (bitte kein Postfach)

PLZ, Ort

Unterschrift   321 04 580

Änderungen vorbehalten. Erhältlich im Buchhandel oder beim Verlag. Abraham-Lincoln-Str. 46, 65189 Wiesbaden, Tel: 06 11.78 78-626, www.gabler.de

Zeitschrift für Betriebswirtschaft

Special Issue 1/2005

Revenue Management

ZfB-Special Issues

2/2001 Controlling-Theorie
Schriftleitung: Horst Albach/Ulf Schiller
160 Seiten. ISBN 3 409 11833 0

3/2001 E-Business
Schriftleitung: Horst Albach/Horst Wildemann
162 Seiten. ISBN 3 409 11876 4

4/2001 Theorie der Unternehmen
Schriftleitung: Horst Albach/Peter J. Jost
193 Seiten. ISBN 3 409 11883 7

1/2002 Marketing-Management
Schriftleitung: Horst Albach/Christoph Weiser
190 Seiten. ISBN 3 409 11984 1

2/2002 Unternehmensentwicklung im Wettbewerb
Schriftleitung: Horst Albach/Bernd Schauenberg
164 Seiten. ISBN 3 409 11996 5

3/2002 Privatisierung von öffentlichen Unternehmen
Schriftleitung: Horst Albach/Eberhard Witte
117 Seiten. ISBN 3 409 12075 0

4/2002 Sportökonomie
Schriftleitung: Horst Albach/Bernd Frick
262 Seiten. ISBN 3 409 12282 6

5/2002 Gründungs- und Überlebenschancen von Familienunternehmen
Schriftleitung: Horst Albach/Andreas Pinkwart
173 Seiten. ISBN 3 409 12330 X

1/2003 Die Zukunft des Electronic Business
Schriftleitung: Horst Albach/Johannes Hummel
159 Seiten. ISBN 3 409 12380 6

2/2003 Von der Gründung bis zur Insolvenz
Schriftleitung: Horst Albach/Andreas Pinkwart
156 Seiten. ISBN 3 409 12397 0

3/2003 Hochschulmanagement
Schriftleitung: Horst Albach/Peter Mertens
204 Seiten. ISBN 3 409 12415 2

4/2003 Personalmanagement
Schriftleitung: Horst Albach
176 Seiten. ISBN 3 409 12414 4

5/2003 Ökonomische Analyse von Governance-Strukturen
Schriftleitung: Günter Fandel/Peter J. Jost
96 Seiten. ISBN 3 409 12450 0

1/2004 Produktion von Dienstleistungen
Schriftleitung: Günter Fandel/Horst Wildemann
130 Seiten. ISBN 3 409 12643 0

2/2004 Finanzwirtschaftliche Information, Anreizgestaltung und Kontrolle
Schriftleitung: Günter Fandel/Bernd Rudolph/Wolfgang Kürsten
106 Seiten. ISBN 3 409 12722 4

3/2004 Real Options
Schriftleitung: Thomas Dangl/Michael Kopel/Wolfgang Kürsten
158 Seiten. ISBN 3 409 03443 9

4/2004 Strategische Anreizsetzung im Unternehmen
Schriftleitung: Günter Fandel/Peter J. Jost
110 Seiten. ISBN 3 409 14280 0

Revenue Management

Herausgeber

**Prof. Dr. Günter Fandel
Hans Botho von Portatius**

SPRINGER FACHMEDIEN WIESBADEN GMBH

Die Deutsche Bibliothek – CIP-Einheitsaufnahme

> **Zeitschrift für Betriebswirtschaft** : ZfB. – Wiesbaden :
> Betriebswirtschaftlicher Verl. Gabler
> Erscheint monatl. – Aufnahme nach Jg. 67, H. 3 (1997)
> Reihe Ergänzungsheft: Zeitschrift für Betriebswirtschaft /
> Ergänzungsheft. Fortlaufende Beil.: Betriebswirtschaftliches
> Repetitorium. – Danach bis 1979: ZfB-Repetitorium
> ISSN 0044-2372
> 2005, Special Issue 1. Revenue Management
> Herausgeber: Günter Fandel, Hans Botho von Portatius – Wiesbaden: Gabler, 2005
> (Zeitschrift für Betriebswirtschaft; 2005, Special Issue 1)
> ISBN 978-3-8349-0050-0   ISBN 978-3-663-11304-1 (eBook)
> DOI 10.1007/978-3-663-11304-1

Alle Rechte vorbehalten
© Springer Fachmedien Wiesbaden 2005
Ursprünglich erschienen bei Betriebswirtschaftlicher Verlag Dr. Th. Gabler GmbH, Wiesbaden 2005
Lektorat: Susanne Kramer/Annelie Meisenheimer

Der Gabler Verlag ist ein Unternehmen von Springer Science+Business Media.

Das Werk einschließlich aller seiner Teile ist urheberrechtlich geschützt. Jede Verwertung außerhalb der engen Grenzen des Urheberrechtsgesetzes ist ohne Zustimmung des Verlags unzulässig und strafbar. Das gilt insbesondere für Vervielfältigungen, Übersetzungen, Mikroverfilmungen und die Einspeicherung und Verarbeitung in elektronischen Systemen.

http://www.gabler.de
http://www.zfb-online.de

Höchste inhaltliche und technische Qualität unserer Produkte ist unser Ziel. Bei der Produktion und Verbreitung unserer Bücher wollen wir die Umwelt schonen: Dieses Buch ist auf säurefreiem und chlorfrei gebleichtem Papier gedruckt. Die Einschweißfolie besteht aus Polyäthylen und damit aus organischen Grundstoffen, die weder bei der Herstellung noch bei der Verbrennung Schadstoffe freisetzen.

Die Wiedergabe von Gebrauchsnamen, Handelsnamen, Warenbezeichnungen usw. in diesem Werk berechtigt auch ohne besondere Kennzeichnung nicht zu der Annahme, dass solche Namen im Sinne der Warenzeichen- und Markenschutz-Gesetzgebung als frei zu betrachten wären und daher von jedermann benutzt werden dürften.

Satz: Fotosatz-Service Köhler GmbH, Würzburg
Printed in Germany
ISBN 978-3-8349-0050-0

Inhalt

Zeitschrift für Betriebswirtschaft, Special Issue 1/2005

Editorial VII

Revenue Management im Branchenvergleich
Prof. Dr. Alf Kimms, Freiberg und Dr. Robert Klein, Darmstadt 1

Kapazitätssteuerung im Revenue Management
Prof. Dr. Hans Corsten und PD Dr. Ralf Gössinger, Kaiserslautern 31

Interaktive Preismaßnahmen bei Low-Cost-Fluglinien
Dr. Martin Spann, Frankfurt, Dr. Joachim Klein, Karim Makhlouf, Köln
und Dipl.-Wi.-Ing. Martin Bernhardt, Frankfurt 53

**Standardisierte Logistikprodukte für globale Belieferungsnetze:
Realisierung, Optimierungspotenziale und Preisgestaltung**
Dipl.-Kfm. Bernhard Oymann, Essen,
Dipl.-Betriebswirt Peter Schumann, Essen/Berlin
und Prof. Dr. Bernhard Fleischmann, Augsburg 79

**Kundenzufriedenheitsrelevante Effekte der Überbuchung im Rahmen
des Revenue-Managements**
Dr. Jörg Lindenmeier und Prof. Dr. Dieter K. Tscheulin, Freiburg 101

ZfB · Grundsätze und Ziele 124
ZfB · Herausgeber/Internationale Herausgeber XI
ZfB · Impressum/Hinweise für Autoren XII

Supply Chain Management

Logistik verständlich und interessant

Holger Arndt
Supply Chain Management
Optimierung logistischer Prozesse
2., überarb. u. erw. Aufl. 2005. XII, 257 S. Br.
EUR 24,90
ISBN 3-409-22558-7

Aktives Management von (Logistik-)Netzwerken

Hans-Christian Pfohl (Hrsg.)
Netzkompetenz in Supply Chains
Grundlagen und Umsetzung
2004. VIII, 356 S. Br.
EUR 34,90
ISBN 3-409-12684-8

Die logistische Wertschöpfungskette optimieren

Helmut H. Wannenwetsch / Sascha Nicolai (Hrsg.)
E-Supply-Chain-Management
Grundlagen – Strategien – Praxisanwendungen
2., überarb. u. erw. Aufl. 2004. XVIII, 288 S. Br.
EUR 31,90
ISBN 3-409-22015-1

Änderungen vorbehalten. Erhältlich im Buchhandel oder beim Verlag. Abraham-Lincoln-Str. 46, 65189 Wiesbaden, Tel.: 06 11.78 78-626 www.gabler.de

Editorial

Dieses Ergänzungsheft enthält fünf Beiträge, die schwerpunktmäßig zum Revenue Management sowie der hierzu erforderlichen Produktspezifizierung und Preisgestaltung beitragen. Im Wesentlichen geht es dabei um die erlös- bzw. gewinnmaximale Vermarktung von Kapazitäten durch entsprechende Preisdifferenzierungen und Marktsegmentierungen, um dadurch die unterschiedlichen Zahlungsbereitschaften verschiedener Nachfragergruppen abzuschöpfen und für das Unternehmen gewinnbringend zu nutzen. Die Möglichkeiten, dies auf gesicherterer informatorischer Basis zu tun, haben sich in der Praxis durch leistungsfähigere betriebliche IT-Systeme und mit Ausbreitung der Internetnutzung vermehrt. Damit stellt sich auch die Frage, ob die Forschung neue Impulse erhält und als Impulsgeber bei einer Verbesserung der Geschäftssteuerung dient. Drei der Beiträge kommen aus der Hochschule, die anderen beiden Beiträge sind durch die Zusammenarbeit von Praxis und Hochschule entstanden.

Einführend geben *Kimms* und *Klein* eine Übersicht über das Revenue Management im Branchenvergleich. Das Revenue Management ist als eigenständiger Betrachtungsgegenstand vor bald 30 Jahren zunächst aus der Kapazitätssteuerung beim Personentransport durch Fluggesellschaften entstanden. Die Autoren präsentieren nun in ihrer Arbeit einen allgemeineren Untersuchungsrahmen aus Definitionen, Anwendungsvoraussetzungen sowie Entscheidungsebenen, Zielen und Instrumenten des Revenue Managements, aus dem heraus die Einsatzmöglichkeiten und Anwendungsfelder des Revenue Managements in verschiedenen Branchen für die konkrete Maßnahme der Kapazitätssteuerung erörtert werden können. Bekanntlich bestehen bereits breitere Anwendungen zur effektiven Nutzung unflexibler Kapazitäten in der Hotelindustrie, bei privaten Autovermietern, in der Freizeit- und Medienindustrie, dem Transportgewerbe und bei der Vermarktung von Informationsdienstleistungen. Durch die Formulierung statischer Entscheidungsmodelle für ausgewählte Anwendungsfelder werden von den Autoren die Unterschiede in den Einsatzmöglichkeiten herausgearbeitet, die es bei dem Einsatz des Revenue Managements in verschiedenen Branchen gibt. Sie konzentrieren sich dabei auf Passagen im Luftverkehr sowie Zimmerbuchungen in der Hotellerie als Anwendungsfälle der Touristik und auf die gewinnmaximale Kapazitätsnutzung bei auftragsorientierter Fertigung.

Corsten und *Gössinger* untersuchen in ihrer theoretischen Arbeit die Möglichkeiten der Kapazitätssteuerung im Revenue Management, wobei die Analyse einmal auf ein Unternehmen beschränkt bleibt und zum anderen unternehmensübergreifend bei Beteiligung mehrerer Partner in einem Netzwerk durchgeführt wird. Zu Beginn des Beitrags legen die Autoren dar, dass sie die Kapazitätssteuerung als Teilmodul in einem Stufenmodell von Revenue Management-Systemen begreifen, und sie erörtern die Rahmenbedingungen einer derart dekomponierten Vorgehensweise. Der Schwerpunkt liegt dann auf der unternehmensbezogenen Betrachtung; hier halten die Autoren die aus der Literatur her bekannten Modelle der Auftragsselektion bei Unsicherheit für die geeigneten Ansätze, um eine erlösmaximierende Kapazitätssteuerung über unterschiedliche Buchungsklassen vorzunehmen. Dabei gehen im Wesentlichen Wahrscheinlichkeitsverteilungen über Nachfragezugänge, die Belegung von Buchungsklassen, die Akzeptanz des Preises einer Buchungsklasse sowie über die Stornierungen und „No Shows" als auch Informationen über die Preisbereitschaftsfunktion der Nachfrager als Parameter in das Entscheidungsmodell ein.

Editorial

Für den Fall der unternehmensübergreifenden Betrachtung wird als Lösungsansatz die Kombination von „sealed-bid double auction" und Matrixauktion vorgeschlagen, der in einer entsprechenden Modellformulierung mündet. Die Preisbildung koordiniert dann die Verteilung der Kapazitätsnachfrage auf die Netzwerkteilnehmer. Dadurch wird die Kapazität der Netzwerkteilnehmer zum Aktionsparameter.

Die gleichermaßen theoretische wie praktische Studie von *Spann, Klein, Makhlouf* und *Bernhardt* über interaktive Preismaßnahmen bei Low-Cost-Fluglinien ist aus einer engen Kooperation des Lehrstuhls für Electronic Commerce an der Universität Frankfurt mit der Germanwings GmbH in Köln hervorgegangen. Aus der Nutzung des Internets als vorherrschendem Vertriebskanal bei einer Low-Cost-Fluglinie ergibt sich die Möglichkeit, die in der Off-Line-Welt nicht eingesetzten Preismechanismen des Reverse Pricing als Instrument des Revenue Managements zum Zuge kommen zu lassen. Die aus der Literatur bekannten Befunde, dass sich interaktive Preismaßnahmen in besonderer Weise zur Erreichung der Kommunikations-, Transaktions- und Marktforschungsziele von Unternehmen eignen, werden in diesem Beitrag speziell für diese interaktive Preismaßnahme des Reverse Pricing empirisch überprüft. Konkret geht es im Rahmen des Kapazitäts- und Preismanagements beim Verkauf von Personenpassagen im Luftverkehr um die Probleme, die optimale Anzahl und Größe von Buchungsklassen zu ermitteln und für die jeweilige Buchungsklasse den optimalen Preis zu bestimmen. Hierdurch sollen unterschiedliche Zahlungsbereitschaften von Nachfragern auf der Grundlage dynamischer Preiskurven erfasst und für die Gewinnsteigerung der Fluglinie genutzt werden. Bei der empirischen Studie lag der Schwerpunkt auf der Maßnahme des Reverse Pricing, bei dem der Käufer ein Gebot für den Kauf eines Flugtickets abgeben kann, das dann zum Zuge kommt, wenn es eine vom Verkäufer zuvor festgelegte, dem Käufer aber unbekannte Preisschwelle übersteigt. Die Vorteile dieser im Rahmen anderer Internetgeschäftsmodelle erprobten Preismaßnahme liegen darin, dass man eine differenzierte Preisstruktur zur Abschöpfung heterogener Zahlungsbereitschaften erreichen kann, die dem Unternehmen aufgrund der Geheimhaltung der Preisschwellen und der dadurch bedingten Preisintransparenz höhere Gestaltungsspielräume bei der Erlösmaximierung lässt. Die empirische Studie zur Beurteilung des Erfolgs des Reverse Pricing ist für einen begrenzten Zeitraum durchgeführt worden, in dem etwa 3.500 Kunden die Möglichkeit hatten, über diese Auktionsform ihre Tickets zu kaufen, wobei die Preisschwellen mit der Vorlaufzeit der Buchung und dem Wochentag der Flugreise variierten. Neben der sehr weitgehenden Erreichung der mit dieser interaktiven Preismaßnahme des Reverse Pricing verbundenen Ziele können die Autoren die Preisschwelle aufzeigen, bei welcher der optimale Gesamterlös erzielt wird.

Der Beitrag zur Standardisierung von Logistikprodukten für globale Belieferungsnetze ist ebenfalls in sehr enger Zusammenarbeit der Autoren aus Praxis und Wissenschaft entstanden. *Oymann* und *Schumann* von der Schenker AG in Essen untersuchen zusammen mit *Fleischmann* vom Lehrstuhl für Produktion und Logistik an der Universität Augsburg Aspekte der Realisierung, der Nutzung der Optimierungspotentiale sowie die Möglichkeiten der Preisgestaltung für derart standardisierte Logistikprodukte. Die Untersuchung scheint auf den ersten Blick nicht unmittelbar im engeren Sinne auf das Revenue Management in der Logistik ausgerichtet zu sein. Im weiteren Sinne ist dies aber sehr wohl der Fall, da zunächst einmal die Dienstleistungsprodukte spezifiziert und standardisiert sowie für diese einzeln bzw. in Kombination die Preise festgelegt werden müssen, um auf dieser Grundlage dann die in Frage kommenden Maßnahmen des Revenue Managements anzugehen. Die Autoren weisen darauf hin, dass sich im Zuge entsprechender Vorgehensweisen Veränderungsnotwendigkeiten ergeben, die sich damit begründen lassen, dass sich die Logistikdienstleistung vom Projekt zum Produkt wandelt und an die Stelle des Konzepts des „Vendor-Managed-Inventory" das Konzept des „Carrier Managed Inventory" tritt. Während die Projektlösung die Einzellösung zu einem logistischen Problem darstellte, wird das Ergebnis der Produktlösung darin bestehen, aus standardisierten Einzelleistungen multiplizierbare Logistikprodukte im Sinne von Systemdienstleistungen anzubieten. In diesem Rahmen werden zunächst die typischen Eigenschaften eines Logistikprodukts erörtert. Im Anschluss daran wird die Produktgruppe der „Schenker-Supply Net Solutions" überblicksartig dargestellt und im Hinblick auf die Optimierung ihrer Potentiale analysiert. Am Ende stehen dann die Überlegungen zur Preis- und Kontraktgestaltung. Die Beurteilung der Optimierungspotentiale orientiert sich an den Aspekten, inwieweit das neue Produkt in das bestehende System der Unternehmung integriert werden kann und wie sich die Informations- und Warenflüsse in der Weise verbessern lassen, dass Unsicherheiten und Lieferzeiten reduziert werden. Der Preis wird sich schließlich aus einem Basispreis und den variablen Preisanteilen entsprechend der Leistungen des Logistikanbieters zusammensetzen. Hierbei sind der Basispreis und die Kosten für die geschätzte Luftfracht per annum plus Risikozuschlag die Elemente, an denen sich dann ein nachgelagertes Revenue Management festmachen könnte.

Lindenmeier und *Tscheulin* untersuchen in ihrem Aufsatz kundenzufriedenheitsrelevante Effekte der Überbuchung im Rahmen des Revenue Managements. Die von ihnen hierzu formulierten sechs Forschungshypothesen werden mit Hilfe multivariater Analysemethoden empirisch überprüft. Am Anfang der methodischen Überlegungen steht ein Literaturüberblick, aus dem deutlich wird, dass die Preisfairness und die Rückgewinnungsstrategie bei überbuchungsbedingten Abweisungen erhebliche Auswirkungen auf die Kundenzufriedenheit im Rahmen des Revenue Managements haben. Hinsichtlich der Umbuchung in andere Tarifklassen aufgrund einer Überbuchung wird es im Wesentlichen davon abhängen, wie das Unternehmen das Zusammenspiel von Preis und Flexibilität bei der Zuweisung in kontingentierungsabhängige Tarifklassen managt. Negative Effekte überbuchungsbedingter unfreiwilliger Abweisungen können dagegen unter Umständen im Sinne einer größeren Kundenzufriedenheit durch Umbuchungen auf den nächsten Flug und Leistung einer Kompensationszahlung ausgeglichen werden. Die empirische Studie zur Überprüfung der Forschungshypothesen stützt sich auf Interviews von 450 Flugreisenden, die an einem deutschen Flughafen befragt wurden und das Merkmal der Vielflieger erfüllten. Gestützt auf drei Tarifklassen sowie den Status, ob eine Abweisung erfolgt oder nicht, wurden die Befragten mit sechs manipulierten Produktmerkmalen konfrontiert, deren Beurteilung im Hinblick auf die Kundenzufriedenheit mit Hilfe der Mehrfaktorenanalyse erfolgte. Die Studienergebnisse bestätigen insgesamt die formulierten Hypothesen. Umbuchungen und Abweisungen erzeugen prinzipiell negative Zufriedenheitsreaktionen. Negative Effekte aufgrund von Abweisungen sind nicht tarifklassenabhängig. Rückgewinnungsstrategien mit Hilfe von Kompensationszahlungen können positive Netto-Zufriedenheitseffekte erzeugen. Die Umbuchung in höhere Tarifklassen bei Erweiterung des Leistungsspektrums ist im Hinblick auf die Kundenzufriedenheit kontraproduktiv; Umbuchungen in niedrigere Tarife bei Beibehaltung des ursprünglichen Leistungsspektrums werden dagegen positiv beurteilt.

Unter leistungstheoretischen Aspekten stellen die Beiträge eine schöne Ergänzung zu denen des Ergänzungsheftes 1/2004 dar, in dem die Produktion von Dienstleistungen aus unterschiedlichen Perspektiven beleuchtet wurde. Die hier beim Revenue Management betrachteten Produktionsstrukturen sind meist recht einfach. Besonders deutlich führt dies der Beitrag von *Spann, Klein, Makhlouf* und *Bernhardt* vor Augen sowie deren interessanter Hinweis, wie das Auftreten der Low-Cost-Carrier und der Wettbewerbsdruck, der auch traditionelle Anbieter zu verstärktem Revenue Management zwingt, zu einer systematisierten Komplexitätsreduktion von deren Leistungen führt. Der Beitrag von *Oymann, Schumann* und *Fleischmann* zeigt sehr plastisch, dass der Aufbau komplexerer Leistungsstrukturen, wie man sie beispielsweise bei Logistikdienstleistern vorfindet, zunächst vorbereitende analytische Überlegungen über die Leistungsstruktur erfordern, bevor ein entsprechendes Revenue Management angegangen werden kann. Eine Verbesserung des Revenue Managements, das der Ertragsverbesserung dient, muß immer die längerfristigen kritischen Effekte auf die Kundenbindung berücksichtigen. Nicht ohne guten Grund war dieser thematische Aspekt auch Teil des Ergänzungsheftes 1/2003 über „Die Zukunft des Electronic Business". Die neuen Vertriebs- und Kommunikationskanäle eröffnen dem Revenue Management zwar neue Möglichkeiten, bedeuten aber auch, wie der Beitrag von *Lindenmeier* und *Tscheulin* zeigt, eine Herausforderung für die unternehmerische Praxis und die weitere empirische Forschung auf der Marketingseite.

Günter Fandel   Hans Botho von Portatius

Herausgeber/Editorial Board

Editor-in-Chief

Prof. Dr. **Günter Fandel** ist Universitätsprofessor und Inhaber des Lehrstuhls für Betriebswirtschaft, insbesondere Produktions- und Investitionstheorie an der FernUniversität in Hagen. Seine Hauptarbeitsgebiete sind Industriebetriebslehre, Produktionsmanagement und Hochschulmanagement.

Department Editors

Prof. Dr. Holger Ernst ist Inhaber des Lehrstuhls für Betriebswirtschaftslehre, insbesondere Technologie- und Innovationsmanagement an der Wissenschaftlichen Hochschule für Unternehmensführung – Otto-Beisheim-Hochschule – (WHU) in Vallendar.

Prof. Dr. Oliver Fabel ist Universitätsprofessor und Inhaber des Lehrstuhls für Betriebswirtschaftslehre, insbesondere Unternehmenspolitik an der Universität Konstanz. Seine Hauptarbeitsgebiete sind Personal-, Organisations- und Bildungsökonomik.

Prof. Dr. Günter Fandel, s.o.

Prof. Dr. Armin Heinzl ist Universitätsprofessor und Inhaber des Lehrstuhls für Allgemeine Betriebswirtschaftslehre und Wirtschaftsinformatik an der Universität Mannheim. Seine Hauptarbeitsgebiete sind Wirtschaftsinformatik, Organisationslehre sowie Logistik.

Prof. Dr. Manfred Krafft ist Universitätsprofessor, Inhaber des Lehrstuhls für Allgemeine Betriebswirtschaftslehre, insbesondere Marketing und Direktor des Instituts für Marketing der Westfälischen Wilhelms-Universität Münster. Seine Hauptarbeitsgebiete sind Customer Relationship Management, Direktmarketing und Vertriebsmanagement.

Prof. Dr. Norbert Krawitz ist Universitätsprofessor und Inhaber des Lehrstuhls für Betriebswirtschaftslehre mit dem Schwerpunkt Betriebswirtschaftliche Steuerlehre und Prüfungswesen an der Universität Siegen. Seine Hauptarbeitsgebiete sind Rechnungslegung, Wirtschaftsprüfung und betriebswirtschaftliche Steuerlehre.

Prof. Dr. Hans-Ulrich Küpper ist Universitätsprofessor und Direktor des Instituts für Produktionswirtschaft und Controlling der Universität München. Seine Hauptarbeitsgebiete sind Unternehmensrechnung, Controlling und Hochschulmanagement.

Prof. Dr. Wolfgang Kürsten ist Universitätsprofessor und Inhaber des Lehrstuhls für Allgemeine Betriebswirtschaftslehre, insbesondere Finanzierung, Banken und Risikomanagement an der Universität Jena. Seine Hauptarbeitsgebiete sind Finanzkontrakte, Bankbetriebswirtschaftslehre und kapitalmarktorientierte Unternehmensführung.

Prof. Dr. Werner Pascha ist Universitätsprofessor und Inhaber des Lehrstuhls für Ostasienwirtschaft/Wirtschaftspolitik an der Universität Duisburg-Essen.

Prof. Dr. Joachim Schwalbach ist Universitätsprofessor und Inhaber des Lehrstuhls für Internationales Management an der Humboldt Universität in Berlin.

Prof. Dr. Hartmut Stadtler ist Universitätsprofessor und Inhaber des Instituts für Logistik und Transport an der Universität Hamburg. Seine Hauptarbeitsgebiete sind die Logistik, die Unternehmensplanung und die unternehmensübergreifende Planung im Rahmen des Supply Chain Management sowie deren Unterstützung durch Softwaresysteme (z.B. Advanced Planning Systeme).

Prof. Dr. Stefan Winter ist Universitätsprofessor und Inhaber des Lehrstuhls für Human Resource Management an der Ruhr-Universität in Bochum. Seine Hauptarbeitsgebiete sind die Analyse von Anreizstrukturen in Unternehmen, Gestaltung von Vergütungssystemen für Führungskräfte sowie die Institutionenökonomische Analyse von Personal- und Organisationsproblemen.

Prof. Dr. Peter Witt ist Universitätsprofessor und Inhaber des Lehrstuhls für Unternehmertum und Existenzgründung an der Wissenschaftlichen Hochschule für Unternehmensführung – Otto-Beisheim-Hochschule – (WHU) in Vallendar. Seine Hauptarbeitsgebiete sind Gründungsfinanzierung, Entrepreneurship und Corporate Governance.

Prof. Dr. Uwe Zimmermann ist Hochschulprofessor und Leiter des Instituts für Mathematische Optimierung an der Technischen Universität Braunschweig. Seine Hauptarbeitsgebiete sind die Lineare, Kombinatorische und Diskrete Optimierung und ihre Anwendung auf komplexe Systeme in Verkehr und Logistik.

Editorial Board

Prof. (em.) Dr. Dr. h.c. mult. Horst Albach (Chairman)
Prof. Alain Burlaud
Prof. Dr. Santiago Garcia Echevarria
Prof. Dr. Lars Engwall
Prof. Dr. Robert T. Green
Dr. Dieter Heuskel
Dr. Detlef Hunsdiek
Prof. Dr. Hiroyuki Itami
Prof. Dr. Don Jacobs
Dr. Bernd-Albrecht v. Maltzan
Prof. Dr. Koji Okubayashi
Hans Botho von Portatius
Prof. (em.) Dr. Hermann Sabel
Prof. Dr. Adolf Stepan
Prof. Dr. Kalervo Virtanen
Dr. med. Martin Zügel

Impressum/Hinweise für Autoren

Verlag

Gabler Verlag/GWV Fachverlage GmbH,
Abraham-Lincoln-Straße 46, 65189 Wiesbaden,
http://www.gabler.de
http://www.zfb-online.de
Geschäftsführer: Andreas Kösters
Verlagsleitung: Dr. Heinz Weinheimer
Programmleitung Wissenschaft: Claudia Splittgerber
Gesamtleitung Produktion: Reinhard van den Hövel
Gesamtleitung Vertrieb: Gabriel Göttlinger

Editor-in-Chief:
Professor Dr. Günter Fandel
FernUniversität in Hagen
Fachbereich Wirtschaftswissenschaft
58084 Hagen
E-Mail: ZfB@FernUni-Hagen.de

Anfragen an den Editor-in-Chief: Briefe an den Editor-in-Chief mit der Bitte um Auskünfte etc. können nur beantwortet werden, wenn ihnen Rückporto beigefügt ist. Von Anfragen, die durch Einsicht in die Jahresinhaltsverzeichnisse beantwortet werden können, bitten wir abzusehen.

Redaktion: Susanne Kramer, Tel.: 06 11/78 78-2 34,
E-Mail: Susanne.Kramer@Gabler.de

Annelie Meisenheimer, Tel.: 06 11/78 78-2 32, Fax: 06 11/78 78-411,
E-Mail: Annelie.Meisenheimer@Gabler.de

Abonnentenbetreuung: Doris Schöne, Tel.: 0 52 41/80 19 68,
Fax: 0 52 41/80 96 20

Produktmanagement: Kristiane Alesch, Tel.: 06 11/78 78-3 59,
Fax: 06 11/78 78-4 39, E-Mail: Kristiane.Alesch@Gabler.de

Anzeigenleitung: Christian Kannenberg, Tel.: 06 11/78 78-3 69,
Fax: 06 11/78 78-4 30, E-Mail: Christian.Kannenberg@gwv-fachverlage.de

Anzeigendisposition: Monika Dannenberger,
Tel.: 06 11/78 78-1 48, Fax: 06 11/78 78-4 30,
E-Mail: Monika.Dannenberger@gwv-fachverlage.de

Es gilt die Anzeigenpreisliste Nr. 27 vom 1. 10. 2002.

Produktion/Layout: Bernhard Laquai

Bezugsmöglichkeiten: Die Zeitschrift erscheint monatlich. Kündigung des Abonnements spätestens sechs Wochen vor Ablauf des Bezugszeitraumes schriftlich mit Nennung der Kundennummer. Eine schriftliche Bestätigung erfolgt nicht. Jährlich können 1 bis 6 Ergänzungshefte hinzukommen. Jedes Ergänzungsheft wird den Jahresabonnenten mit einem Nachlaß von 25% des jeweiligen Ladenpreises gegen Rechnung geliefert. Kündigung des Abonnements spätestens sechs Wochen vor Ablauf des Bezugszeitraumes schriftlich mit Nennung der Kundennummer.

	Preise Inland:	Preise Ausland:
Einzelheft:	32,– Euro	40,– Euro
Studenten-*/Emeritus-Abo:	60,– Euro	78,– Euro
ausgewählte Verbände:**	144,– Euro	162,– Euro
Privat-Abo:	174,– Euro	192,– Euro
Lehrstuhl-Abo:	198,– Euro	216,– Euro
Bibliotheks-/Unternehmensabo:	348,– Euro	366,– Euro

* Studienbescheinigung
** auf Anfrage beim Verlag

© Betriebswirtschaftlicher Verlag Dr. Th. Gabler/
GWV Fachverlage GmbH, Wiesbaden 2005.

Der Gabler Verlag ist ein Unternehmen von Springer Science+Business Media.

Alle Rechte vorbehalten. Kein Teil dieser Zeitschrift darf ohne schriftliche Genehmigung des Verlages vervielfältigt oder verbreitet werden. Unter dieses Verbot fällt insbesondere die gewerbliche Vervielfältigung per Kopie, die Aufnahme in elektronische Datenbanken und die Vervielfältigung auf CD-ROM und allen anderen elektronischen Datenträgern.

Satzherstellung: Fotosatz-Service Köhler GmbH,
97084 Würzburg.

Druck und Verarbeitung: Wilhelm & Adam, 63150 Heusenstamm.

Gedruckt auf säurefreiem und chlorfrei gebleichtem Papier.

Printed in Germany ISSN: 0044-2372

Hinweise für Autoren

1. Bitte beachten Sie die „Grundsätze und Ziele" der ZfB.

2. Manuskripte – in deutscher oder englischer Sprache – sind in vierfacher Ausfertigung an den Editor-in-Chief zu senden. Für das Begutachtungsverfahren müssen die Beiträge anonymisiert werden. Daher darf der Name des Autors nur auf der Titelseite des Manuskripts stehen. Der Autor verpflichtet sich mit der Einsendung des Manuskripts unwiderruflich, das Manuskript bis zur Entscheidung über die Annahme nicht anderweitig zu veröffentlichen oder zur Veröffentlichung anzubieten. Diese Verpflichtung erlischt nicht durch Korrekturvorschläge im Begutachtungsverfahren.

3. Aufsätze, die im wesentlichen Ergebnisse von Dissertationen wiedergeben, werden nicht veröffentlicht. Um die Ergebnisse von Dissertationen breiter bekannt zu machen, hat die ZfB eine Rubrik „Dissertationen" im Besprechungsteil eingeführt. Hier werden vorzugsweise Erstgutachten von Dissertationen – in entsprechend gekürzter Form – abgedruckt.

4. Alle eingereichten Manuskripte werden, wie international üblich, einem doppelt verdeckten Begutachtungsverfahren unterzogen, d.h. Autoren und Gutachter erfahren ihre Identität gegenseitig nicht. Die Gutachten werden den Autoren und den Gutachtern gegenseitig in anonymisierter Form zur Kenntnis gebracht. Jeder Beitrag wird von zwei Fachgutachtern beurteilt. Bei abweichenden Gutachten wird ein dritter Gutachter bestellt. Durch dieses Verfahren soll die fachliche Qualität der Beiträge gesichert werden. Die Department Editors entscheiden auf der Grundlage der Gutachten eigenverantwortlich über die Annahme und Ablehnung der von ihnen betreuten Manuskripte.

5. Die Manuskripte sind in Times New Roman, 12 Punkt, 1½zeilig mit 2,5 cm Rand zu schreiben. Sie sollten nicht länger als 25 Schreibmaschinenseiten sein. Der Titel des Beitrages und der/die Verfasser mit vollem Titel und ausgeschriebenen Vornamen sowie beruflicher Stellung sind auf der ersten Manuskriptseite aufzuführen. Dem Beitrag ist ein „Überblick" von höchstens 15 Zeilen voranzustellen, in dem das Problem, die angewandte Methodik, das Hauptergebnis in seiner Bedeutung für Wissenschaft und/oder Praxis dargestellt werden. Die Aufsätze sind einheitlich nach dem Schema A., I., 1., a) zu gliedern. Endnoten (Times New Roman, 12 pt) sind im Text fortlaufend zu numerieren und am Schluß des Aufsatzes unter „Anmerkungen" zusammenzustellen. Anmerkungen und Literatur sollen getrennt aufgeführt werden. Im Text und in den Anmerkungen soll auf das Literaturverzeichnis nach dem Schema: (Gutenberg, 1982, S. 352) verwiesen werden. Jedem Aufsatz muß ein „Summary" in englischer Sprache von nicht mehr als 15 Zeilen Länge und eine deutsche Zusammenfassung gleicher Länge angefügt werden. Über Abbildungen und Tabellen ist eine Legende vorzusehen (z.B.: Abb. 1: Kostenfunktion, bzw. Tab. 2: Rentabilitätsentwicklung). Abbildungen und Tabellen sind an der betreffenden Stelle des Manuskripts in Kopie einzufügen und im Original (reproduzierfähig) dem Manuskript beizulegen. Mathematische Formeln sind fortlaufend zu numerieren: (1), (2) usw. Sie sind so einfach wie möglich zu halten. Griechische und Fraktur-Buchstaben sind möglichst zu vermeiden, ungewöhnliche mathematische und sonstige Zeichen für den Setzer zu erläutern. Auf mathematische Ableitungen soll im Text verzichtet werden; sie sind aber für die Begutachtung beizufügen.
Mit dem Manuskript liefert der Autor ein reproduzierfähiges Brustbild (Passphoto) von sich sowie eine kurze Information (max. 7 Zeilen) zu seiner Person und seinen Arbeitsgebieten.

6. Zur Vermeidung von Satzfehlern fügen Sie bitte Ihren Papiermanuskripten eine Diskette bei, die das von Ihnen verfasste Manuskript in Word- oder Tex-Format enthalten sollte. Bitte sehen Sie von einer Konvertierung in PS- oder PDF-Dateien ab, da diese Formate vom verlagsseitig eingesetzten Satzprogramm nicht verarbeitet werden können.

7. Der Autor verpflichtet sich, die Korrekturfahnen innerhalb einer Woche zu lesen und die Mehrkosten für Korrekturen, die nicht vom Verlag zu vertreten sind, sowie die Kosten für die Korrektur durch einen Korrektor bei nicht terminrechter Rücksendung der Fahnenkorrektur zu übernehmen.

8. Der Autor ist damit einverstanden, daß sein Beitrag außer in der Zeitschrift auch durch Lizenzvergabe in anderen Zeitschriften (auch übersetzt), durch Nachdruck in Sammelbänden (z.B. zu Jubiläen der Zeitschrift oder des Verlages oder in Themenbänden), durch längere Auszüge in Büchern des Verlages auch zu Werbezwecken, durch Vervielfältigung und Verbreitung auf CD-ROM oder anderen Datenträgern, durch Speicherung auf Datenbanken, deren Weitergabe und zum Abruf von solchen Datenbanken während der Dauer des Urheberrechtsschutzes an dem Beitrag im In- und Ausland vom Verlag und seinen Lizenznehmern genutzt wird.

Revenue Management im Branchenvergleich

Von Alf Kimms und Robert Klein

Überblick

- Das Konzept des Revenue Managements, das auch unter dem Namen Yield Management geläufig ist, findet sowohl in der Forschung als auch in der Praxis zunehmend Beachtung. Wesentlicher Grund dafür ist vor allem sein erfolgreicher Einsatz in der Luftverkehrsindustrie. Als Folge werden insbesondere in dienstleistungsnahen Branchen zunehmend neue Anwendungsfelder erschlossen.

- In zahlreichen Publikationen erfolgt die Diskussion von Voraussetzungen, die für den Einsatz des Revenue Managements erfüllt sein sollten. Diese Diskussionen gehen zumeist vom Beispiel des Personentransports durch Fluggesellschaften aus. Eine Analyse des Einsatzes in anderen Branchen ergibt, dass die tatsächlichen Voraussetzungen deutlich weniger restriktiv und damit die Einsatzmöglichkeiten wesentlich vielfältiger als die in der Literatur identifizierten sind.

- Um die zuvor getroffene Aussage zu belegen und gleichzeitig das Potenzial des Revenue Managements aufzuzeigen, werden in diesem Beitrag Einsatzmöglichkeiten und Anwendungsfelder am Beispiel der Kapazitätssteuerung, dem Kernelement des Revenue Managements, exemplarisch dargestellt.

- Zur Vereinheitlichung der Darstellung und zur besseren Strukturierung erfolgt jeweils die Formulierung von Entscheidungsmodellen, welche die Kapazitätssteuerung bei statischer Betrachtung erfassen. Des Weiteren werden Beispiele zur Verdeutlichung der jeweils vorliegenden Entscheidungssituationen angegeben.

Eingegangen: 16. September 2004

Prof. Dr. habil. Alf Kimms, Lehrstuhl für Allgemeine Betriebswirtschaftslehre, insbesondere Industriebetriebslehre/Produktionswirtschaft und Logistik, Fakultät für Wirtschaftswissenschaften, TU Freiberg, Lessingstr. 45, 09596 Freiberg, email: alf.kimms@bwl.tu-freiberg.de
Dr. Robert Klein, Fachgebiet Operations Research, Institut für BWL, Fachbereich Rechts- und Wirtschaftswissenschaften, TU Darmstadt, Hochschulstr. 1, 64289 Darmstadt, email: rklein@bwl.tu-darmstadt.de.

© Gabler-Verlag 2005

A. Einführung

Die rapide Entwicklung des *Revenue Managements* als eigenständiger Betrachtungsgegenstand beginnt mit der Deregulierung des amerikanischen Luftverkehrs im Jahr 1978, die es Fluggesellschaften erlaubte, frei über die angebotenen Verbindungen sowie die für Tickets zu zahlenden Preise zu entscheiden.[1] Zu dieser Zeit erhielten etablierte Fluggesellschaften Konkurrenz durch günstigere Anbieter, die neu in den Markt eintraten und insbesondere Freizeitreisende als Kunden gewinnen konnten. Um dem resultierenden Preisdruck zu begegnen, griff zunächst die Fluggesellschaft American Airlines auf das Instrument der *Preisdifferenzierung* zurück, indem sie neben einem *Standardtarif* einen günstigeren, aber mit für Geschäftsreisende nicht akzeptablen Restriktionen verbundenen *Spezialtarif* anbot.[2] Dieser Spezialtarif sollte es ermöglichen, ansonsten nicht genutzte Kapazitäten auf schlecht ausgelasteten Flügen zu nutzen. Da sich der Preis entsprechender Tickets an den Grenzkosten der Leistungserstellung, d.h. des Transports eines Passagiers, orientieren konnte, war American Airlines in der Lage, trotz der insgesamt schlechteren Kostenstruktur mit den neuen Anbietern zu konkurrieren oder deren Preise sogar zu unterbieten.

Die Anwendung der Preisdifferenzierung setzte jedoch zugleich die Entwicklung weiterer Planungsinstrumente voraus. So war bei jeder Anfrage für ein Ticket des Spezialtarifs abzuwägen, ob diese akzeptiert oder in der Erwartung einer zukünftigen höherwertigen Anfrage nach dem Standardtarif abgelehnt werden sollte. Zu diesem Zweck wurden zum einen bestehende *Prognosesysteme* fortentwickelt, die bis dahin vor allem zur von Fluggesellschaften bereits praktizierten *Überbuchung*[3] genutzt wurden. Zum anderen wurde zusätzlich das Instrument der *Kapazitätsteuerung* zur Annahme bzw. Ablehnung von Anfragen geschaffen, das als eigentliche Neuerung und damit als Kernelement des Revenue Managements angesehen werden kann.[4]

Der Erfolg des neuen Konzepts, das von American Airlines im Jahre 1985 erstmalig vollständig eingesetzt wurde, war überwältigend. Neue, als Folge der Deregulierung in den Markt eingetretene Anbieter wie z.B. People Express konnten in weniger als zwei Jahren vollständig vom Markt gedrängt werden (vgl. *Cross* (1997, Kap. 4)). Als Folge adaptierten Fluggesellschaften weltweit das Konzept des Revenue Managements und erzielten damit beachtliche Erlössteigerungen, ohne einen nennenswerten Kostenanstieg hinnehmen zu müssen. So beziffert die Lufthansa AG für das Jahr 1997 den erzielten Mehrerlös auf ca. 1,4 Mrd. DM, was in etwa dem in diesem Jahr erzielten operativen Ergebnis entspricht (vgl. *Klophaus* (1997)).

Nach und nach griffen andere Branchen der Dienstleistungsindustrie das Konzept auf, wobei die Hotelindustrie und Automobilvermietungen zu den Vorreitern zählten (vgl. Abschnitt D). Inzwischen existieren zahlreiche weitere Anwendungsfelder (vgl. z.B. *Talluri/Van Ryzin* (2004, Kap. 10)). Im Bereich der Freizeitindustrie zählen dazu der Verkauf von Tickets für Theater- oder Konzertveranstaltungen oder der Verkauf von Pauschalreisen sowie Kreuzfahrten.[5] In der Medienwirtschaft ist die Vergabe von Werbeslots bei Fernsehsendern oder der Zugang zu Informationsdienstleistungen im Internet zu nennen.[6] Anwendungen in der Transportindustrie finden sich bei der Bahn oder beim Gütertransport.[7] Auch greifen Hersteller von Supply Chain Management Software das Konzept des Revenue Managements auf und versuchen, es unter Namen wie Enterprise Profit Optimization in ihre Software zu integrieren (vgl. z.B. *Kalyan* (2002)).

Eine intensive wissenschaftliche Auseinandersetzung mit dem Revenue Management setzte erst mit großer Zeitverzögerung gegenüber der praktischen Entwicklung Ende der 80er Jahre ein.[8] Besonders in der deutschsprachigen Literatur beschränken sich entsprechende Veröffentlichungen zumeist auf überblicksartige Darstellungen.[9] In der englischsprachigen Literatur beziehen sich forschungsbezogene Beiträge in der Regel auf die methodische Ausgestaltung einzelner Instrumente des Revenue Managements (z.B. zur Überbuchung oder zur Kapazitätssteuerung) in der Luftverkehrsindustrie mit einem weiteren Schwerpunkt in der Hotelindustrie (vgl. zu einer aktuellen Übersicht z.B. *McGill/Van Ryzin* (1999) oder *Tscheulin/Lindenmeier* (2003))).

Ein Überblick, der die Einsatzmöglichkeiten des Revenue Managements in den Mittelpunkt stellt, ist den Autoren dagegen nicht bekannt und soll daher Gegenstand des vorliegenden Beitrags sein. Dabei steht die Kapazitätssteuerung im Vordergrund, da sie – aus Sicht vieler Autoren – das zentrale Element des Revenue Managements darstellt und ihre Ausgestaltung methodisch am stärksten zwischen den einzelnen Anwendungsfeldern variiert.

Der Beitrag ist wie folgt gegliedert: Zunächst gehen wir ausführlich auf das Revenue Management als Konzept zur effektiven Nutzung unflexibler Kapazitäten in der Dienstleistungs- und Sachgüterproduktion ein. Nach einer begrifflichen Abgrenzung diskutieren wir allgemein Anwendungsvoraussetzungen sowie grundlegende Instrumente. Im Anschluss werden zur Verdeutlichung unserer Ausführungen konkrete Anwendungsfälle aus den Bereichen Verkehrsindustrie, Touristik und Sachgüterproduktion dargestellt. Um die Unterschiede zwischen den jeweils betrachteten Entscheidungssituationen besser herauszuarbeiten, geben wir Entscheidungsmodelle zur Abbildung der Kapazitätssteuerung an, wobei wir aus didaktischen Gründen den Fall bekannter Nachfragen nach Produkten unterstellen. Der Beitrag schließt mit einem Fazit und einem Ausblick, um insbesondere auf offene Forschungsfragen im Gebiet der Kapazitätssteuerung einzugehen.

B. Konzept des Revenue Managements

I. Begriffliche Abgrenzung und Definition

In der Literatur existiert neben der Bezeichnung „Revenue Management" auch der Begriff „Yield Management" (vgl. z.B. *Weatherford* (1997, S. 69), *Faßnacht/Homburg* (1998, Kap. 3.4) oder *Tscheulin/Lindenmeier* (2003)). Auch finden sich in älterer Literatur die Bezeichnungen „Erlösmanagement" bzw. „Ertragsmanagement", die auf die deutschsprachigen Entsprechungen von „Revenue" und „Yield" zurückzuführen sind (vgl. z.B. *Zehle* (1991, S. 486) und *Ihde* (1993, S. 103)). Sämtliche genannten Bezeichnungen tragen dem Umstand Rechnung, dass die im Revenue Management eingesetzten Instrumente auf die Gestaltung der Erlösseite der Leistungserstellung ausgerichtet sind und zudem in den ursprünglichen Anwendungsbereichen wie der Flugindustrie unmittelbar auf die Maximierung des Gesamterlöses abzielen. Bei der Erlösmaximierung handelt es sich um eine Approximation der Gewinnmaximierung, die insbesondere in Dienstleistungsbranchen vor dem Hintergrund hoher fixer und niedriger variabler Kosten gerechtfertigt ist.[10] Speziell im Luftverkehr wird „Yield" als der durchschnittlich je Passagier und geflogener

Meile erzielte Erlös definiert (vgl. z.B. *Weatherford* (1997, S. 69)). Da diese Größe ihren maximalen Wert auch bei einem einzigen Passagier annehmen kann, ist ihre Maximierung keine sinnvolle Zielsetzung. Daher hat sich in der betrieblichen Praxis und in der anglo-amerikanischen Literatur der Begriff „Revenue Management" durchgesetzt. Keine Verwendung mehr findet die Bezeichnung „Preis-Mengen-Steuerung" als Oberbegriff, da es sich dabei lediglich um eines von mehreren Instrumenten des Revenue Managements handelt (vgl. die Ausführungen zur Kapazitätssteuerung in Abschnitt B.III).

Sowohl in der englisch- als auch in der deutschsprachigen Literatur existieren zahlreiche Definitionen des Revenue Managements. Da Revenue Management zumeist im Zusammenhang mit konkreten praktischen Anwendungen diskutiert wird, greifen sie in der Regel entweder Merkmale der Anwendungssituation auf oder stellen die genutzten Instrumente in den Mittelpunkt. Insbesondere in der englischsprachigen Literatur führt dies zu sehr spezifischen und häufig auch plakativen Definitionen, wie die folgenden Beispiele belegen:

- „Yield management is a process by which discount fares are allocated to scheduled flights for the purpose of balancing demand and increasing revenues." (vgl. *Pfeifer* (1989, S. 149)),
- „Revenue management is a management process that employs skilled market analysts who use rocket-science mathematical concepts, in a high-powered computational environment to analyze gigabytes of marketing data, in order to capture revenue opportunity." (vgl. *Cross* (1995, S. 443)),
- „Yield management is a revenue maximization tool which aims to increase net yield through the predicted allocation of available bedroom capacity to predetermined market segments." (vgl. *Donaghy* et al. (1997, S. 183)),
- „Yield management is a method which can help a firm sell the right inventory unit to the right type of customer, at the right time, and for the right price. Yield management guides the decision of how to allocate undifferentiated units of capacity in such a way as to maximize profit or revenue. " (vgl. *Kimes* (2000, S. 348)).

Definitionen in der deutschsprachigen Literatur sind in der Regel deutlich allgemeiner gehalten und vermeiden den direkten Anwendungsbezug:

- „Yield Management ist eine Methode der Gewinnmaximierung durch sorgfältige Überwachung und Einsatz von Preiskalkulation, verfügbarem Inventar und Verkauf." (vgl. *Europäische Kommission* (1997, S. 5)),
- „Yield Management ist ein Ansatz zur integrierten Preis- und Kapazitätssteuerung mit dem Ziel, eine gegebene Gesamtkapazität so in Teilkapazitäten aufzuteilen und hierzu Preisklassen zu bilden, dass eine Ertrags- oder Umsatzmaximierung erreicht wird. Zur Realisation dieses Anspruchs dient der Aufbau und die Nutzung einer umfassenden Informationsbasis." (vgl. *Corsten/Stuhlmann* (1999, S. 85)),
- „Revenue Management umfasst eine Reihe von quantitativen Methoden zur Entscheidung über Annahme oder Ablehnung unsicherer, zeitlich verteilt eintreffender Nachfrage unterschiedlicher Wertigkeit. Dabei wird das Ziel verfolgt, die in einem begrenzten Zeitraum verfügbare, unflexible Kapazität möglichst effizient zu nutzen." (vgl. *Klein* (2001, S. 248)),

- „Hierbei stellt das Yield Management einen Ansatz zur simultanen und dynamischen Preis- und Kapazitätssteuerung dar, im Rahmen dessen, unter Mithilfe von informationstechnologischen Anwendungssystemen und Berücksichtigung einer breiten Datenbasis, eine für die Dienstleistungserstellung vorgehaltene, zumeist beschränkte Kapazität auf ertragsoptimale Weise der Nachfrage aus unterschiedlichen Marktsegmenten zugeordnet wird." (vgl. *Tscheulin/Lindenmeier* (2003, S. 630)).

Bereits *Stuhlmann* (2000, S. 222) hat darauf hingewiesen, dass Unterschiede in den Definitionen, die sich z.B. an den verwendeten Begriffen sowie den unterschiedlichen Betrachtungsebenen illustrieren lassen, eine einheitliche Begriffsfassung erschweren. Als darüber hinaus kritisch erachten die Autoren des vorliegenden Beitrags, dass die Definitionen aufgrund ihrer notwendigen Kürze nur in eingeschränktem Maße vermitteln, in welchen Branchen Revenue Management ein geeignetes Konzept darstellt. Um dies zu erreichen, diskutieren wir Anwendungsvoraussetzungen und Instrumente in den folgenden Abschnitten ausführlicher. Dabei stellen wir jeweils Bezüge zu den in den Abschnitten C bis E exemplarisch behandelten Anwendungen her.

II. Anwendungsvoraussetzungen

In diesem Abschnitt werden zur Ausgestaltung der zuvor wiedergegebenen Definitionen Anwendungsvoraussetzungen für den erfolgreichen Einsatz des Revenue Managements beschrieben. Für entsprechende Diskussionen in der Literatur vgl. u. a. *Kimes* (1989), *Ihde* (1993), *Friege* (1996), *Weatherford* (1997), *Bertsch/Wendt* (1998), *Corsten/Stuhlmann* (1999) sowie *Klein* (2001). Aus Sicht der Autoren lassen sich die teilweise umfangreichen Auflistungen auf die folgenden vier grundlegenden Voraussetzungen reduzieren:

- Die Leistungserstellung erfordert die Integration eines *externen Faktors*, der durch den Leistungsnachfrager in den Erstellungsprozess eingebracht werden muss. Dabei kann es sich um den Nachfrager selbst oder eines seiner Verfügungsobjekte handeln.
- Die *operative Flexibilität* der zur Leistungserstellung bereitgestellten Ressourcen ist eingeschränkt.[11] Dies bedeutet, dass sie ihre Kapazitäten nicht in ausreichendem Maße anpassen lassen, um eine Angleichung an die aufgrund der Marktgegebenheiten schwankenden Kapazitätsbedarfe zu erreichen.
- Das beim Kauf bzw. Konsum der angebotenen Leistungen zu beobachtende *Nachfragerverhalten* ist heterogen. Dazu zählen vor allem der vom Nachfrager präferierte Zeitraum zwischen Erwerb und Inanspruchnahme der Leistung, der Umfang der erwünschten Leistung und seine individuelle Zahlungsbereitschaft.
- Ein *Produkt* (aus Sicht des Leistungserstellers) ist definiert als eine Leistung mit zugehöriger Bewertung des bei Verkauf für den Leistungsersteller entstehenden Nutzens. Das *Leistungsprogramm* muss die Definition von Produkten ermöglichen, die entweder hinsichtlich des Leistungsumfangs standardisiert sind oder sich aus ebenfalls standardisierten Teilleistungen zusammensetzen. Darüber hinaus müssen die Produkte wiederholt, d.h. in der Regel über einen längeren Zeitraum, angeboten werden.

Bei den genannten Punkten handelt es sich aus unterschiedlichen Gründen um Voraussetzungen für das Revenue Management. Zum einen stellen sie Voraussetzungen dar, weil ohne ihr Vorliegen effizientere Ansätze zur Gestaltung des Absatzprozesses bzw. zur Kapazitätsverwendung existieren. Zum anderen repräsentieren sie Voraussetzungen, da sich ohne sie die charakteristischen Instrumente des Revenue Managements nicht einsetzen lassen. Nicht jede der Voraussetzungen muss vollständig erfüllt sein; darüber hinaus bestehen enge Verbindungen zwischen ihnen. So ergibt sich z.B. die erforderliche Berücksichtigung heterogenen Nachfragerverhaltens als Folge der Notwendigkeit der Integration des externen Faktors.

Da die gewählten Formulierungen zunächst – wie die in Abschnitt B.I vorgestellten Definitionen – abstrakter Natur sind, wollen wir sie im Folgenden erläutern. Dazu werden wir jeweils Aspekte und Implikationen ausführlicher diskutieren und erläutern, warum es sich jeweils um Voraussetzungen handelt. Zugleich nehmen wir eine Einordnung der in der Literatur üblicherweise genannten Voraussetzungen vor. Dazu zählen vor allem (vgl. z.B. *Friege* (1996), *Corsten/Stuhlmann* (1999, S. 85) oder *Klein* (2001, S. 249 f.)):

- „weitgehend fixe" Kapazitäten
- „Verderblichkeit" der Kapazität
- hohe Fixkosten für die Kapazität vs. geringe Grenzkosten für die Leistung
- starke Schwankungen der Nachfrage
- Möglichkeit der Vorausbuchung
- Möglichkeit der segmentorientierten Preisdifferenzierung

Bezüglich der **Integration des externen Faktors** lassen sich die folgenden Aussagen treffen:

- Die Integration des externen Faktors wird in der Literatur als allgemein anerkanntes Kriterium zur Wesensbestimmung von Dienstleistungen und dementsprechend das Revenue Management häufig als Konzept für Dienstleistungsunternehmen angesehen (vgl. z.B. *Kimes* (1989) oder *Corsten/Stuhlmann* (1999))[12]. Diese Sicht in Bezug auf das Revenue Management erscheint angesichts der Anwendungen in der Fertigungsindustrie zu einschränkend (vgl. Abschnitt E). In diesem Zusammenhang ist auf die Parallele zwischen der Dienstleistungs- und der auftragsorientierten Sachgüterproduktion hinzuweisen. Sie besteht darin, dass lediglich die Bereitschaft, Leistungen zu erbringen, angeboten werden kann (vgl. *Maleri* (1997, S. 39)).
- Bei dem externen Faktor kann es sich um den Nachfrager selbst (z.B. bei einer Flugreise), ein Objekt (z.B. Waren beim Frachttransport) oder immaterielle Güter (z.B. Informationen bei der Auftragsfertigung) handeln (vgl. z.B. *Klose* (1999, S. 6 ff.)). Die Notwendigkeit zu seiner Integration bedingt, dass eine vorzeitige Erbringung der Leistung (z.B. eine Produktion auf Lager) nicht möglich ist. Umgekehrt bedeutet dies nicht zwingend, dass Art und Weise bzw. genauer Zeitpunkt der Leistungserbringung durch den Nachfrager vorgegeben wird. So wird beim Transport von Gütern häufig nur der Start- und Zielort sowie ein Zeitfenster vorgegeben. Wann der Transport beginnt und wie die Route zu wählen ist, wird dem Spediteur überlassen (vgl. Abschnitt C.II).
- Grundsätzlich resultiert aus dem zuvor genannten Aspekt auch die Notwendigkeit, die angebotenen Leistungen vor deren Produktion abzusetzen, da nur so die Verfügbarkeit des externen Faktors, der für die Leistungserstellung notwendig ist, bewirkt werden kann. So muss beim Frachttransport durch eine Fluggesellschaft die rechtzeitige Anlieferung des Transportguts an einem ihrer Frachtterminals sichergestellt sein. In der

Auftragsfertigung (z.B. der Produktion eines speziellen Computerchips) muss das herzustellende Produkt spezifiziert sein.

Externer Faktor als Anwendungsvoraussetzung: Ohne notwendige Integration des externen Faktors lässt sich die Leistung vor dem Absatzzeitpunkt erbringen. Ein Beispiel ist die Vorausproduktion lagerfähiger Güter für einen anonymen Markt, die sich durch klassische Ansätze der Produktionsprogrammplanung effizienter planen lässt (vgl. dazu z.B. *Günther/Tempelmeier* (2005, Kap. 8)). Geeignete Instrumente zum erlösmaximierenden Absatz solcher Güter, z.B. im Falle einer Überproduktion, stellt das Dynamic Pricing zur Verfügung.[13] Bei der Notwendigkeit zur Integration handelt es sich damit um eine Voraussetzung des Revenue Managements im erst genannten Sinne.

Im Hinblick auf die **mangelnde operative Flexibilität des Kapazitätsangebots** sind die folgenden Aussagen relevant:

- In der Literatur wird häufig von „weitgehend fixen" Kapazitäten als eine wesentliche Anwendungsvoraussetzung des Revenue Managements gesprochen.[14] Die Unschärfe des Ausdrucks „weitgehend fix" ist als problematisch zu erachten, ein Umstand auf den bereits *Weatherford/Bodily* (1992, S. 832) sowie *Corsten/Stuhlmann* (1999, S. 85) hinweisen. Wie bereits erläutert, werden im Flugverkehr je nach Nachfrage für eine Verbindung kurzfristig unterschiedliche Flugzeuge eingesetzt oder die Bestuhlung des Flugzeugs geändert. Im Fall von Automobilvermietungen werden z.B. zu Messezeiten Fahrzeuge zwischen Standorten transportiert. In diesem Zusammenhang fällt es schwer, festzulegen, wann die Kapazität einer Ressource als fix zu bezeichnen ist. Die Verwendung des Terminus „mangelnde Flexibilität" bietet trotz der Tatsache, dass es sich um keine absolute und zudem nicht unmittelbar messbare Größe handelt, den Vorteil, dass sie sich leichter zu dem an das Unternehmen durch die Nachfrager herangetragenen Kapazitäts- und damit Flexibilitätsbedarf in Beziehung setzen lässt.
- Die mangelnde operative Flexibilität ist zumeist darauf zurückzuführen, dass in den für das Revenue Management relevanten Branchen die Bereitstellung der Kapazitäten als Vielfaches einer absetzbaren Leistungseinheit erfolgt. Dies kann sowohl in Bezug auf die Menge als auch die Zeitdauer gelten. Ein Beispiel für die Menge ist das Anbieten einer Flugverbindung, bei der die verwendete Ressource, d.h. das eingesetzte Flugzeug, mehrere hundert Passagiere transportieren kann. Ein Beispiel für die Zeit repräsentiert die Anschaffung eines Autos durch eine Automobilvermietung, das bei einer Mindestmietdauer von einem Tag über mehrere Monate in ihrem Besitz verbleibt. Eine grundlegende Kapazitätsanpassung erfolgt daher in der Regel sprunghaft, was einen erheblichen Einfluss auf den notwendigen zeitlichen Vorlauf bzw. die resultierenden Kosten besitzt. Entsprechend handelt es sich dabei nicht um auf operativer, sondern lediglich auf taktischer bzw. strategischer Ebene realisierbare Maßnahmen. Zu solchen zählen bei Fluggesellschaften die Einrichtung einer weiteren Verbindung beim Flugplanwechsel bzw. die Anschaffung weiterer Flugzeuge oder die Eröffnung eines weiteren Hubs.
- Ein grundsätzlicher Tatbestand der Leistungserstellung ist, dass die bereitgestellten Kapazitäten bei Nichtinanspruchnahme keinen Nutzen für das Unternehmen z.B. in Form von Erlösen erzielen. Dieser Sachverhalt wird häufig als „Nichtlagerfähigkeit" bzw. „Verderblichkeit" der Kapazität bezeichnet (vgl. z.B. *Weatherford/Bodily* (1992,

S.832 f.), *Ihde* (1993, S. 107)). Im Rahmen des Revenue Managements ist dieser Sachverhalt besonders im Zusammenhang mit der mangelnden Flexibilität zur operativen Reduktion von Kapazitäten relevant, da die verwendeten Instrumente darauf abzielen, potenzielle Leerkosten in Form entgangenen Nutzens zu vermeiden.
- In vielen der für das Revenue Management relevanten Branchen ist die Bereitstellung der zur Leistungserstellung notwendigen Ressourcen mit hohen fixen Kosten verbunden. Dazu zählt bei Fluggesellschaften die Unterhaltung der Flugzeugflotte und der Hubs. Diesen hohen Fixkosten stehen vergleichsweise niedrige Grenzkosten gegenüber, die bei Absatz einer weiteren Leistungseinheit und der daraus resultierenden Inanspruchnahme der ohnehin vorhandenen Kapazität entstehen. Diese umfassen bei der Beförderung eines Passagiers z.B. die Abfertigungsgebühren und die Bordverpflegung.

Mangelnde Flexibilität als Anwendungsvoraussetzung: Bei der eingeschränkten operativen Flexibilität handelt es sich wie bei der Integration des externen Faktors um eine Voraussetzung im erst genannten Sinne. Lassen sich Kapazitäten ohne nennenswerten zeitlichen bzw. finanziellen Aufwand und in hinreichendem Umfang anpassen, so ist beim Absatz einer weiteren Leistungseinheit lediglich zu überprüfen, ob der dadurch erzielte Deckungsbeitrag noch positiv ist. Auf eine Anwendung des vergleichsweise komplexen Instrumentariums des Revenue Managements kann verzichtet werden. Bei der geschilderten Kostenstruktur handelt es sich lediglich um eine Konsequenz aus der Art der Leistungserstellung und nicht eine Voraussetzung, wie gelegentlich angeführt wird.

In Bezug auf das **heterogene Nachfragerverhalten** ergeben sich für das Revenue Management die folgenden Aussagen:

- Bereits im Zusammenhang mit der Integration des externen Faktors haben wir auf die Notwendigkeit hingewiesen, Leistungen vor ihrer Erstellung abzusetzen. Dieses Erfordernis gilt dabei grundsätzlich nicht nur für den Absatz durch den Leistungsersteller, sondern umgekehrt auch für den Erwerb der Leistung durch den Nachfrager. Dabei besitzen unterschiedliche Nachfrager unterschiedliche Präferenzen bezüglich des Zeitpunkts des Erwerbs. Diese können u. a. von seinem Informationsstand (z.B. die Notwendigkeit einer Reise bei Buchung eines Fluges) oder seinem Bedürfnis nach Planungssicherheit (z.B. sicherer Transport eines Guts bis zu einem vorgegebenen Termin) abhängig sein. Der geschilderte Sachverhalt unterschiedlicher Absatzzeitpunkte wird in anderen Publikationen häufig als „Möglichkeit der Vorausbuchung" bezeichnet. Diese Bezeichnung halten die Autoren aufgrund ihres instrumentellen Charakters für wenig geeignet.
- Eine weitere aus der Heterogenität resultierende Folge besteht darin, dass die Nachfrage nach den angebotenen Leistungen im Zeitablauf nicht konstant und mit Unsicherheit behaftet ist. Diese Aussage bezieht sich einerseits auf die Höhe der Gesamtnachfrage nach einzelnen Leistungen sowie andererseits auf die zeitliche Verteilung der eintreffenden Nachfrage. In einigen Publikationen wird eine „starke Variation" als Voraussetzung genannt. Diese Aussage ist aufgrund ihrer Unschärfe ähnlich problematisch wie die Verwendung des Terminus „weitgehend fixe Kapazität". Um zu einer sinnvollen Aussage zu gelangen, ist insbesondere die Variation der Gesamtnachfrage zur Flexibilität der Kapazitätsbereitstellung in Beziehung zu setzen.

- In der Regel besitzen unterschiedliche Nachfrager unterschiedliche Zahlungsbereitschaften für die gleiche Leistung oder ihre Komponenten. Damit lassen sich an sich gleiche Leistungen zu unterschiedlichen Preisen verkaufen. Für den Anbieter bietet sich die Chance, Preise und abgesetzte Mengen so zu wählen, dass er die Konsumentenrente der einzelnen Nachfrager möglichst weitgehend abschöpft und seinen Nutzen z. B. in Form von Gesamtdeckungsbeitrag bzw. -erlös maximiert. Je nach Nachfrage lässt sich durch Absenken des Preises zusätzliche Nachfrage generieren. Auch ist es möglich, durch Erhöhung der Preise Nachfrage zu verdrängen bzw. auf gegebenenfalls schlechter ausgelastete Ressourcen zu verlagern. Das gezielte Ausnutzen der unterschiedlichen Zahlungsbereitschaften repräsentiert in den meisten Branchen die wesentliche Motivation für den Einsatz des Revenue Managements.
- Eine unterschiedliche Wertigkeit der Nachfrage kann sich für den Anbieter auch aus dem unterschiedlichen Umfang der nachgefragten Leistung ergeben. Dies wird häufig auf die in der Branche übliche Tarifstruktur zurückzuführen sein, deren Bestandteil etwa Mengenrabatte oder Bonusprogramme sein können. Ein typisches Beispiel stellt der Transport von Fracht dar. Im Fall konstanter Preise je Leistungseinheit kann eine unterschiedliche Wertigkeit durch einen unterschiedlichen Leistungsumfang entstehen, wenn die verfügbaren Kapazitäten nicht zur vollständigen Befriedigung der Nachfrage ausreichen. Im Falle der Auftragsfertigung ist es denkbar, dass durch Annahme eines kleinen Auftrags ein größerer Auftrag abgelehnt werden muss. In Hotels kann eine einzelne Übernachtung eine Buchung über eine Woche verhindern.

Heterogenes Nachfragerverhalten als Anwendungsvoraussetzung: Die daraus resultierenden unterschiedlichen Absatzzeitpunkte stellen insofern eine Voraussetzung für das Revenue Management dar, als dass ansonsten effizientere Mechanismen für den Absatz von Leistungen existieren.[15] Sind etwa alle Nachfrager eines Fluges bereit, ihr Ticket erst unmittelbar vor Abflug zu erwerben, so könnte der Absatz – bei unterschiedlichen Zahlungsbereitschaften – z.B. durch Auktionen effizient gesteuert werden.[16] Des Weiteren stellt die unterschiedliche Wertigkeit der Nachfrage ebenfalls eine Voraussetzung dar. Die unterschiedlichen Zahlungsbereitschaften ermöglichen eine segmentorientierte Preisdifferenzierung, wie wir sie in Abschnitt B.III diskutieren. Auch setzt die ebenfalls in Abschnitt B.III beschriebene Kapazitätssteuerung eine unterschiedliche Wertigkeit voraus, da ansonsten lediglich sämtliche Nachfrage bis zur Kapazitätsgrenze zu akzeptieren wäre. Im Gegensatz zu den anderen genannten Punkten repräsentiert die variierende und unsichere Nachfrage keine eigentliche Voraussetzung. Allerdings besitzt sie erheblichen Einfluss auf die Ausgestaltung der Instrumente, insbesondere die Kapazitätssteuerung.

Im Zusammenhang mit dem **Leistungsprogramm** sind die folgenden Aussagen wesentlich:

- Sowohl die in Abschnitt B.III dargestellte segmentorientierte Preisdifferenzierung als auch die Kapazitätssteuerung beruhen auf einem vorgegebenen Leistungsprogramm mit weitgehend fest definierten Produkten. Bei einer Fluglinie bestehen die entsprechenden Produkte aus einzelnen Flugverbindungen, die zudem miteinander kombiniert werden können. Im Rahmen einer Tagungsreise wäre es zunächst denkbar, von Frankfurt nach New York, eine Woche später von dort nach Los Angeles und wieder eine Woche später

wieder nach Deutschland zu fliegen. Jeder der Flüge stellt eine Komponente der verkauften Gesamtleistung dar.
- Um die zuvor genannten Instrumente sinnvoll implementieren zu können, sind geeignete Prognosen erforderlich. Diese beziehen sich etwa auf die Zahlungsbereitschaften sowie die zu erwartende Nachfrage nach einzelnen Produkten. Die Erstellung der zu diesem Zweck notwendigen Datenbasis erfordert eine grundsätzliche Kontinuität im Leistungsprogramm. Dies ist etwa bei Fluggesellschaften gegeben, die über einen Zeitraum von Jahren bestimmte Flugverbindungen anbieten. Problematisch kann diese Forderung im Zusammenhang mit der Auftragsfertigung sein, sofern man Anwendungen im Bereich der Einzelfertigung betrachtet.
- Besonders im Rahmen der Kapazitätssteuerung sind Entscheidungen bezüglich der Annahme bzw. Ablehnung von Nachfrage zu treffen. Aufgrund der in der betrachteten Entscheidungssituation existierenden Unsicherheit im Hinblick auf noch eintreffende Anfragen entstehen stochastische, dynamische Entscheidungsprobleme, für die per se keine optimale Entscheidungspolitik existiert. Daher sind die Instrumente im Revenue Management in der Regel so gestaltet, dass der erwartete Nutzen ihres Einsatzes maximiert wird.

Leistungsprogramm als Anwendungsvoraussetzung: Im Gegensatz zu den zuvor genannten Voraussetzungen wird der entsprechende Charakter im Falle des Leistungsprogramms unmittelbar deutlich. Ebenfalls erkenntlich ist, dass es sich dabei um eine Voraussetzung im zweitgenannten Sinne handelt. Eine in diesem Zusammenhang relevante Frage ist, inwiefern die Vorgabe des Leistungsprogramms nicht bereits ein Instrument des Revenue Managements darstellt, ein Aspekt den wir im Folgenden Abschnitt knapp diskutieren. Ist die Definition von Produkten im Rahmen des Leistungsprogramms nicht möglich, so verhindert die Individualität der Leistungserstellung in der Regel den Einsatz des Revenue Managements. Stattdessen ist es in diesem Fall sinnvoller, auf entsprechende Ansätze des Projektmanagements zurückzugreifen, die sich mit der Bewertung und Auswahl von Projekten beschäftigen (vgl. z.B. *Kleinaltenkamp/Plinke* (1998) und *Kimms* (2001, Kap. 8.3.1)).

III. Entscheidungsebenen, Ziele und Instrumente des Revenue Managements

Grundsätzlich besteht die Aufgabe des Revenue Managements darin, Instrumente für eine möglichst effektive Kapazitätsgestaltung und -verwendung in Branchen zur Verfügung zu stellen, in denen die im vorangegangenen Abschnitt diskutierten Anwendungsvoraussetzungen vorliegen. Dabei ist zwischen einer eher strategisch-taktisch und einer eher taktisch-operativ orientierten Ebene zu unterscheiden. Zu einer Diskussion solcher Planungsebenen vgl. *Klein/Scholl* (2004, Kap. 1.4).

Die eher **taktisch-operative Ebene** erfasst die typischerweise mit dem Revenue Management verbundenen Instrumente, die den in Abschnitt B.I wiedergegebenen Definitionen zugrunde liegen und die wir zum Ende dieses Abschnitts ausführlicher diskutieren. Dabei wird davon ausgegangen, dass das Leistungsprogramm gegeben und die dem Unternehmen zur Verfügung stehenden Kapazitäten sowie die Art und Weise ihrer Verwendung festgelegt sind. Im Falle einer Fluggesellschaft bedeutet dies, dass die angebotenen Flugverbindungen bezüglich ihrer Start- und Zielorte sowie der möglichen Abflugtage und -zeiten festgelegt sind. Des Weiteren ist jeder der Flugverbindungen ein bestimmter Flugzeugtyp zugeordnet.[17] Unter diesen Voraussetzungen umfasst das Revenue Management die folgenden Instrumente: Durch eine *segmentorientierte Preisdifferenzierung* auf taktischer Ebene werden die möglichen Leistungskombinationen mit Preisen versehen, so dass absetzbare Produkte entstehen. Sie bilden die Basis für die anschließende *Kapazitätssteuerung*, welche die Annahme bzw. die Ablehnung von Kaufanfragen steuert. Im Rahmen dieser Kapazitätssteuerung lassen sich ergänzend operativ umsetzbare Anpassungen der Kapazitätsangebote vornehmen.[18] Besteht die Möglichkeit, dass Verkäufe durch Stornierungen rückgängig gemacht werden können oder dass verkaufte Leistungen einfach nicht wahrgenommen werden (so genannte No-Shows), so ist eine *Überbuchung* der Ressourcen über die tatsächlich verfügbaren Kapazitäten hinaus sinnvoll. Sämtliche der genannten Instrumente setzen geeignete *Prognosen* der jeweils entscheidungsrelevanten Daten voraus.

Die eher **strategisch-taktische** Ebene umfasst vor allem die *Leistungsprogrammplanung* sowie die grundlegende *Kapazitätsangebotsplanung*.[19] Im Rahmen der Leistungsprogrammplanung ist zunächst die Programmbreite und -tiefe festzulegen (vgl. z.B. *Meyer/ Dullinger* (1998)). Eine Fluggesellschaft, die Fracht transportiert, muss sich etwa im Zusammenhang mit der Festlegung der Programmbreite überlegen, ob sie lediglich den Transport zwischen Flughäfen oder auch den Vor- und Nachlauf von und zum Kunden im Zuge einer „door-to-door"-Leistung anbieten möchte. Bei der Planung der Programmtiefe muss sich ein Hotellerieanbieter entscheiden, wie er sein Übernachtungsangebot in unterschiedlichen Hotels nach differierenden Service- und Qualitätsniveaus staffelt.

Bei der Kapazitätsangebotsplanung ist zuerst die grundlegende Kapazitätsstrategie zu bestimmen, durch die insbesondere die zur Verfügung stehenden Potenzialfaktoren (Ressourcen) bezüglich ihrer Quantität und Qualität determiniert werden (vgl. *Corsten* (2000, Kap. 3.4.2) oder *Zäpfel* (2000, Kap. 4.3)). Im Hinblick auf die Quantität ergeben sich bei Fluggesellschaft Entscheidungen über die Typen und die Anzahlen der eingesetzten Flugzeuge, aber auch über die Anzahl, Lage und Kapazität von Hub-Standorten. Im Zusammenhang mit der Qualität stehen bei Hotellerieanbietern etwa Entscheidungen über die Lage und die Ausstattung des Hotels.

Erst im Anschluss an diese Grundsatzentscheidungen lässt sich das Leistungsprogramm unter Berücksichtigung des Kapazitätsangebots weiter ausdifferenzieren, um zu konkreten (in der Regel noch nicht mit Preisen versehenen) Produkten zu gelangen. Dies wird am Beispiel der Flugplanerstellung deutlich. Zur genauen Spezifikation der Produkte muss entschieden werden, wann Flüge zwischen welchen Flughäfen unter Einsatz welchen Flugzeugtyps stattfinden, da diese die möglichen Verbindungen bestimmen. Durch Zuordnung des Flugzeugtyps ergibt sich z.B. auch, ob auf einem bestimmten Flug neben der Business- und der Economy-Class die First-Class als weitere Beförderungsklasse angeboten werden kann.

In Abhängigkeit von der Betrachtungsebene können die *Ziele*, die beim Einsatz des Revenue Managements verfolgt werden, variieren. Auf taktisch-operativer Ebene wird dabei grundsätzlich vom Ziel der Gewinnmaximierung ausgegangen. Zu diesem Zweck wird insbesondere bei der Kapazitätssteuerung jedes Produkt mit einer geeigneten Bewertung versehen. In Abhängigkeit der für eine Branche typischen Kostenstruktur handelt es sich dabei in der Regel entweder um den bei Absatz einer Produkteinheit erzielten Erlös oder den Deckungsbeitrag. So wird in der Flugindustrie zumeist zur Vereinfachung der Erlös als Bewertung gewählt, da die variablen Kosten (z.B. für Abfertigung und Verpflegung) vernachlässigbar sind und zudem für alle Produkte, die sich auf eine bestimmte Beförderungsklasse beziehen, nur unwesentlich variieren.[20] Bei Anwendungen in der Fertigungsindustrie ist es aufgrund der in die Produkte eingehenden Vorprodukte bzw. Rohstoffe sinnvoller, eine Bewertung auf Basis von Deckungsbeiträgen vorzunehmen.

Auf strategisch-taktischer Ebene können zur langfristigen Steigerung des Unternehmenswerts weitere Ziele verfolgt werden. Dazu zählt z.B. eine möglichst hohe Auslastung der Kapazitäten, um eine möglichst hohe Kundenzahl mit den Produkten vertraut zu machen und langfristig an den Anbieter zu binden. Dabei können diese Ziele mit dem kurzfristigen Ziel der Gewinnmaximierung konkurrieren. So ist eine höhere Auslastung leicht durch eine Preissenkung zu erzielen, die jedoch zugleich – zumindest kurzfristig – zu niedrigeren Gewinnen führt.

Offensichtlich sind die beiden geschilderten Ebenen eng miteinander verknüpft. So ist der Erfolg der Instrumente auf taktisch-operativer Ebene unmittelbar von den Vorgaben auf strategisch-taktischer Ebene abhängig. Es stellt sich damit die Frage, welche der geschilderten Planungsaufgaben tatsächlich dem Revenue Management bzw. anderen Disziplinen wie dem Dienstleistungsmarketing zugeordnet werden sollten. Im Sinne der gängigen Marketing-Literatur stellen wir im Folgenden die taktisch-operative Ebene des Revenue Managements in den Mittelpunkt und sprechen in diesem Zusammenhang vom Revenue Management im engeren Sinne. Demgegenüber würde ein Revenue Management im weiteren Sinne zusätzlich die Leistungsprogrammplanung sowie die Kapazitätsangebotsplanung umfassen. Im Folgenden schildern wir knapp die Instrumente des Revenue Managements im engeren Sinne:[21]

- *Segmentorientierte Preisdifferenzierung:* Die im ersten Abschnitt geschilderte Vorgehensweise von American Airlines beruhte auf der Idee, eine an sich homogene Dienstleistung – die Beförderung eines Kunden von A nach B – zu unterschiedlichen Preisen zu verkaufen. Ein möglicher Ansatzpunkt, um dies zu erreichen, besteht in einer segmentorientierten Preisdifferenzierung (vgl. z.B. *Faßnacht* (1996, Kap. 4), *Faßnacht/ Homburg* (1998), *Hunkel* (2001, Kap. 1)). Diese basiert grundsätzlich auf der Unterteilung des Marktes (Gruppierung der Nachfrager) in unterschiedliche Segmente und ihrer isolierten Bepreisung, was zum einen die Generierung zusätzlicher Nachfrage und zum anderen die Abschöpfung zusätzlicher Konsumentenrente ermöglicht. Eine häufige Segmentierung bei Verkehrsdienstleistungen wie Flugreisen besteht etwa in der Unterscheidung zwischen Geschäfts- und Freizeitreisenden, wobei als Segmentierungskriterien z.B. Mindestaufenthaltsdauern oder Vorausbuchungsfristen in Betracht kommen. Die Segmentierungskriterien sind im Rahmen des so genannten „Fencing" grundsätzlich so zu wählen, dass sie effektive Barrieren für den Wechsel von Kunden zwischen Segmenten und somit die dadurch mögliche Arbitrage verhindern.
- *Kapazitätssteuerung (bzw. synonym auch Preis-Mengen-Steuerung):* Als Folge der unterschiedlichen Wertigkeit von Produkten, die aus der Preisdifferenzierung, aber auch aus dem Leistungsumfang resultieren kann, besteht bei Kapazitätsengpässen und einer ungünstigen zeitlichen Nachfrageverteilung die Möglichkeit, dass es zu einem aus Sicht

der Gewinnmaximierung unwirtschaftlichen Verkauf von Produkten kommt. So sind bei Flugreisen die Vorausbuchungsfristen in der Regel so ausgelegt, dass Tickets mit geringem Erlös vor solchem mit hohem Erlös nachgefragt werden. Daher muss über den Verkauf niederwertiger Tickets entschieden werden, bevor die Nachfrage nach den höherwertigen bekannt ist. Dies kann zu einer *Umsatzverdrängung* führen, d.h. der jetzt zu einem niedrigen Preis verkaufte Sitzplatz steht für eine spätere Anfrage zu einem höheren Preis nicht mehr zur Verfügung. Umgekehrt kann sich der Fall des *Umsatzverlustes* ergeben, wenn eine aktuelle Anfrage abgewiesen wird und die zukünftige Nachfrage nicht ausreicht, um alle Sitzplätze zu füllen. Aufgabe der Kapazitätssteuerung ist es somit, die Annahme bzw. Ablehnung von Kaufanfragen so zu gestalten, dass der erwartete Gewinn maximiert wird. Entsprechende Ansätze beschreiben wir in Abschnitt C.I.

- *Überbuchung:* Neben einer schwankenden Nachfrage wird eine vollständige Auslastung vorhandener Kapazität dadurch erschwert, dass je nach Branche nicht jeder erfolgte Verkauf zu einer Kapazitätsbeanspruchung und damit zu einem entsprechenden Erlös führt. Im Laufe der Zeit können bisherige Verkäufe etwa durch Stornierungen rückgängig gemacht werden, so dass zum Zeitpunkt der Leistungserstellung mehr Kapazität zur Verfügung steht als zum Anfragezeitpunkt. Um dieser Problematik zu begegnen, erfolgt im Rahmen des Revenue Managements häufig eine *Überbuchung*. Dabei wird für jede Ressource festgelegt, wie viel Kapazität über die tatsächlich verfügbare Menge hinaus zu verkaufen ist. Die entsprechende Menge ist grundsätzlich so wählen, dass bei Leistungserstellung möglichst eine vollständige Auslastung erzielt wird. Dabei ist zu beachten, dass die Überbuchung auch Auswirkungen auf die Kapazitätssteuerung besitzt. Daher sollte der Einsatz beider Instrumente theoretisch simultan geplant werden, was aufgrund der der damit verbundenen Komplexität praktisch häufig nicht möglich ist. In den meisten praktischen Anwendungen wird daher zunächst der Grad der Überbuchung festgelegt und basierend auf diesen Informationen die Kapazitätssteuerung implementiert.

- *Prognose:* Die Prognose bildet die Grundlage für den Einsatz der anderen drei Instrumente. Dabei hat sie unterschiedliche Aufgaben in Abhängigkeit davon zu erfüllen, welches Instrument sie unterstützen soll. Zur Vorbereitung der Preisdifferenzierung müssen etwa Zahlungsbereitschaften sowie geeignete Segmentierungskriterien ermittelt werden. Dies ist mit entsprechenden Methoden der Marktforschung wie z.B. der Conjoint Analyse möglich (vgl. z.B. *Hunkel* (2001, Kap. 4)). Im Rahmen der Kapazitätssteuerung ist die Nachfrage nach einzelnen Produkten zu prognostizieren, bei der Überbuchung darüber hinaus noch z.B. die Anzahl der zu erwartenden Stornierungen. Insbesondere bei der Prognose der zu erwartenden Nachfrage ergibt sich die Schwierigkeit, dass nicht die tatsächliche Nachfrage, sondern lediglich die Anzahl der getätigten Verkäufe beobachtet werden kann. Aufgrund der heterogenen Aufgaben der Prognose bei der Implementierung der anderen Instrumente, wollen wir sie nicht als eigenständiges Instrument, sondern jeweils als Bestandteil der anderen Instrumente sehen.

C. Luftverkehr

I. Passage

Um die bisherigen Ausführungen insbesondere im Hinblick auf die Anwendungsvoraussetzungen zu veranschaulichen, werden in den folgenden Abschnitten C bis E einige ausgewählte Anwendungsfälle ausführlicher diskutiert, auf die bereits in den vorangegangenen Abschnitten verwiesen wurde. Der Fokus der Betrachtung liegt dabei auf der Kapazitätssteuerung, für die wir Optimierungsmodelle angeben, wie sie im Rahmen der Realisierung von computergestützten Steuerungssystemen in der Praxis typischerweise formuliert und gelöst werden.[22] Diese Darstellung erscheint den Autoren besonders geeignet, um in formaler Form wesentliche Unterschiede zwischen den Branchen zu verdeutlichen.

Wir beginnen die Darstellung mit dem Flugreiseverkehr. Wie sich zeigen wird, ist dieser Anwendungsfall nicht nur historisch, sondern auch methodisch grundlegend, so dass es sich tatsächlich anbietet, mit einer detaillierten Beschreibung dieser Anwendung zu beginnen. In nachfolgenden Abschnitten wird sich dann herausstellen, dass andere bekannte Anwendungen verkomplizierende bzw. verallgemeinernde Aspekte mit sich bringen.

Historisch hat man in der Praxis zunächst einzelne Flugabschnitte (Non-Stop-Flüge, sog. single legs) betrachtet und eine Kapazitätssteuerung für diese einzelnen Flugabschnitte implementiert.[23] Kernfrage war und ist, wie man den Verkauf preisdifferenzierter Tickets so steuert, dass der erwartete Erlös maximal wird (vgl. die Ausführungen in Abschnitt B.III). Wenn man unterstellt, dass die Nachfragemengen in den einzelnen Marktsegmenten einer bekannten Wahrscheinlichkeitsverteilung unterliegen, so lässt sich ein dynamisches Programm zur Bestimmung einer optimalen Politik zwar formulieren, aber praktisch nicht in akzeptabler Rechenzeit lösen, sofern man nicht vereinfachende Annahmen akzeptiert.[24] Insofern ist der Einsatz von heuristischen Steuerungsansätzen angeraten, wobei sich die Palette entsprechender Ideen auf zwei Grundprinzipien reduzieren lässt (vgl. z.B. *Klein* (2001, S. 250 ff.) oder *Talluri/Van Ryzin* (2004, Kap. 3.2)):

(i) *Booking Limits:* Für die einzelnen Produkte und Marktsegmente wird jeweils ein Mengenkontingent definiert, so dass beim Verkauf lediglich „mitgezählt" werden muss, ob das Kontingent eines betroffenen Segmentes bereits erschöpft ist (weitere Tickets werden in diesem Segment dann nicht mehr verkauft) oder nicht (Tickets können für dieses Segment weiterhin abgegeben werden). Sind die Mengenkontingente eines Produkts exklusiv für die einzelnen Marktsegmente reserviert, so spricht man auch von *partitionierten Booking Limits*. Bei bekannter Nachfrage – eine solche Situation soll im Folgenden aus didaktischen Gründen unterstellt werden – existiert stets eine optimale Steuerung auf Basis partitionierter Booking Limits. Unterliegt die Nachfrage – wie häufig in der Realität – dagegen stochastischen Schwankungen, so weisen partitionierte Booking Limits erhebliche methodische Nachteile auf, die zu Erlösminderungen führen können. Daher greift man auf *geschachtelte Booking Limits* zurück, die den Zugriff höherwertiger Segmente auf die Kontingente niederwertiger Segmente erlauben.

(ii) *Bid Prices:* Es wird eine Preisschwelle für den Verkauf einer Leistung definiert, so dass nur solche Marktsegmente bedient werden können, in denen ein Preis angeboten wird, der mindestens diese Preisschwelle erreicht. Setzt sich ein Produkt für ein Marktsegment aus mehreren Teilleistungen zusammen, so muss es für den Verkauf entsprechend einen Preis aufweisen, der die Summe der Preisschwellen der Teilleistungen überschreitet.

Im Folgenden wollen wir uns auf die Verwendung partitionierter Booking Limits als Instrument zur Kapazitätssteuerung konzentrieren, da dies für unseren Betrachtungszweck ausreichend ist. Für den beschriebenen Fall eines einzelnen Flugabschnittes – bezeichnen wir ihn mit i – lässt sich ein Optimierungsmodell zu ihrer Bestimmung formulieren, wobei die folgenden Parameter als gegeben unterstellt werden:

P Indexmenge der Produkte (= Ticketarten, Marktsegmente),
r_j Zielfunktionskoeffizient (z.B. Ticketerlös) von Produkt j,
d_j (Erwartete) Nachfrage nach Produkt (Flugverbindung) j,
K_i Verfügbare Kapazitätsmenge (= Sitzplätze) der Ressource (= des Flugabschnittes) i,
a_{ij} Kapazitätsnachfrage nach Ressource i pro Mengeneinheit des Produkts j (ein Produkt ist nicht notwendigerweise ein einzelnes Ticket, sondern kann bei Gruppenbuchungen auch mehrere Tickets umfassen, so dass Werte $a_{ij} > 1$ durchaus vorkommen können).

Gesucht sind dann die Werte der Entscheidungsvariablen

x_j (Partitioniertes) Mengenkontingent für Produkt j.

Das mathematische Modell „Flugreise auf einem Flugabschnitt" ergibt sich dann wie folgt:

(1) $\quad max \sum_{j \in P} r_j x_j$

unter den Nebenbedingungen

(2) $\quad \sum_{j \in P} a_{ij} x_j \leq K_i$

(3) $\quad x_j \leq d_j \qquad\qquad j \in P$

(4) $\quad x_j \geq 0$ und ganzzahlig $\qquad j \in P$

Zur Erlösmaximierung (1) sind partitionierte Mengenkontingente (4) so zu bestimmen, dass die auf einem Flugabschnitt vorhandene Sitzplatzkapazität nicht überschritten wird (2). Sinnvollerweise werden die Booking Limits für einzelne Ticketarten dabei nicht größer gesetzt als die entsprechende Nachfrage vorgibt (3).

In der Praxis reisen Passagiere allerdings nicht nur per Non-Stop-Flug, sondern müssen häufig auch Zwischenlandungen und Flugzeugwechsel in Kauf nehmen, um von einem Start- zu einem Zielflughafen zu gelangen. Betrachten wir exemplarisch ein bewusst einfach gehaltenes Flugnetz mit lediglich drei Flughäfen A, B und C, um die daraus resultierenden Probleme zu veranschaulichen. Man stelle sich vor, dass Tickets für drei Flüge verkauft werden: Flug 1 von A nach B, Flug 2 von B nach C und Flug 3 von A mit Zwischenlandung in B nach C, wobei Flug 3 auf den jeweiligen Abschnitten dasselbe Flugzeug verwendet wie die Flüge 1 und 2. In dieser Situation steht die Nachfrage nach Tickets für Flug

3 in Ressourcenkonkurrenz zur Nachfrage für Tickets für Flug 1 bzw. Flug 2. Gibt die Fluggesellschaft ein Ticket für Flug 3 ab, so muss bei entsprechender Nachfrage eventuell eine Buchung für Flug 1 oder für Flug 2 abgelehnt werden. Umgekehrt kann es auftreten, dass ein verkauftes Ticket für Flug 1 eine Ticketanfrage für Flug 3 verdrängt. Die Verflechtungen werden offensichtlich sehr viel komplizierter, wenn man ein reales Flugnetz mit deutlich mehr als drei Flughäfen und drei Flügen betrachtet, und das resultierende Entscheidungsproblem ist selbst unter der Annahme sicherer Nachfragedaten ein sehr schwierig zu lösendes Problem, für das eine optimale Lösung in akzeptabler Zeit nicht ermittelbar ist.

Ein häufig implementiertes, pragmatisches Vorgehen der Kapazitätssteuerung in dieser komplexen Situation ist als Virtual Nesting bekannt (vgl. z.B. *Belobaba* (1987), *Williamson* (1992)). Von der Grundidee her werden hierbei für jeden einzelnen Flugabschnitt isoliert Booking Limits für diejenigen Flüge, die diesen Flugabschnitt verwenden, bestimmt. Bei der Entscheidung über Annahme oder Ablehnung einer Anfrage für ein Ticket für einen bestimmten Flug werden dann die für diesen Flug noch verfügbaren Mengenkontingente auf allen verwendeten Flugabschnitten überprüft. Sofern auch nur auf einem einzigen Abschnitt das entsprechende Kontingent erschöpft ist, wird die Anfrage abgelehnt. Als Teilproblem dieser Vorgehensweise ist für jeden einzelnen Flugabschnitt ein Problem vom Typ „Flugreise auf einem Flugabschnitt" zu lösen. Die Erlöse für Flüge, die mehrere Flugabschnitte verwenden, werden dabei auf die einzelnen Flugabschnitte umgelegt (man bezeichnet dies auch als Prorating; vgl. z.B. *Williamson* (1992)). Der bei diesem Umlageverfahren eingesetzte Schlüssel zur Bestimmung von Erlösanteilen je Flugabschnitt soll hier nicht vertiefend diskutiert werden.

Das soeben beschriebene Vorgehen zur Kapazitätssteuerung in Flugnetzen ist ein heuristisches Vorgehen und in der Praxis aus ganz pragmatischen Überlegungen heraus gewachsen. Da man bestehende Buchungssysteme für die Kapazitätssteuerung auf einzelnen Flugabschnitten bereits installiert hatte, schien das beschriebene Vorgehen schlicht nahe liegend und vergleichsweise einfach realisierbar zu sein. Tatsächlich aber vergibt man durch diese einfache Methodik Erlössteigerungen, die man durch Einbeziehungen der komplexen Wechselwirkungen in einem Flugnetz erzielen könnte. Formal lässt sich das beschriebene Problem als mathematisches Modell „Flugreisen im Flugnetz" unter Verwendung der bereits eingeführten Notation leicht beschreiben. Zur Bezeichnung der einzelnen Flugabschnitte muss lediglich ein Parameter

R Indexmenge der Ressourcen (= Flugabschnitte)

eingeführt werden. Damit ergibt sich das folgende Optimierungsmodell:

$$max \sum_{j \in P} r_j x_j$$

unter den Nebenbedingungen

(5) $\quad \sum_{j \in P} a_{ij} x_j \leq K_i \qquad i \in R$

$\quad x_j \leq d_j \qquad j \in P$

$\quad x_j \geq 0$ und ganzzahlig $\qquad j \in P$

Dieses Modell für ein Flugnetz ist nahezu identisch mit dem Modell für den Fall eines einzelnen Flugabschnittes. Der einzige Unterschied besteht darin, dass nunmehr für jeden einzelnen Flugabschnitt eine Kapazitätsrestriktion zu beachten ist (5). Man beachte, dass der Parameter a_{ij} den Wert Null annimmt, wenn ein Flug i den Flugabschnitt nicht verwendet.

II. Fracht

Betrachten wir nun den Transport von Gütern per Flugzeug, dann geht es im Gegensatz zum Personentransport nicht mehr um den Verkauf von Tickets für Sitzplätze im Flugzeug, sondern um die Abgabe von Laderaumkapazitäten. Beim Beladen von Flugzeugen sind zwei Arten von Ressourcenbeschränkungen relevant. Zum einen ist das Volumen des Laderaumes strikt zu beachten und zum anderen darf die Ladung im Flugzeug ein bestimmtes Höchstgewicht nicht überschreiten. Während die Volumenbeschränkung allein durch den Flugzeugtyp definiert ist, ist das einzuhaltende Höchstgewicht nicht nur vom Flugzeugtyp abhängig. Da das Gewicht des Flugzeuges die benötigte Länge der Landebahn bei Start und Landung erheblich beeinflusst, hängt die maximal mögliche Zuladung vor allem auch von den örtlichen Gegebenheiten auf den betroffenen Flughäfen ab. In manchen Fällen wird Fracht auch im Laderaum von Passagierflugzeugen transportiert, so dass das Höchstgewicht der Fracht erst kurzfristig vor dem Abflug bekannt wird, weil die Anzahl der Passagiere (bzw. das Gewicht von Passagieren und Gepäck) die mögliche Zuladung beschränkt. Diesen Fall des gemeinsamen Transports von Personen und Fracht wollen wir der Einfachheit halber hier jedoch außer Acht lassen.

Ein weiterer, beim Personentransport unüblicher Aspekt ist, dass beim Frachttransport die gewählte Reiseroute zwischen Start- und Zielflughafen nach der Auftragsannahme von der Fluggesellschaft weitgehend frei (typischerweise sind zeitliche Restriktionen für Abflug und Ankunft am Start- bzw. Zielflughafen zu berücksichtigen) gewählt werden kann. Je nach Art der zu transportierenden Fracht, ist es oftmals sogar zulässig, einzelne Teilmengen der Fracht auf unterschiedlichen Transportwegen zu befördern (vgl. z.B. *Kasilingam* (1996), *Bartodziej/Derigs* (2004), *Pak/Dekker* (2004)).

Um das Problem des Frachttransports zu modellieren, führen wir einen Parameter

M_j Indexmenge der verschiedenen Modi (= Reiserouten) für Produkt

ein. Ansonsten verwenden wir eine leicht erweiterte Variante der bereits eingeführten Notation, wobei die Erweiterung darin besteht, dass die einzelnen Symbole um einen Index für den betrachteten Modus ergänzt werden, sofern dies notwendig ist. Das Optimierungsmodell „Luftfracht" hat dann folgende Gestalt:

$$max \sum_{j \in P} \sum_{m \in M_j} r_{jm} x_{jm}$$

unter den Nebenbedingungen

(6) $\quad \sum_{j \in P} \sum_{m \in M_j} a_{ijm} x_{jm} \leq K_i \qquad i \in R$

$\quad \sum_{m \in M_j} x_{jm} \leq d_j \qquad j \in P$

(7) $x_{jm} \geq 0$ (und ganzzahlig) $j \in P, m \in M_j$

Für den Fall, dass Teilmengen von Frachtaufträgen über unterschiedliche Routen geleitet werden dürfen, benötigt man keine Ganzzahligkeitsbedingung (7) und das Modell stellt sich als lineares Programm dar. Der Einfachheit halber erlauben wir hier, dass dann auch lediglich Teilaufträge akzeptiert werden dürfen. Die Modellierung der verschiedenen Ressourcenbeschränkungen (6) erscheint erklärungswürdig, da sich dieser Aspekt in der Definition der Indexmenge verbirgt. Im Gegensatz zum Modell „Flugreisen im Flugnetz" werden im Modell „Luftfracht" jeweils zwei Ressourcen (und nicht eine) pro Flugabschnitt eingeführt. Jeweils eine Ressource repräsentiert das verfügbare Volumen und eine die mögliche Zuladung auf diesem Flugabschnitt. Schematisch lässt sich dieser Sachverhalt wie folgt andeuten:

Ressource i	Flugabschnitt	Interpretation von K_i
1	A-B	Maximales Volumen auf Flugabschnitt A-B
2	A-B	Maximale Zuladung auf Flugabschnitt A-B
3	B-C	Maximales Volumen auf Flugabschnitt B-C
4	B-C	Maximale Zuladung auf Flugabschnitt B-C
5	C-D	Maximales Volumen auf Flugabschnitt C-D
...	...	...

D. Touristik

I. Hotellerie

Gemessen an der Anzahl der Publikationen ist nach dem Flugticketverkauf das Problem der Reservierung von Hotelzimmern wohl das am zweithäufigsten zitierte Anwendungsbeispiel für Revenue Management Maßnahmen (vgl. z.B. *Jones* (1999)). Das grundsätzliche Problem bei der Belegung von Hotelzimmern kann wie folgt skizziert werden: In einem Hotel gibt es eine feste Anzahl von Ein- und Zweibettzimmern (die Berücksichtigung von Dreibett-, Vierbett- usw. –zimmern erfolgt analog und soll hier aus Vereinfachungsgründen nicht dargestellt werden). Gäste, die ein Doppelzimmer buchen, können nur in einem Zweibettzimmer untergebracht werden. Hingegen können Gäste, die ein Einzelzimmer nachfragen, in einem Ein- oder Zweibettzimmer beherbergt werden, so dass für eine bestimmte Nacht Einzel- und Doppelzimmernachfragen konkurrieren können. Betrachtet man mehrere Nächte (also einen Planungszeitraum von Nächten bzw. Perioden), so ergibt sich eine Konkurrenz um die Zimmer auch noch aus anderen Gründen. Man stelle sich beispielsweise vor, dass ein Gast ein Einzelzimmer von Montag bis Donnerstag reservieren möchte und ein anderer Gast ein Einzelzimmer von Dienstag auf Mittwoch nachfragt. Analog zum Flugnetz-Beispiel kann es zu Situationen kommen, in denen die Reservierungszusage für einen dieser beiden Gäste dazu führt, dass der jeweils andere Gast eine Absage erhalten muss.

Um dieses Problem formal zu beschreiben, verwenden wir die folgende Notation:

T Anzahl der Perioden (= Nächte) im Planungszeitraum ($t = 1, ..., T$),

R Indexmenge der Ressourcen (= Zimmerarten, d.h. Einzel- bzw. Doppelzimmer),

P Indexmenge der Produkte (ein Produkt definiert sich durch Zimmerart, Zeitraum der Belegung und Erlös),

P_i Indexmenge der Produkte, die Einzelzimmer ($i = 1$) bzw. Doppelzimmer ($i = 2$) beanspruchen (es gilt $P = \bigcup_{i=1}^{|R|} P_i$),

r_j Zielfunktionskoeffizient (z.B. Stückerlös) von Produkt j,

d_j (Erwartete) Nachfrage nach Produkt j,

M_j Indexmenge der verschiedenen Modi (= Zimmerzuordnungen) für Produkt j ($M_j = \{1\}$, falls Produkt j nur einem Einzelzimmer zugewiesen werden kann, und $M_j = \{1,2\}$, falls Produkt j einem Einzel- oder einem Doppelzimmer zugewiesen werden kann),

K_{i0} Verfügbare Kapazitätsmenge (= Anzahl der Zimmer) der Ressource (= der Zimmerart) i zu Beginn des Planungszeitraumes,

a_{jt} 1, falls Produkt j ab Nacht t ein Zimmer belegt (0, sonst),

a'_{jt} 1, falls Produkt j bis Nacht $t-1$ ein Zimmer belegt (0, sonst), so dass dieses Zimmer ab Nacht t wieder zur Verfügung steht,

Gesucht sind dann die Werte der Entscheidungsvariablen

x_{jm} (Partitioniertes) Mengenkontingent für Produkt j im Modus m.

Das Optimierungsmodell für den Anwendungsfall „Hotel" kann dann wie folgt angegeben werden:

$$\max \sum_{j \in P} \sum_{m \in M_j} r_j x_{jm}$$

unter den Nebenbedingungen

(8) $\quad \sum_{h=1}^{i} \sum_{j \in P_h} \sum_{\tau=1}^{t} a_{j\tau} x_{ji} \leq K_{i0} + \sum_{h=1}^{i} \sum_{j \in P_h} \sum_{\tau=1}^{t} a'_{j\tau} x_{ji} \quad\quad i \in R; t \in T$

$\quad \sum_{m \in M_j} x_{jm} \leq d_j \quad\quad\quad\quad\quad\quad\quad\quad\quad\quad j \in P$

$\quad x_{jm} \geq 0$ und ganzzahlig $\quad\quad\quad\quad\quad\quad j \in P; m \in M_j$

Der besondere Unterschied im Vergleich zu den Modellen aus dem Luftverkehrsbereich liegt in der Formulierung der Kapazitätsrestriktion (8), da sich das Ressourcenangebot (in einer Periode) kumulativ errechnet. Die für eine Nacht t frei verfügbare Anzahl von Zimmern einer Zimmerart ist gleich der zu Beginn des Planungshorizontes verfügbaren Zimmeranzahl plus der Anzahl der Zimmer, die vor Nacht freigegeben werden, minus der Anzahl der Zimmer, die vor Nacht belegt werden. In realen Situationen, in denen rollierend geplant wird (vgl. z.B. *Bitran/Mondschein* (1995), *Bitran/Gilbert* (1996), *Badinelli*

(2000), *Goldman* et al. (2002)), kann es vorkommen, dass zu Beginn des Planungshorizontes einige Zimmer bereits belegt sind und im Laufe des Planungszeitraumes wieder freigegeben werden. Derartige Situationen lassen sich in dem Modell leicht berücksichtigen. Bezeichnet K_{i0} die tatsächlich frei verfügbare Zimmeranzahl zu Beginn des Planungshorizontes (und nicht die insgesamt vorhandene Anzahl von Zimmern einer Art im Hotel), dann lässt sich ein bereits belegtes Zimmer als Produkt j mit Nachfrage $d_j = 1$ interpretieren, für das die Parameter a_{jt} für alle Indizes t den Wert Null besitzen. Die Parameter a'_{jt} beschreiben in üblicher Art und Weise den Freigabezeitpunkt dieses Zimmers. Die Entscheidungsvariablen x_{jm} müssen dann vorab so fixiert werden, dass x_{jm} genau für den tatsächlich verwendeten Modus m auf Eins gesetzt wird und für alle anderen Modi auf Null.

II. Gastronomie

Analog zur Belegung der Zimmer in einem Hotel lässt sich das Problem von Tischreservierungen in einem Restaurant abbilden (vgl. z.B. *Kimes* (1999), *Kimes* et al. (1998,1999), *Bertsimas/Shioda* (2003)). Anstelle von Ein- und Zweibettzimmern hat man in einem Restaurant Tische mit zwei, drei, vier, fünf, sechs, ... Sitzplätzen. Gäste, die einen Tisch für zwei Personen reservieren möchten, können an einen Zweier-, aber z.B. auch an einen Vierertisch gesetzt werden. Unterteilt man die Öffnungszeit des Restaurants an einem Abend in hinreichend kleine Zeiteinheiten (z.B. Viertelstunden), so ergibt sich wiederum ein mehrperiodiges Entscheidungsproblem: Akzeptiert man Gäste die ab 19:00 Uhr einen Tisch für Zwei reservieren möchten und wahrscheinlich zwei Stunden im Restaurant verweilen oder vergibt man stattdessen den Tisch lieber an vier Gäste, die aber erst um 20:00 eintreffen?

Zur Formulierung eines Optimierungsmodells „Restaurant" verwenden wir die gleichen Symbole wie im Hotel-Beispiel, lediglich die Interpretation muss auf die neue Anwendungssituation umgedeutet werden (was dem Leser leicht gelingen sollte):

$$max \sum_{j \in P} \sum_{m \in M_j} r_j x_{jm}$$

unter den Nebenbedingungen

$$\sum_{h=1}^{i} \sum_{j \in P_h} \sum_{\tau=1}^{t} a_{j\tau} x_{ji} \leq K_{i0} + \sum_{h=1}^{i} \sum_{j \in P_h} \sum_{\tau=1}^{t} a'_{j\tau} x_{ji} \quad i \in R\, ; t \in T$$

$$\sum_{m \in M_j} x_{jm} \leq d_j \qquad j \in P$$

$$x_{jm} \geq 0 \text{ und ganzzahlig} \qquad j \in P; \ m \in M_j$$

Auch wenn dieses Modell formal identisch mit dem Modell im Hotel-Beispiel ist, so kann man sich überlegen, dass in der konkreten Anwendung durchaus unterschiedliche Probleme auftreten. Will man ein solches Modell auf Tischreservierungen im Restaurant tatsächlich anwenden, so hat man als Entscheider einige der Parameterwerte zu prognostizieren, die man bei der Zimmerbelegung von Hotels vom Kunden genannt bekommt (vgl. dazu *Kimes* et al. (2002)). Der Erlös r_j ist beispielsweise bei einer Anfrage nach einem Hotelzimmer bekannt, während die Gäste an einem Tisch im Restaurant einen Umsatz generieren, der zum Zeitpunkt der Entscheidung nicht genau bekannt ist, sondern bestenfalls abgeschätzt werden kann. Auch ist bei einer Hotelbuchung der Zeitpunkt der An- und der Abreise bekannt. Reservieren Gäste einen Tisch im Restaurant, so ist zwar der Zeitpunkt des Eintreffens vereinbart, aber der Zeitpunkt, zu dem der Tisch wieder frei wird, ist üblicherweise unsicher. Außerdem ist die Anzahl der Gäste, die spontan und ohne Vorankündigung in einem Restaurant erscheinen, in aller Regel größer als bei Hotels.

III. Automobilvermietung

Eine weitere Anwendung, die eng mit den Problemstellungen „Hotel" und „Restaurant" verwandt ist, ist die Reservierung von Leihwagen (vgl. z.B. *Carrol/Grimes* (1995), *Geraghty/Johnson* (1997)). Auch hier wird über die Nutzung von Ressourcen (diesmal sind es Fahrzeuge aus einem Fuhrpark) entschieden, wobei die in einem Zeitpunkt zur Verfügung stehende Anzahl von Fahrzeugen davon abhängt, welche und wie viele Fahrzeuge vorher entliehen bzw. wieder zurückgebracht wurden. Allerdings gibt es beim Automobilverleih einen Aspekt, der sich von den Gegebenheiten bei Hotels und Restaurants unterscheidet, sofern ein Autoverleiher Filialen an unterschiedlichen Standorten (z.B. in der Innenstadt und am Flughafen oder in mehreren Städten) betreibt. Während Gäste in Hotels und Restaurants Zimmer oder Tische an einem Standort belegen und an diesem Standort dann auch wieder freigeben, können Kunden von Autovermietungen Fahrzeuge an einem Standort entleihen und an einem anderen Standort wieder zurückgeben. Bei Hotels und Restaurants können unterschiedliche Filialen daher isoliert voneinander betrachtet werden. Hingegen müssen die verschiedenen Standorte eines Autoverleihers simultan betrachtet werden. In einem entsprechenden Entscheidungsmodell „Autoverleih" sei

S Indexmenge der Standorte,

so dass die entsprechenden Symbole um einen Index $s \in S$ für den Standort erweitert werden können. Die Interpretation der Symbole ist wiederum, diesmal auf das Autovermietungsbeispiel zu transferieren, was dem Leser ohne große Schwierigkeiten möglich sein sollte. Wir wollen uns hier darauf beschränken, lediglich die Parameter

a_{jts} 1, falls Produkt (= Kundenanfrage) j ab Zeitpunkt t ein Fahrzeug am Standort s verlangt (0, sonst),

a'_{jts} 1, falls Produkt j bis spätestens Zeitpunkt $t = 1$ ein Fahrzeug zum Standort s zurückbringt (0, sonst), so dass dieses Fahrzeug ab Zeitpunkt t am Standort s wieder zur Verfügung steht

präzise zu definieren. Die mathematische Modellformulierung „Autoverleih" lautet dann wie folgt:

$$\max \sum_{j \in P} \sum_{m \in M_j} r_j x_{jm}$$

unter den Nebenbedingungen

$$\sum_{h=1}^{i} \sum_{j \in P_h} \sum_{\tau=1}^{t} a_{j\tau s} x_{ji} \leq K_{i0s} + \sum_{h=1}^{i} \sum_{j \in P_h} \sum_{\tau=1}^{t} a'_{j\tau s} x_{ji} \qquad i \in R\,; t \in T\,; s \in S$$

$$\sum_{m \in M_j} x_{jm} \leq d_j \qquad j \in P$$

$$x_{jm} \geq 0 \text{ und ganzzahlig} \qquad j \in P\,; m \in M_j$$

Man beachte, dass beim Autoverleih Upgrades zulässig sind. D. h., dass ein Kunde der einen Kleinwagen entleihen möchte, durchaus einen Mittelklassewagen (zum zugesagten Kleinwagenpreis) zugewiesen bekommen darf (dies definiert die verschiedenen Modi). In dem Modell ist die Indexmenge R der Ressourcen (= Fahrzeugarten) so zu definieren, dass höherwertige Fahrzeugarten stets einen größeren Index besitzen als niederwertige. Diese nicht restriktive Vereinbarung haben wir hier unterstellt, damit die Verwandtschaft der Modelle „Hotel", „Restaurant" und „Autoverleih" in der Modellformulierung besonders deutlich zum Vorschein kommt.

In der Praxis ist es durchaus üblich, dass Fahrzeuge vom Autoverleiher selbst zwischen den Standorten verschoben werden (Leerfahrten), um die Kapazitäten an den Standorten der Nachfrage anzupassen. Eine derartige Fahrt kann als Produkt j mit Zielfunktionskoeffizient $r_j \leq 0$ ohne Probleme in das Modell aufgenommen werden. Nimmt man derartige Dummy-Produkte für alle denkbaren Leerfahrten auf, so liefert eine Lösung des Modells zugleich eine Antwort auf die Frage, welche Fahrzeuge wann von wo nach wo per Leerfahrt zu verschieben sind.

E. Fertigungsindustrie

Auch bei kundenauftragsorientierten Fertigung in Industriebetrieben sind Entscheidungen über die Annahme oder Ablehnung von Kundenaufträgen regelmäßig zu treffen. Daher soll im letzten Abschnitt auch dieses Anwendungsbeispiel als Modell formuliert werden, um Ähnlichkeiten und Unterschiede zu den bisher dargestellten Revenue Management Problemfeldern zu begreifen (vgl. z.B. *Harris/Pinder* (1995), *Elimam/Dodin* (2001), *Kniker/Burman* (2001), *Kalyan* (2002), *Kimms/Müller-Bungart* (2003), *Kuhn/Defregger* (2004)).

Die vorliegende Situation kann wie folgt beschrieben werden. Ein spezieller Kundenauftrag j (der in klassischer Revenue Management Sprechweise als Produkt bezeichnet werden würde), beansprucht bei seiner Durchführung begrenzt verfügbare Kapazitäten bestimmter Ressourcen. Als eine Ressource wird typischerweise ein Produktionsfaktor wie eine Betriebsmittelgruppe und der Personalbestand betrachtet, deren Kapazitätsangebot (Maschinenstunden oder Anzahl der verfügbaren Mitarbeiter) pro Periode gegeben ist und nicht in andere Perioden transferiert werden kann (keine Lagerung der Kapazität). Die Realisation eines Kundenauftrages kann im Allgemeinen in verschiedenen Bearbeitungsmodi erfolgen, die sich durch unterschiedliche Ressourcenbeanspruchungen auszeichnen. Damit können z.B. unterschiedliche Betriebsintensitäten gemeint sein, die dazu führen, dass ein Auftrag innerhalb einer Periode unterschiedlich schnell (also mit unterschiedlichen Produktionskoeffizienten gemessen in Maschinenstunden pro Auftragseinheit) und mit unterschiedlichen Stückkosten der Produktion abgewickelt wird. Mit unterschiedlichen Modi kann aber auch gemeint sein, dass die Herstellung lagerfähiger Güter in unterschiedlichen (modusabhängigen) Perioden erfolgen kann. Insofern ist der auftragsspezifische Zielfunktionskoeffizient (typischerweise ein Deckungsbeitrag) in aller Regel auch modusabhängig.

Um diese Situation zu modellieren, definieren wir zunächst die Notation. Als bekannte Parameter unterstellen wir

T Anzahl der Perioden (= Schichten, Tage, Wochen) im Planungszeitraum,
R Indexmenge der Ressourcen (= Betriebsmittelgruppen, Personalarten),
P Indexmenge der Produkte (= Kundenaufträge),
M_j Indexmenge der Bearbeitungsmodi eines Kundenauftrags j,
r_{jm} Zielfunktionskoeffizient (z.B. Deckungsbeitrag) von Auftrag j,
d_j (Erwartete) Produktionsmenge des Auftrag j,
K_{it} Verfügbare Kapazitätsmenge der Ressource i in Periode t,
a_{ijmt} Produktionskoeffizient des Auftrags j für Ressource i im Modus m in Periode t.

Gesucht sind dann die Werte der Entscheidungsvariablen

x_{jm} (Partitioniertes) Mengenkontingent für Auftrag j in Modus m.

Das vollständige Modell „Auftragsorientierte Fertigung" lässt sich dann wie folgt formulieren:

$$max \sum_{j \in P} \sum_{m \in M_j} r_{jm} x_{jm}$$

unter den Nebenbedingungen

$$\sum_{j \in P} \sum_{m \in M_j} a_{ijmt} x_{jm} \leq K_{it} \qquad i \in R\,; t \in T$$

(9) $\sum_{m \in M_j} x_{jm} \leq d_j \qquad j \in P$

(10) $x_{jm} \geq 0$ (und ganzzahlig) $j \in P\,; m \in M_j$

In Fällen mit sehr spezifischen, kundenindividuellen Aufträgen, wird sich die Nachfragemenge $d_j = 1$ unterstellen lassen, was in Zusammenhang mit der Ganzzahligkeitsbedingung (10) dazu führt, dass einzelne Aufträge ganz oder gar nicht akzeptiert werden, so dass sich hier ein Problem vom Typ Projektauswahl (vgl. Abschnitt B.II) ergibt. Nimmt man (ganzzahlige) Werte $d_j > 1$ an, so können auch Anteile von jeweils $1/d_j$ des Ganzen akzeptiert werden. Verzichtet man auf die Ganzzahligkeitsforderung, dann können beliebige Bruchteile des Auftragsvolumens eingeplant werden.

F. Fazit und Ausblick

In der Diskussion des Begriffs Revenue Management zeigte sich, dass existierende Begriffsdefinitionen ungenügend sind, da sie lediglich auf einzelne Teilaufgaben abstellen, einen zu speziellen Anwendungsbezug aufweisen oder zu knapp sind, um die tatsächliche Anwendbarkeit in einer konkreten Branche zu klären. Infolgedessen wurde in diesem Beitrag zunächst einmal systematisch dargelegt, welche branchenübergreifenden Voraussetzungen erfüllt sein müssen, damit Revenue Management sinnvoll eingesetzt werden kann. Nach Meinung der Autoren sind vier Voraussetzungen zu erfüllen:

1. Integration eines externen Faktors
2. Eingeschränkte operative Flexibilität des Kapazitätsangebotes
3. Heterogenität des Nachfragerverhaltens
4. Standardisierung des Leistungsprogramms

Zur Bestimmung des eigentlichen Gegenstandes von Revenue Management kristallisierte sich heraus, dass sich das Gebiet in drei interdependente Teilaspekte strukturieren lässt:

1. Design des Leistungsprogramms
2. Kapazitätsangebotsplanung
3. Gestaltung des Verkaufs

Nach Auffassung der Autoren, umfasst *Revenue Management im weiteren Sinne* sowohl strategisch-taktische Entscheidungen als auch taktisch-operative Entscheidungen. Legt man die Ausrichtung wissenschaftlicher Literatur, die den Begriff Revenue Management verwendet, zu Grunde, dann konzentriert sich der Gegenstand von *Revenue Management im engeren Sinne* auf die taktisch-operativen Aspekte. Konsequenterweise wurde der Fokus in diesem Beitrag auf genau diese Aspekte gelegt.

Revenue Management im engeren Sinne meint folgende Funktionen:

1. Segmentorientierte Preisdifferenzierung
2. Kapazitätssteuerung
3. Überbuchung

Prognoseverfahren zählen unzweifelhaft zu den immanent notwendigen Werkzeugen eines Revenue Management Systems. Da Prognoserechnungen jedoch lediglich der Bereitstellung von Daten dienen, zählt die Prognose nach dem Verständnis der Autoren nicht zu den eigentlichen Aufgaben des Revenue Managements, sondern ist lediglich eine sehr wichtige Hilfsfunktion, die jeweils in die anderen Instrumente zu integrieren ist.

Nach Klärung der Voraussetzungen und des Gegenstandes von Revenue Management wurden in diesem Beitrag dann diverse typische Anwendungssituationen aus unterschiedlichsten Branchen präsentiert und durch mathematisch-formale Entscheidungsmodelle präzisiert, wobei die Ausführungen sich auf die Funktion der Kapazitätssteuerung konzentrierten. Es zeigte sich, dass die zu treffende Annahme- bzw. Ablehnungsentscheidung nicht-trivial ist, wenn mindestens einer der folgenden Aspekte erfüllt ist:

1. Produkte werden preisdifferenziert abgegeben.
2. Produkte beanspruchen mehrere Ressourcen.
3. Produkte werden gebündelt nachgefragt (Gruppenbuchung).

Die Betrachtung des Grundproblems der Kapazitätssteuerung in verschiedenen Branchen offenbarte starke Ähnlichkeiten. Während das klassische Flugreisebeispiel als Basisproblem interpretiert werden kann, traten Verallgemeinerungen in Form von *unterschiedlichen Modi der Leistungserstellung* z.B. beim Luftfrachtverkehr, in der Hotellerie, in der Gastronomie, bei Automobilvermietungen und bei der Erstellung von kundenauftragsorientierten Sachleistungen auf. Eine *mehrperiodige (dynamische) Betrachtung* wurde bei der Kapazitätssteuerung in der Hotellerie, in der Gastronomie, bei Automobilvermietern und auch in der Fertigungsindustrie notwendig. Die Touristik-Anwendungen erforderten dabei eine Periodisierung, die so fein war, dass die Leistungserstellung sich mindestens über zwei Perioden hinzieht. In diesem Fall lag eine kumulative Betrachtung der zur Verfügung stehenden Kapazität nahe. Das präsentierte Modell der Fertigungsindustrie demonstrierte, dass aber auch Fälle in denen die Leistungserstellung eine beliebige Anzahl (eine oder mehrere) nicht notwendigerweise zusammenhängender Perioden andauern kann, leicht abbildbar sind. Eine genaue Betrachtung der Automobilvermieter ergab schließlich, dass auch eine *räumliche Betrachtung* wesentlich ist, sofern Kapazitätseinheiten verbracht werden können. Die kumulative Betrachtung der zur Verfügung stehenden Kapazität machte aber auch diesen Fall geschickt modellierbar.

Zukünftige Forschung wird sich z.B. mit folgenden Aspekten zu beschäftigen haben:

- Einsatz von Revenue Management Instrumenten in „neuen" Branchen und Herausarbeitung der spezifischen Erfordernisse.
- Hierarchische Integration strategisch-taktischer und taktisch-operativer Revenue Management Probleme.
- Integration der Revenue Management Probleme einer Entscheidungsebene (z.B. Leistungsprogrammplanung und Kapazitätsangebotsplanung, oder Kapazitätssteuerung und Überbuchung, oder Kapazitätssteuerung und Preisbestimmung etc.).
- Entwicklung effizienter Heuristiken zur Kapazitätssteuerung bei gleichzeitiger Betrachtung preisdifferenzierter Produkte, multipler Ressourcen und Gruppenbuchungen. Entwurf von Methoden zur Evaluation von solchen Heuristiken durch Bestimmung von Schranken sowie Etablierung einer systematisch generierten Sammlung von Datensätzen zur besseren Vergleichbarkeit dieser Heuristiken.

Anmerkungen

1 Zu Aspekten der Deregulierung vgl. z.B. *Mayer* (2001, Kap. 2.1).
2 Vgl. zur Entwicklung des Revenue Management bei American Airlines *Smith et al.* (1992).
3 Ziel der Überbuchung ist die Vermeidung von Leerkosten aufgrund von Stornierungen und No-Shows, bei denen es sich um Passagiere handelt, die ohne zu stornieren nicht zum Abflug erscheinen.
4 Das Problem der Kapazitätssteuerung bei unsicherer und zeitlich verteilt eintreffender Nachfrage wurde unabhängig vom Revenue Management bereits früher untersucht. Zu nennen sind hier etwa die Arbeiten von *Jacob* (1971), *Laux* (1971) sowie *Schildbach/Ewert* (1988).
5 Entsprechende Anwendungen schildern z.B. *Volpan*o (2003) bzw. *Ladany/Arbel* (1991).
6 Vgl. zu entsprechenden Anwendungen z.B. *Köcher* (2002, Kap. 10), *Nair/Bapna* (2001) und *Kimms/Müller-Bungert* (2005).
7 Eine Darstellung solcher Anwendungen findet sich z.B. in *Ciancimino/Inzerillo* (1999) und *Krämer/Luhm* (2002) bzw. Abschnitt C.II.
8 Eine der ersten Dissertationen auf diesem Gebiet stammt von *Belobaba* (1987).
9 Vgl. z.B. *Zehle* (1991), *Ihde* (1993), *Friege* (1996), *Bertsch/Wendt* (1998), *Corsten /Stuhlmann* (1999), *Klein* (2001), *Tscheulin /Lindenmeier* (2003).
10 Vgl. zu einer ausführlichen Diskussion dieses Sachverhalts auch Abschnitt B.2.
11 Der Aspekt der Flexibilität wurde im Zusammenhang mit dem Revenue Management erstmals von *Corsten/Stuhlmann* (1999) ausführlich diskutiert. Unsere spätere Diskussion wird sich im Wesentlichen an ihren Argumenten orientieren, auch wenn wir bezüglich anderer Aspekte wie der Vorausbuchung eine unterschiedliche Meinung vertreten. Zu allgemeinen Ausführungen zur Flexibilität vgl. z.B. *Günther/Tempelmeier* (2005, S. 4).
12 Für eine kritische Diskussion dieses Kriteriums vgl. *Fandel/Blaga* (2004).
13 Dabei weist das Dynamic Pricing enge Bezüge zum Revenue Management auf und wird häufig gemeinsam diskutiert (vgl. z.B. *Bitran/Caldentey* (2003) oder *Elmaghraby/Keskinocak* (2003)).
14 Z.B. spricht *Kimes* (2000, S. 4) von „relatively fixed capacity", lässt jedoch offen, wann diese Eigenschaft als erfüllt anzusehen ist.
15 *Corsten/Stuhlmann* (1999, S. 87) sehen in den unterschiedlichen Absatzzeitpunkten keine Voraussetzung, sondern ordnen die Möglichkeit der Vorausbuchung den Instrumenten zu.
16 Vgl. zu Auktionen im Zusammenhang mit dem Revenue Management z.B. *Vulcano* et al. (2002).
17 Es handelt sich dabei um die Ergebnisse des so genannten Schedule und Fleet Designs (vgl. dazu z.B. *Barnhart/Cohn (2004)*).
18 Dazu zählen z.B. bei Fluggesellschaften der Einsatz eines größeren Flugzeugs oder eines Moving Curtains (verschiebbare Trennwand zwischen Business und Economy Klasse) oder bei Autovermietern das Verbringen von Fahrzeugen durch Leerfahrten zwischen verschiedenen Standorten.
19 Die Notwendigkeit einer solchen Betrachtung wird vor allem von Praktikern immer wieder betont (vgl. z.B. *Pinchuk* (2002)).
20 Diese Approximation der Gewinn- durch die Erlösmaximierung ist – wie bereits eingangs erwähnt – namensgebend für das Revenue Management.
21 Zu ausführlicheren Darstellungen der genannten Instrumente verweisen wir neben der angegebenen Literatur z.B. auf *McGill/Van Ryzin* (1999), *Klein* (2001), *Tscheulin/Lindenmeier* (2003) sowie *Talluri/Van Ryzin* (2004).
22 Die Formulierung und Lösung entsprechender Optimierungsprobleme zur Ableitung von Steuerungsparametern für die Kapazitätssteuerung ist grundlegender Bestandteil sämtlicher Standardsoftware zum Revenue Management (vgl. *Talluri/Van Ryzin* (2004, Kap. 1.5)).
23 Eine der ersten wissenschaftlichen Arbeiten ist der Beitrag von *Littlewood* (1972).
24 So wird in vielen Publikationen angenommen, dass Nachfrage aus Segmenten mit niedrigeren Preisen immer vor der Nachfrage aus höherpreisigen Segmenten eintrifft; vgl. z.B. *Curry* (1990), *Wollmer* (1992), *Brumelle/McGill* (1993), *Robinson* (1995).

Literatur

Badinelli, R. D. (2000), An Optimal, Dynamic Policy for Hotel Yield Management, in: European Journal of Operational Research, Bd. 121, S. 476–503.
Bartodziej, P., Derigs, U. (2004), On an Experimental Algorithm for Revenue Management for Cargo Airlines, in: Ribeiro, C.C., Martins, S.L. (Hrsg.): Experimental and Efficient Algorithms, Berlin u.a., S. 57–71.
Barnhart, C., Cohn, A. (2004), Airline Schedule Planning: Accomplishments and Opportunities, in: Manufacturing & Service Operations Management, 6. Jg., S. 3–22.
Belobaba, P. P. (1987), Air Travel Demand and Airline Seat Inventory Management, Dissertation, Flight Transportation Laboratory, MIT, Cambridge.
Bertsch, L., Wendt, O. (1998), Yield Management, in: Weber, J., Baumgarten, H. (Hrsg.): Handbuch Logistik, Stuttgart, S. 469–483.
Bertsimas, D., Shioda, R. (2003), Restaurant Revenue Management, in: Operations Research, 51. Jg., S. 472–486.
Bitran, G. R., Caldentey, R. (2003), An Overview for Pricing Models for Revenue Management, in: Manufacturing & Service Operations Management, 5. Jg., S. 203–229.
Bitran, G. R., Gilbert, S. M. (1996), Managing Hotel Reservations with Uncertain Arrivals, in: Operations Research, 44. Jg., S. 35–49.
Bitran, G. R., Mondschein, S. V. (1995), An Application of Yield Management to the Hotel Industry Considering Multiple Day Stays, in: Operations Research, 43. Jg., S. 427–443.
Brumelle, S. L., McGill, J. I. (1993), Airline Seat Allocation with Multiple Nested Fare Classes, in: Operations Research, 41. Jg., S. 127–137.
Carrol, W. J., Grimes, R. C. (1995), Evolutionary Change in Product Management: Experiences in the Car Rental Industry, in: Interfaces, 25. Jg., Nr. 5, S. 84–104.
Ciancimino, A., Inzerillo, G. (1999), A Mathematical Programming Approach for the Solution of the Railway Yield Management Problem, in: Transportation Science, 33. Jg., S. 168–191.
Corsten, H. (2000), Dienstleistungsmanagement, 4. Aufl., München – Wien.
Corsten, H., Stuhlmann, S. (1999), Yield Management – Ein Ansatz zur Kapazitätsplanung und -steuerung in Dienstleistungsunternehmen, in: Corsten, H., Schneider, H. (Hrsg.), Wettbewerbsfaktor Dienstleistung, München, S. 79–107.
Cross, R. (1995), An Introduction to Revenue Management, in: Jenkins, D. (Hrsg.), The Handbook of Airline Economics, New York, S. 443–458.
Cross, R. (1997), Revenue Management: Das richtige Produkt für den richtigen Kunden zum richtigen Zeitpunkt zum richtigen Preis; weg vom Downsizing hin zu Real Growth, Wien.
Curry, R.E. (1990), Optimal Airline Seat Allocation with Fare Classes Nested by Origins and Destinations, in: Transportation Sciences, 24. Jg., S. 193–204.
Donaghy, K., McMahon-Beattie, U., McDowell, D. (1997), Yield Management Practices, in: Yeoman, I., Ingold, I. (1997), Yield Management – Strategies for the Service Industries, London, S. 183–201.
Elimam, A. A., Dodin, B. M. (2001), Incentives and Yield Management in Improving Productivity of Manufacturing Facilities, in: IIE Transactions, 33. Jg., S. 449–462.
Elmaghraby, W., Keskinocak, P. (2003), Dynamic Pricing in the Presence of Inventory Considerations: Research Overview, Current Practices and Future Directions, in: Management Science, 49. Jg., S. 1287–1309.
Europäische Kommission (1997), Yield Management in klein und mittelständischen Unternehmen der Tourismuswirtschaft. Zusammenfassung, ausgearbeitet von A. Andersen, Frankfurt a. Main, für die Europäische Kommission, Generaldirektion XXIII, Referat Tourismus, Luxembourg.
Fandel, G., Blaga, S. (2004), Aktivitätsanalytische Überlegungen zu einer Theorie der Dienstleistungsproduktion, in: Zeitschrift für Betriebswirtschaft, Ergänzungsheft 1/2004, S. 1–21.
Faßnacht, M. (1996), Preisdifferenzierung bei Dienstleistungen – Implementierungsformen und Determinanten, Wiesbaden, 2002.
Faßnacht, M., Homburg, C. (1997), Preisdifferenzierung als Instrument eines Kapazitätsmanagements, in: Corsten, H., Stuhlmann, S. (Hrsg.), Kapazitätsmanagement in Dienstleistungsunternehmen, Wiesbaden, S. 137–152.

Faßnacht, M., Homburg, C. (1998), Preisdifferenzierung und Yield Management bei Dienstleistungsanbietern, in: Meyer, A. (Hrsg.), Handbuch Dienstleistungs-Marketing, Stuttgart, S. 866–879.

Friege, C. (1996), Yield-Management, in: WiSt – Wirtschaftswissenschaftliches Studium, 25. Jg., S. 616–622.

Geraghty, M. K., Johnson, E. (1997), Revenue Management Saves National Car Rental, in: Interfaces, 27. Jg., Heft 1, S. 107–127.

Goldman, P., Freling, R., Pak, K., Piersma, N. (2002), Models and Techniques for Hotel Revenue Management Using a Rolling Horizon, in: Journal of Revenue Management and Pricing, 1. Jg., S. 207–219.

Günther, H.-O., Tempelmeier, H. (2005), Produktion und Logistik, 6. Aufl., Berlin u.a.

Harris, F. H. deB., Pinder, J. P. (1995), A Revenue Management Approach to Demand Management and Order Booking in Assemble-to-Order Manufacturing, in: Journal of Operations Management, 13. Jg., S. 299–309.

Hunkel, M. (2001), Segmentorientierte Preisdifferenzierung für Verkehrsdienstleistungen – Ansätze für ein optimales Fencing, Wiesbaden u.a.

Ihde, G. B. (1993), Ertragsorientiertes Preis- und Kapazitätsmanagement für logistische Dienstleistungsunternehmen, in: Bloech, J., Götze, U., Sierke, B. R. A. (Hrsg.), Managementorientiertes Rechnungswesen – Konzepte und Analysen zur Entscheidungsvorbereitung, Wiesbaden, S. 103–119.

Jacob, H. (1971), Zur optimalen Planung des Produktionsprogramms bei Einzelfertigung, in: Zeitschrift für Betriebswirtschaft, 41. Jg., S. 495–516.

Jones, P. (1999), Yield Management in UK Hotels: A Systems Analysis, in: Journal of the Operational Research Society, 50. Jg., S. 1111–1119.

Kalyan, V. (2002), Dynamic Customer Value Management: Asset Values under Demand Uncertainty using Airline Yield Management and Related Techniques, in: Information System Frontiers, 4. Jg., S. 101–119.

Kasilingam, R. G. (1996), Air Cargo Revenue Management: Characteristics and Complexities, in: European Journal of Operational Research, 96. Bd., S. 36–44.

Kimes, S. E. (1989), Yield Management: A Tool for Capacity Constrained Service Firms, in: Journal of Operations Management, 8. Jg., S. 348–363.

Kimes, S. E. (1999), Implementing Restaurant Revenue Management: A Five Step Approach, in: Cornell Hotel Restaurant Administration Quarterly, 40. Jg., Nr. 3, S. 16–21.

Kimes, S. E. (2000), A Strategic Approach to Yield Management, in: Ingold, A., McMahon-Beattie, Yeoman, I. (Hrsg.), Yield Management for the Service Industries, London, S. 3–14.

Kimes, S. E., Barrash, D. I., Alexander, J. E. (1999), Developing a Restaurant Revenue-Management Strategy, in: Cornell Hotel Restaurant Administration Quarterly, 40. Jg., Nr. 5, S. 18–29.

Kimes, S. E., Chase, R. B., Choi, S., Lee, P. Y., Ngonzi, E. N. (1998), Restaurant Revenue Management: Applying Yield Management to the Restaurant Industry, in: Cornell Hotel Restaurant Administration Quarterly, 39. Jg., Nr. 3, S. 32–39.

Kimes, S. E., Wirtz, J., Breffni, M. N. (2002), How Long Should Dinner Take? Measuring Expected Meal Duration for Restaurant Revenue Management, in: Journal of Revenue Management and Pricing, 1. Jg. , S. 220–233.

Kimms, A., (2001), Mathematical Programming and Financial Objectives for Scheduling Projects, Boston.

Kimms, A., Müller-Bungart, M. (2003), Revenue Management beim Verkauf auftragsorientierter Sachleistungen, Arbeitspapier, TU Freiberg.

Kimms, A., Müller-Bungart, M. (2005), Auftragsannahmeentscheidungen für preisdifferenzierte Werbeblöcke im spanischen Fernsehen, Arbeitspapier, TU Freiberg.

Klein, R. (2001), Revenue Management: Quantitative Methoden zur Erlösmaximierung in der Dienstleistungsproduktion, in: Betriebswirtschaftliche Forschung und Praxis, 53. Jg., S. 245–259.

Klein, R., Scholl, A. (2004), Planung und Entscheidung – Konzepte, Modelle und Methoden einer modernen betriebswirtschaftlichen Entscheidungsanalyse, München.

Kleinaltenkamp, M., Plinke, W. (1998), Auftrags- und Projektmanagement: Projektbearbeitung für den Technischen Vertrieb, Berlin u.a.

Klophaus, R. (1997), Revenue Management: Wie die Airline Ertragswachstum schafft, in: Absatzwirtschaft, Ausgabe September/Oktober, S. 146–152.

Klose, M. (1999), Dienstleistungsproduktion – Ein theoretischer Rahmen, in: Corsten, H., Schneider, H. (Hrsg.), Wettbewerbsfaktor Dienstleistung, München, S. 3–21.
Kniker, T. S., Burman, M. H. (2001), Applications of Revenue Management to Manufacturing, in: Proccedings of the Third Aegean International Conference on "Design and Analysis of Manufacturing Systems", Tinos Island, Griechenland, S. 19–22.
Köcher, A. (2002), Controlling der werbefinanzierten Medienunternehmung, Lohmar/Köln.
Krämer, A., Luhm, H. J. (2002), Peak-Pricing oder Yield Management? Zur Anwendbarkeit eines Erlösmanagement-Systems bei der Deutschen Bahn, in: Internationales Verkehrswesen, 54. Jg., Heft 1+2, S. 19–23.
Kuhn, H., Defregger, F. (2004), Revenue Management in der Sachgüterproduktion, in: WiSt – Wirtschaftswissenschaftliches Studium, 33. Jg., S. 319–324.
Ladany, S. P., Arbel, A. (1991), Optimal Cruise-Liner Passenger Pricing Policy, in: European Journal of Operational Research, 55. Bd., S. 136–147.
Laux, H. (1971), Auftragsselektion bei Unsicherheit, in: Zeitschrift für betriebswirtschaftliche Forschung, 23. Jg., S. 164–180.
Littlewood, K. (1972), Forecasting and Control of Passenger Bookings, in: Proceedings of the Twelfth Annual AGIFORS Symposium, Nathanya, Israel, o.S.
McGill, J., Van Ryzin, G. J. (1999), Revenue Management: Research Overview and Prospects, in: Transportation Science, 33. Jg., S. 233–256.
Maleri, R. (1997), Grundlagen der Dienstleistungsproduktion, 4. Aufl., Berlin.
Mayer, G. (2001), Strategische Logistikplanung von Hub&Spoke-Systemen, Wiesbaden.
Meyer, A., Dullinger, F. (1998), Leistungsprogramm von Dienstleistungs-Anbietern, in: Meyer, A. (Hrsg.), Handbuch Dienstleistungs-Marketing, Stuttgart, S. 711–735.
Nair, S. K., Bapna, R. (2001), An Application of Yield Management for Internet Service Providers, in: Naval Research Logistics, 48. Jg., S. 348–362.
Pak, K., Dekker, R. (2004), Cargo Revenue Management: Bid-Prices for a 0-1 Multi Knapsack Problem, Arbeitspapier, Erasmus Universität Rotterdam.
Pfeifer, P. E. (1989), The Airline Discount Fare Allocation Problem, in: Decision Sciences, 20. Jg., S. 149–157.
Pinchuk, S. (2002), Revenue Management's Abailability to Control Marketing, Pricing, and Product Development, in: Journal of Revenue Management and Pricing, 1. Jg., S. 76–86.
Robinson, L.W. (1995), Optimal and Approximate Control Policies for Airline Booking with Sequential Nonmonotonic Fare Classes, in: Operations Research, 43. Jg., S. 252–263.
Schildbach, T., Ewert, R. (1988), Preisuntergrenzen in sequentiellen Entscheidungsprozessen, in: Hax, H., Kern, W., Schröder, H.-H. (Hrsg.), Zeitaspekte in betriebswirtschaftlicher Theorie und Praxis, Stuttgart, S. 231–244.
Smith, B. C., Leimkuhler, J. F., Darrow, R. M. (1992), Yield Management at American Airlines, in: Interfaces, 22. Jg., Heft 1, S. 8–31.
Stuhlmann, S. (2000), Kapazitätsgestaltung in Dienstleistungsunternehmen – Eine Analyse aus der Sicht des externen Faktors, Wiesbaden.
Talluri, K. T., van Ryzin, G. J. (2004), The Theory and Practice of Revenue Management, Boston.
Tscheulin, D. K., Lindenmeier, J. (2003), Yield Management – Ein State-of-the-Art, in: Zeitschrift für Betriebswirtschaft, 73. Jg., S. 629–662.
Vulcano, G., Van Ryzin, G., Maglaras, C. (2002), Optimal Dynamic Auctions for Revenue Management, in: Management Science, 48. Jg., S. 1388–1407.
Volpano, L. J. (2003), A Proposal to Rationalize Entertainment Ticket Pricing Using Price Discrimination, in: Journal of Revenue Management and Pricing, 1. Jg., S. 207–219.
Weatherford, L. R. (1997), A Tutorial on Optimization in the Context of Perishable-Asset Revenue Management Problems for the Airline Industry, in: Yu, G. (Hrsg.), Operations Research in the Airline Industry, Boston, S. 68–100.
Weatherford, L. R., Bodily, S. E. (1992), A Taxonomy and Research Overview of Perishable-Asset Revenue Management: Yield Management, Overbooking and Pricing, in: Operations Research, 40. Jg., S. 831–844.
Williamson, E. L. (1992), Airline Network Seat Control, Dissertation, Cambridge, Massachusetts, 1992.

Wollmer, R.D. (1992), An Airline Seat Management Model for a Single Leg Route when Lower Fare Classes Book First, in: Operations Research, 40. Jg., S. 26–37.

Zäpfel, G. (2000), Strategisches Produktions-Management, 2. Aufl., München.

Zehle, K.-O. (1991), Yield-Management – Eine Methode zur Umsatzsteigerung für Unternehmen der Tourismusindustrie, in: Seitz, E. / Wolf, J. (Hrsg.), Tourismusmanagement und -marketing, Landsberg/Lech, S. 483–504.

Zusammenfassung

Dieser Beitrag definiert allgemeine, branchenübergreifende Anwendungsvoraussetzungen, die erfüllt sein müssen, wenn Revenue Management zum Einsatz gebracht werden soll. Die Diskussion ergab, dass vier Voraussetzungen als wesentlich erscheinen: Integration eines externen Faktors, eingeschränkte operative Flexibilität des Kapazitätsangebotes, Heterogenität des Nachfragerverhaltens und Standardisierung des Leistungsprogramms. Die Instrumente des Revenue Managements i.e.S. umfassen eine segmentorientierte Preisdifferenzierung, Kapazitätssteuerung und Überbuchung. Für den Fall der Kapazitätssteuerung im Vergleich verschiedener Branchen zeigt sich, dass preisdifferenzierte Produkte, multiple Ressourcen oder Gruppenbuchungen das Entscheidungsproblem nicht-trivial werden lassen. Die unterschiedlichen Branchenbeispiele demonstrierten, dass verschiedene Bearbeitungsmodi und mehrperiodige oder räumliche Betrachtungen wesentlich sein können.

Summary

This contribution provides a general and industry-independent definition of the prerequisites of revenue management. It turned out that four aspects are essential to apply revenue management: the integration of an external factor, a limited short-term flexibility of the availability of the resources, heterogeneous consumer behaviour, and standardized products. The tools of revenue management in the strong sense are segment-oriented price discrimination, capacity control, and overbooking. In the case of capacity control decisions in several industries it turned out that the decision to make becomes hard as soon as we face price differentiated products, multiple resources, or group bookings. The investigated industry examples also revealed that issues like different production modes as well as multi-period or multi-location considerations may become necessary in certain cases.

JEL: C61, M11, M31

Kapazitätssteuerung im Revenue Management

Von Hans Corsten und Ralf Gössinger

Überblick

- Ein zentrales Problem des Revenue Management ist die Kapazitätssteuerung. Dieses Problem wird im vorliegenden Beitrag sowohl aus unternehmungsbezogener als auch aus unternehmungsübergreifender Perspektive untersucht.

- Für die unternehmungsbezogene Analyse bilden die Modelle zur Auftragsselektion bei Unsicherheit einen geeigneten Ausgangspunkt. Die erforderlichen Modifikationen und Ergänzungen werden im vorliegenden Beitrag herausgearbeitet.

- In der unternehmungsübergreifenden Untersuchung wird die Kapazität der Netzwerkpartner zu einem Aktionsparameter. Das dabei entstehende Problem der simultanen Auftragsannahme und -allokation wird auf der Grundlage einer Kombination von „sealed-bid double auction" und Matrixauktion gelöst.

Eingegangen: 16. November 2004

Prof. Dr. habil. Hans Corsten, Lehrstuhl für Produktionswirtschaft, Universität Kaiserslautern, Gottlieb-Daimler-Str. Geb. 42, 67663 Kaiserslautern.
PD Dr. Ralf Gössinger ist Wissenschaftlicher Assistent am selben Lehrstuhl.

A. Grundlegungen

Als Ausgangspunkt für eine definitorische Erfassung des Revenue Management[1] bzw. Yield Management[2] seien die folgenden *Elemente* herangezogen:

- die Ertrags- oder Erlösmaximierung,
- die Ergänzung des Kapazitätsmanagement als reines Auslastungsmanagement um eine aktive Preispolitik und
- die Schaffung einer umfassenden Informationsbasis über Nachfrageverläufe und -strukturen.

Grundidee des Revenue Management ist es, eine gegebene Gesamtkapazität in Teilkapazitäten aufzuspalten, für die dann Preisklassen gebildet werden, um so den Erlös der Kapazitätsnutzung zu maximieren. In diesem Zusammenhang werden in der Literatur[3] unterschiedliche Kataloge von *Anwendungsvoraussetzungen* thematisiert. In der Regel werden dabei die folgenden Aspekte genannt: Fehlende Flexibilität der Kapazität, starke Schwankungen der Nachfrage, „Verderblichkeit" der Kapazität bei Nichtinanspruchnahme[4] durch die Nachfrager, hohe Fixkosten der Kapazitätsanpassung sowie geringe Grenzkosten der Leistungserstellung, Möglichkeiten der Vorausbuchung der Leistung und der Marktsegmentierung. Ohne auf diese Aspekte im einzelnen einzugehen[5] läßt sich feststellen, daß die in der Literatur formulierten Anforderungsvoraussetzungen der fehlenden Flexibilität der Kapazität, der starken Schwankungen der Nachfrage sowie der Verderblichkeit der Kapazität und der hohen Fixkosten der Kapazitätsanpassung bei zugleich niedrigen Grenzkosten der Leistungserstellung keine eigenständigen Kriterien darstellen. Sie lassen sich vielmehr auf das Erfordernis der Flexibilität zurückführen. Eine Analyse der Anwendungsvoraussetzungen des Revenue Management müßte unseres Erachtens folglich mit der Flexibilität als grundlegendem Aspekt beginnen. In dieser Sichtweise wäre *Revenue Management* dann *anzuwenden*,

- wenn ein marktseitig an die Unternehmung herangetragenes Anpassungserfordernis (z.B. schwankende Nachfrage) besteht,
- dem unternehmungsseitig ein unzureichendes Flexibilitätspotential gegenübersteht, das sich in der Kapazität widerspiegelt (fehlende Flexibilität der Kapazitäten) und
  - auf die hierdurch induzierten Kosten zur Anpassung (hohe Fixkosten der Kapazitätsanpassung) oder
  - der hierfür benötigten Zeit

bezogen sein kann.

Von den Anwendungsvoraussetzungen sind die *Instrumente* des Revenue Management zu trennen. Hierzu zählt z.B. die Möglichkeit der Vorausbuchung der Leistung durch den Einsatz von Reservierungssystemen, die einen Beitrag dazu leisten kann, die zur Anpassung benötigte Zeit und damit die unternehmungsbezogene Flexibilität zu erhöhen. Die als Rahmenbedingung genannte *Marktsegmentierung* leistet dagegen keinen Beitrag zur Flexibilitätssteigerung, sondern dient der *Abschöpfung der Konsumentenrente* durch die Ausnutzung der unterschiedlichen Preisbereitschaften der Nachfrager[6]. Darüber hinaus sei angemerkt, daß beide Instrumente einer umfangreichen und zuverlässigen informatorischen Basis bedürfen, was den Aufbau eines hierfür geeigneten Informationssystems voraussetzt.

Vor diesem Hintergrund muß der Entscheidungsträger in einer Entscheidungssituation abwägen, ob er eine Kundennachfrage zum aktuellen Zeitpunkt akzeptiert oder ablehnt. Diese Entscheidungssituation[7] läßt sich durch die beiden folgenden *Risiken* kennzeichnen:

- Erlösverlustrisiko und
- Erlösverdrängungsrisiko.

Während das *Erlösverlustrisiko* durch freigehaltene und dann nicht genutzte Kapazität gekennzeichnet ist und folglich mit Leerkosten einhergeht, erfaßt das *Erlösverdrängungsrisiko* eine Nichtnutzung höherwertiger Nachfrage. Dieses Verdrängungsrisiko ergibt sich daraus, daß später auftretende Nachfrager, die einen höheren Preis zu zahlen bereit gewesen wären, abgelehnt werden müssen, weil die Leistung zu einem früheren Zeitpunkt anderen Nachfragern zu einem günstigeren Preis zugesagt wurde[8].

B. Revenue-Management-System

I. Ansatzpunkte für die Kapazitätsplanung und -steuerung

Ein zentrales Element des Revenue Management ist die *Preis/Mengen-Steuerung*, die gemeinsam mit der *Überbuchung* einen unmittelbaren Ansatzpunkt der Kapazitätsplanung und -steuerung bildet[9]. Basis hierfür ist die *Preisdifferenzierung*[10], die eine Marktsegmentierung voraussetzt. Der Preis/Mengen-Steuerung obliegt dann die Aufgabe, Preisklassen zu bilden, denen Teilkapazitäten zugeordnet werden[11]. Unabhängig von der Anzahl der Klassen gilt dabei, daß die bestmögliche Aufteilung dann gegeben ist, wenn sich die Grenzerträge der einzelnen Klassen entsprechen[12].

Bei der Festlegung der Preisstruktur, d.h. der Abstände zwischen den angebotenen Preisklassen, ist einerseits die Nachfragestruktur und anderseits die Wettbewerbssituation zu beachten, wobei zu berücksichtigen ist, daß die Preisstruktur so zu gestalten ist, daß die einzelnen Nachfrager nicht zwischen den Segmenten wechseln und Kannibalisierungseffekte auftreten[13].

Durch eine mögliche Stornierung von Buchungen und das Auftreten von „No Shows" besteht die Gefahr eines Erlösverlustes, wenn diese Ausfälle nicht z.B. durch „Go Shows" kompensiert werden. Die Annahme von Buchungen nach Erreichen der Kapazitätsgrenze, eine sogenannte Überbuchung[14], dient damit dem Risikoausgleich zwischen Erlösverlust und Erlösverdrängung. Während *Erlösverluste* Leerkosten bilden, sind *Überbuchungen* mit Fehlmengenkosten verbunden.

II. Stufenmodell eines Revenue-Management-Systems

Als wesentliche Elemente eines Revenue-Management-Systems werden in der Literatur[15] die *Datenbasis*, der *Prognose-* und der *Optimierungsteil* genannt. Diese Aufzählung vermischt jedoch Elemente und Instrumente, so daß sie den weiteren Überlegungen nicht zugrunde gelegt wird. Es wird vielmehr auf die klassische Struktur von PPS-Systemen[16] als Strukturierungsrahmen zurückgegriffen. Folglich wird das vorliegende Problem, das letztlich ein simultan zu lösendes Planungsproblem darstellt, als *sukzessives Planungsproblem* skizziert, d.h., das zu bewältigende Problem wird in Teilprobleme zerlegt, die dann in einer festzulegenden Reihenfolge bearbeitet werden[17], so daß sich ein Stufenmodell ergibt. Die Komplexitätsbewältigung wird somit dadurch erreicht, daß eine *vertikale Dekomposition* des Gesamtproblems vorgenommen wird[18]. Vor diesem Hintergrund ergeben sich die folgenden *Teilprobleme*[19]:

– Segmentierung,
– Kapazitätsbestimmung,
– Kapazitätsaufteilung,
– Kapazitätssteuerung sowie
– Kontrolle und Analyse.

Neben diesen Teilproblemen ist, wie auch bei PPS-Systemen, eine entsprechende *Datenbasis* erforderlich, wobei die folgenden Daten von Bedeutung sind[20]:

– Daten zu Nachfragestruktur und -verhalten (vergangenheits-, gegenwarts- und zukunftsbezogen),
– absolute Nachfragehöhe,
– Daten aktueller Buchungen,
– Daten zu Stornierungen und „No Shows" sowie abgewiesenen Kunden,
– Preiselastizitäten,
– Wichtigkeit der Kunden,
– Daten der eigenen Kapazität,
– Daten über Konkurrenten (z.B. deren Angebote, Kapazitäten),
– Daten zu einzelnen Leistungen (z.B. Preisklasse, zum Einsatz gelangende Produktionsfaktoren) und
– Daten über Ereignisse, die Nachfrage generieren.

Beim Aufbau einer Datenbasis sind darüber hinaus die folgenden betrieblichen Informationssysteme einzugliedern:

– Computer-Reservierungssysteme,
– Analyse- und Reportsysteme und
– externe Informationssysteme (z.B. Informationen über Messe- oder Veranstaltungstermine).

Aufbauend auf den Überlegungen zu PPS-Systemen läßt sich dann die folgende Grundstruktur entwickeln:

Die auf der ersten Stufe vorzunehmende *Segmentierung* basiert auf der Preisdifferenzierung[21] und somit auf der Ausnutzung unterschiedlicher Preisbereitschaften der Nachfrager. Ferner sind *Prognosen* hinsichtlich der Nachfragehöhe, des Buchungsverlaufes und des Stornierungsverhaltens sowie der „No Shows" aufzustellen. Der Detaillierungsgrad und die Frequenz derartiger Prognosen nehmen mit geringerwerdendem Abstand zum Termin der Kapazitätsnutzung zu.

Bei der *Kapazitätsbestimmung* bildet zunächst die „normale" Kapazität den Ausgangspunkt. Hierauf aufbauend sind Überbuchungsraten zu prognostizieren und festzulegen, um dann auf dieser Grundlage im Rahmen der *Kapazitätsaufteilung* die Anzahl und die

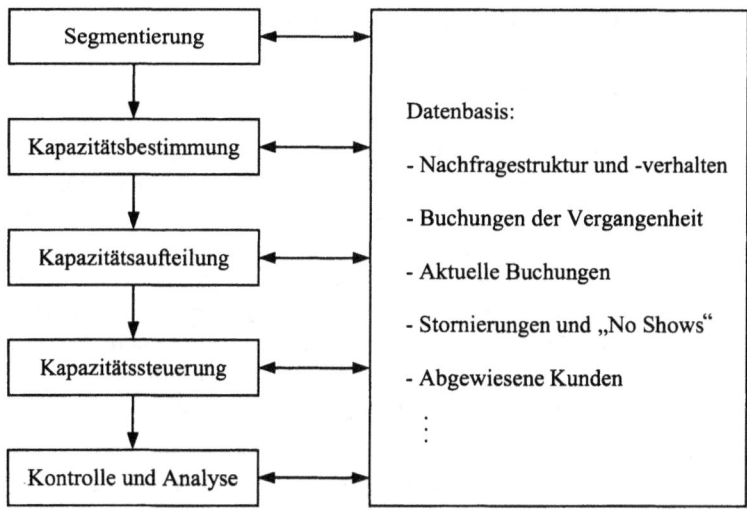

Abb. 1: Stufenmodell eines Revenue-Management-Systems

Höhe der Teilkapazitäten festzulegen (Kontingentierung). Da dieser Vorgang auf der Basis der Segmentierung der Nachfrage erfolgt, die wiederum auf deren Preisbereitschaft abstellt, ist er mit der Bildung von Preisklassen identisch. Ziel dieser Kontingentierung ist es letztlich, für jede Buchungsklasse die maximale Anzahl der Reservierungen anzugeben.

Für die *Kapazitätssteuerung* ist die absolute Höhe der Nachfrager, der Buchungsverlauf, das Stornierungsverhalten sowie die „No Shows" relevant. Auf dieser Ebene ist die Entscheidung über Annahme oder Ablehnung der Nachfrage zu treffen. Die festgelegten Buchungspreise bilden dabei die zentralen Steuerungsgrößen, die sich an der Buchungskurve orientieren. Diese gibt den Anteil der Gesamtkapazität zum Zeitpunkt t an, der vor dem Kapazitätsnutzungstermin bereits verkauft ist[22].

Kontrolle und *Analyse* dienen dem Soll-Ist-Vergleich und dem damit verbundenen Informationsfluß, um so die hieraus resultierenden Erkenntnisse für spätere Planungsprozesse berücksichtigen zu können.

Die weiteren Überlegungen konzentrieren sich auf die Stufe der Kapazitätssteuerung und setzen damit voraus, daß die Teilprobleme der Segmentierung, der Kapazitätsbestimmung und -aufteilung bereits gelöst sind.

C. Ansatzpunkte für eine Kapazitätssteuerung

I. Unternehmungsbezogene Betrachtung

Im Rahmen der Kapazitätssteuerung kann zwischen mengenorientierten (z.B. Buchungslimits, Protection level) und erlösorientierten (outputorientierten Opportunitätskosten, Bid-Preise, die Preisuntergrenzen definieren) Ansätzen unterschieden werden. Der in den weiteren Überlegungen zu entwickelnde Ansatz ist der Gruppe der erlösorientierten Kapazitätssteuerung zuzuordnen. Ziel der Preis/Mengen-Steuerung ist es, über die Annahme und Ablehnung von Aufträgen so zu entscheiden, daß insgesamt ein möglichst hoher Erlös realisiert wird. Die skizzierte Situation läßt sich dabei als ein Problem der *Auftragsselektion bei Unsicherheit* charakterisieren[23], so daß auf die grundlegenden Arbeiten von Jacob[24] und Laux[25] als Ausgangspunkt zurückgegriffen werden kann:

- Das *Modell von Jacob* baut auf der Annahme auf, daß eine Menge abschlußreifer Aufträge vorliegt, über deren Annahme oder Ablehnung die Unternehmung aber noch entscheiden muß, wobei der Annahmeentscheidung das Ziel der Deckungsbeitragsmaximierung zugrunde liegt. Die angenommenen Aufträge werden dann in der Planungsperiode ausgeführt. Daß nachträglich lukrative Aufträge eintreffen können, wird durch die Aufspaltung der Kapazität in eine frei verfügbare und eine reservierte Kapazität berücksichtigt, wobei der Zugriff auf die reservierte Kapazität nur bei Aufträgen mit einer definierten Mindestrentabilität erfolgt. Dabei werden die zukünftig eintreffenden Aufträge jedoch nicht explizit erfaßt.
- Im mehrperiodischen *Modell von Laux* wird von aktuell vorliegenden sicheren Aufträgen und unsicheren Erwartungen über zukünftige Aufträge ausgegangen. In den einzelnen Perioden wird über die Annahme der in der jeweiligen Periode eingegangenen Aufträge entschieden, wobei die Aufträge zukünftiger Perioden mit ihren erwarteten Deckungsbeiträgen und erwarteten Kapazitätsbedarfen explizit in das Kalkül einbezogen werden. Mit der Auftragserfüllung kann sofort nach deren Annahme begonnen werden, ein Sachverhalt, der in der vorliegenden Problemstellung nicht gegeben ist.

Für das zu behandelnde Problem erscheint es zweckmäßig, Überlegungen aus diesen beiden Modellen zusammenzuführen. Ausgangspunkt bildet dabei das im folgenden skizzierte einperiodische Modell zur Kapazitätssteuerung, dem die folgenden *Prämissen* zugrunde liegen:

- Der Anbieter entscheidet auf der Grundlage der bereits akzeptierten und noch erwarteten Nachfragen und die sich hieraus ergebende kapazitative Situation über die Preise p_c der Buchungsklassen c und c'.
- Zu einem Zeitpunkt t liegen J konkrete Nachfragen vor, in denen jeweils eine Buchungsklasse c_j spezifiziert wird. Dem Nachfrager ist der aktuelle Preis p_c der Buchungsklasse bekannt, so daß eine Nachfrage durch den Vektor

$$N_j = (c_j\ p_{c.j}\ t_j)$$

spezifiziert werden kann.

- Der Anbieter entscheidet über die Annahme der Nachfragen und ihre Zuordnung zu einer Buchungsklasse. Diese Entscheidung muß unmittelbar zum Zeitpunkt des Nachfrageeingangs erfolgen, d.h., sie kann nicht verschoben werden[26].
- Die Erfüllung der akzeptierten Nachfragen erfolgt ab dem Zeitpunkt T.
- Im Zeitraum zwischen dem aktuellen Planungszeitpunkt und dem Zeitpunkt des Beginns der Nachfrageerfüllung ($0 < t < T$) können
  - weitere Nachfragen eingehen, wobei der Anbieter keinen Einfluß auf den Nachfrageeingang hat,
  - eingehende Nachfragen vom Anbieter akzeptiert werden und
  - bereits akzeptierte Nachfragen vom Nachfrager storniert[27] werden.

  Über die Wirkungen dieser Ereignisse hat der Anbieter subjektive Erwartungen.
- Zum Zeitpunkt T können „No Shows" auftreten, d.h., bereits akzeptierte Nachfragen werden ohne Vorinformation nicht in Anspruch genommen.
- Das Kapazitätsangebot ist für jede Buchungsklasse begrenzt.
- Jeder Nachfrager hat einen Kapazitätsbedarf von 1 [Kapazitätseinheit/Zeiteinheit].
- Nachfragen nach einer Buchungsklasse können auch durch eine andere Buchungsklasse erfüllt werden.

Des weiteren wird angenommen, daß dem Anbieter aufgrund seiner Erfahrungen in der Vergangenheit die folgenden Informationen über die Nachfrage vorliegen:

- Die *Nachfragezugangsfunktion* $d(t)$ beschreibt die Entwicklung der Nachfragehäufigkeit im Zeitablauf. Jeder Punkt dieser Funktion gibt den Erwartungswert für die zu dem entsprechenden Zeitpunkt jeweils eintreffenden Nachfragen wieder. Wenn jede Nachfrage mit dem Kapazitätsbedarf von 1 [Kapazitätseinheit/Zeiteinheit] einhergeht, läßt sich hieraus unmittelbar die *Grenzkapazitätsbedarfszugangsfunktion* $\dot{\kappa}(t)$ in Abhängigkeit von der Zeit ableiten:

$$d(t) = \dot{\kappa}(t)$$

Der Nachfragezugang zu einem Zeitpunkt unterliegt stochastischen Schwankungen, d.h., er ist eine Realisation der Zufallsvariablen $\delta(t)$, deren Verhalten mit Hilfe der Wahrscheinlichkeitsfunktion $\xi(\delta(t))$ modelliert wird.

Wenn unterschiedliche Buchungsklassen vorliegen, dann wird die Nachfragezugangsfunktion durch die Angabe zeitabhängiger Wahrscheinlichkeitsfunktionen ergänzt, die auf einen Zeitpunkt bezogen angeben,
- mit welcher Wahrscheinlichkeit $\omega_c(t)$ eine vorliegende Nachfrage auf eine Buchungsklasse c abzielt (*Buchungsklassenwahrscheinlichkeitsfunktion*) und
- mit welcher Wahrscheinlichkeit bei Nichtverfügbarkeit der ursprünglich gewünschten Buchungsklasse c eine andere Buchungsklasse c' mindestens zu einem Preis in Höhe
  - des Preises $p_{c'}$ der anderen Buchungsklasse (*Akzeptanzwahrscheinlichkeit der Umbuchung* $\omega^+_{c,c'}(t)$) oder
  - des Preises p_c der ursprünglich gewünschten Buchungsklasse (*Akzeptanzwahrscheinlichkeit einer abweichenden Nachfrageerfüllung* $\omega^-_{c,c'}(t)$)

  akzeptiert wird.

Letztlich sind dem Anbieter die *Preisbereitschaftsfunktionen* $b_c(t)$ bezüglich der Buchungsklassen bekannt, die die Entwicklung des Erwartungswertes der Preisbe-

reitschaft in Abhängigkeit von der Zeit beschreibt. Die Preisbereitschaft selbst ist eine Realisation der Zufallsvariablen $\beta(t)$, die der Dichtefunktion $\zeta(\beta(t))$ folgt.
- Durch Stornierungen und „No Shows" wird eine Nichtinanspruchnahme bereits akzeptierter Nachfragen mit unterschiedlichen Konsequenzen bewirkt:
  - *Stornierungen* setzen bereits belegte Kapazität frei, die zur Erfüllung der nach der Stornierung eingehenden Nachfragen genutzt werden kann, d.h., sie reduzieren den Kapazitätsbedarf. Gleichzeitig kann jedoch der Preis der Buchung nicht oder nur teilweise (Stornogebühr) realisiert werden ($p_c^S < p_c$).
  - „No Shows" reduzieren ebenfalls den zu berücksichtigenden Kapazitätsbedarf. Sie gehen jedoch mit der Konsequenz einher, daß die tatsächlich freigesetzte Kapazität nachträglich nicht mehr für andere Nachfragen genutzt werden kann. Das Buchungsentgelt wird in diesem Falle vollständig oder nur teilweise (Kulanz) realisiert ($p_c^S < p_c^N \leq p_c$).

Das Auftreten von Stornierungen und „No Shows" wird mit Hilfe der Wahrscheinlichkeitsfunktionen $v_c^S(t)$ bzw. $v_c^N(t)$ in Abhängigkeit vom Zeitpunkt der Buchung einer Klasse erfaßt.

Diese Informationen bilden den Ausgangspunkt für die Ermittlung der kapazitativen und pretialen Konsequenzen einer Nachfrage $N_j = (c_j \, p_{c.j} \, t_j)$. Bei der Spezifikation des *Kapazitätsnachfrage-Erwartungswertes* sind einerseits das Buchungsverhalten der Nachfrager durch Einbeziehung der Stornierungs-/„No Show"-Wahrscheinlichkeit und der Umbuchungswahrscheinlichkeit und anderseits die Nichtverfügbarkeitswahrscheinlichkeit der nachgefragten Buchungsklasse und die Verfügbarkeitswahrscheinlichkeit der anderen Buchungsklasse als Einflußgrößen auf das Buchungsverhalten zu berücksichtigen. Sie ergibt sich durch multiplikative Verknüpfung der ursprünglichen Kapazitätsnachfrage mit den entsprechenden zeitpunktabhängigen Wahrscheinlichkeiten:

$$\widetilde{\kappa}_{c.j}^u = \kappa_{c.j} \cdot (1 - v_{c.j}^S(t_j) - v_{c.j}^N(t_j) + v_{c.j}^S(t_j) \cdot v_{c.j}^N(t_j)) \cdot$$ | Stornierungs- und „No Show"-Wahrscheinlichkeit
$$\cdot (1 - (\omega_{c.c'}^+(t_j) + \omega_{c.c'}^-(t_j) - \omega_{c.c'}^+(t_j) \cdot \omega_{c.c'}^-(t_j))) \cdot$$ | Umbuchungswahrscheinlichkeit
$$\cdot \pi_c(t_j) \cdot (1 - \pi_{c'}(t_j))$$ | Kapazitätsverfügbarkeitswahrscheinlichkeit

Neben dieser unmittelbaren Kapazitätsnachfrage ergibt sich durch die Möglichkeit von Umbuchungen und abweichenden Nachfrageerfüllungen zusätzlich und mittelbar eine Kapazitätsnachfrage nach der anderen Buchungsklasse, die sich in analoger Weise spezifizieren läßt:

$$\widetilde{\kappa}_{c'.j}^m = \kappa_{c'.j} \cdot (1 - v_{c'.j}^S(t_j) - v_{c'.j}^N(t_j) + v_{c'.j}^S(t_j) \cdot v_{c'.j}^N(t_j)) \cdot$$ | Stornierungs- und „No Show"-Wahrscheinlichkeit
$$\cdot (\omega_{c.c'}^+(t_j) + \omega_{c.c'}^-(t_j) - \omega_{c.c'}^+(t_j) \cdot \omega_{c.c'}^-(t_j)) \cdot$$ | Umbuchungswahrscheinlichkeit
$$\cdot \pi_c(t_j) \cdot (1 - \pi_{c'}(t_j))$$ | Kapazitätsverfügbarkeitswahrscheinlichkeit

Im erwarteten Erlösbeitrag der Annahme einer Nachfrage sind neben dem Preis der nachgefragten Buchungsklasse auch die Preise zu erfassen, die bei Stornierungen und „No

Shows" und bei den möglichen Umbuchungen bzw. abweichenden Nachfrageerfüllungen relevant werden:

$$\tilde{p}_{c.j} = p_{c.j} \cdot (1 - v_{c.j}^S(t_j) - v_{c.j}^N(t_j) + v_{c.j}^S(t_j) \cdot v_{c.j}^N(t_j)) \cdot$$
$$\cdot (1 - (\omega_{c.c'}^+(t_j) + \omega_{c.c'}^-(t_j) - \omega_{c.c'}^+(t_j) \cdot \omega_{c.c'}^-(t_j)) \cdot$$
$$\cdot \pi_c(t_j) \cdot (1 - \pi_{c'}(t_j))) +$$
$$+ p_{c.j}^S \cdot v_{c.j}^S(t_j) + p_{c.j}^N \cdot v_{c.j}^N(t_j) +$$
$$+ p_{c'} \cdot \omega_{c.c'}^+ \cdot \pi_c(t_j) \cdot (1 - \pi_{c'}(t_j)) +$$
$$+ p_c \cdot \omega_{c.c'}^- \cdot \pi_c(t_j) \cdot (1 - \pi_{c'}(t_j))$$

- Erlösbeitrag der nachgefragten Buchungsklasse unter Berücksichtigung von
- Stornierungs- und „No Show"-Wahrscheinlichkeit
- Umbuchungswahrscheinlichkeit
- Kapazitätsverfügbarkeitswahrscheinlichkeit

Erlösbeitrag der nachgefragten Buchungsklasse aufgrund von Stornierungen und „No Shows"

Erlösbeitrag bei Umbuchungen aufgrund Nichtverfügbarkeit der Buchungsklasse

Erlösbeitrag bei abweichender Nachfrageerfüllung aufgrund Nichtverfügbarkeit der Buchungsklasse

Eine zentrale Größe bei der Ermittlung der Erwartungswerte für Kapazitätsbedarf und Erlösbeitrag ist die Nichtverfügbarkeitswahrscheinlichkeit $\pi_c(t_j)$ einer Buchungsklasse, d.h. die Wahrscheinlichkeit, daß zum Nachfragezeitpunkt eines zukünftigen[28] Auftrages die Kapazität der Buchungsklasse durch die bereits angenommenen Nachfragen ausgeschöpft ist. Einflußgrößen auf diese Wahrscheinlichkeit sind dabei die stochastischen Preisbereitschaftsfunktionen $\beta_c(t)$, die stochastischen Nachfragezugangsfunktionen $\delta(t)$ in Verbindung mit den Buchungsklassenwahrscheinlichkeitsfunktionen $\omega_c(t)$, der erwartete Kapazitätsbedarf $\tilde{\kappa}(t_j)$ der bis zum Zeitpunkt t_j eingegangenen Nachfragen und die erwartete noch verfügbare Kapazität der Buchungsklassen $\tilde{C}_c$. Die Nichtverfügbarkeitswahrscheinlichkeit $\pi_c(t_j)$ baut dabei auf der Preisbereitschaftswahrscheinlichkeit $\pi_c^B(t_j)$ und der Kapazitätsausschöpfungswahrscheinlichkeit $\pi_c^C(t_j)$ auf. Da die Preisbereitschaft mindestens das Niveau des Preises der Buchungsklasse aufweisen muß, damit eine Nachfrage erfolgt und entsprechende kapazitative Wirkungen eintreten, gilt:

$$\pi_c(t_j) = \pi_c^B(t_j) \cdot \pi_c^C(t_j)$$

Die beiden Komponenten lassen sich folgendermaßen bestimmen:

- Für die Wahrscheinlichkeit $\pi_c^B(t_j)$, mit der die Preisbereitschaft $\beta_c(t)$ der bis zum Zeitpunkt t_j eintreffenden Nachfragen nicht unterhalb des vom Anbieter festgelegten Preises p_c der Buchungsklasse liegt, gilt (vgl. Abbildung 2):

$$\pi_c^B(t_j) = \int_0^{t_j} \int_{p_c}^{\infty} \zeta(\beta_c(t)) \cdot d\beta_c(t) \cdot dt$$

- Bei der Wahrscheinlichkeit $\pi_c^C(t_j)$ dafür, daß der direkt aus der Nachfragezugangs- $\delta(t)$ und der Buchungsklassenwahrscheinlichkeitsfunktion $\omega_c(t)$ resultierende Kapazitätsbedarf zum Zeitpunkt t_j die Kapazität der Buchungsklasse ausschöpft, ist in einem

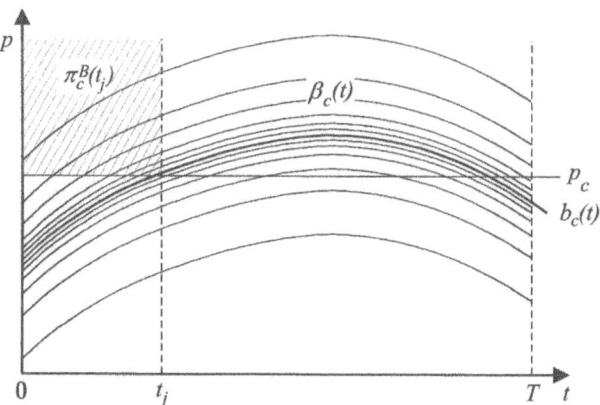

Abb. 2: Ermittlung der Preisbereitschaftswahrscheinlichkeit[29]

ersten Schritt die Funktion des Kapazitätsbedarfes $\varsigma(\kappa_c(t))$ zu bestimmen (vgl. Abbildung 3):

$$\varsigma(\kappa_c(t)) = \int_0^t \xi(\delta(\tau)) \cdot \omega_c(\tau) \cdot d\tau$$

Darauf aufbauend kann dann die Kapazitätsausschöpfungswahrscheinlichkeit bis zum Zeitpunkt t_j ermittelt werden (vgl. Abbildung 4):

$$\pi_c^C(t_j) = \int_0^{t_j} \int_{\tilde{C}_c}^\infty \varsigma(\kappa_c(t)) \cdot d\kappa_c(t) \cdot dt$$

Zur Ermittlung des für die Erfüllung der Nachfragen erwarteten, noch verfügbaren Kapazitätsangebotes ist dabei die Kapazität der Buchungsklassen C_c um den erwarteten Kapazitätsbedarf der bereits vor dem Planungszeitpunkt ($t = 0$) akzeptierten Nachfragen N_i ($i = 1, ..., I$) zu reduzieren:

$$\tilde{C}_c = C_c - \sum_{i=1}^I \tilde{\kappa}_{i.c}(t_i) \text{ mit: } t_i < 0$$

Damit ergibt sich für das Modell zur Annahme von Nachfragen die folgende formale Struktur:

– *Zielfunktion*: Ziel ist die Maximierung des Erlöserwartungswertes $\tilde{E}$ durch die Annahme von Nachfragen und deren Zuordnung zu Buchungsklassen ($a_{c.j} = 1$):

$$\tilde{E}(a_{c.j}, a_{c'.j}) = \sum_{j=1}^J a_{c.j} \cdot \tilde{p}_{c.j} + a_{c'.j} \cdot \tilde{p}_{c'.j} \to \max!$$

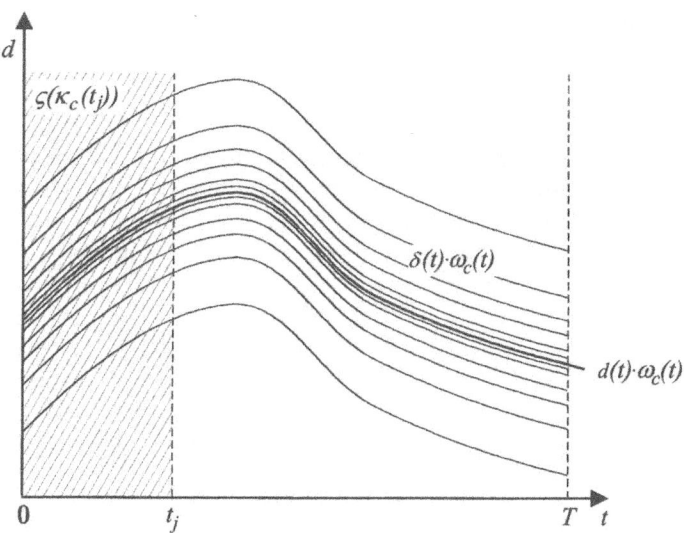

Abb. 3: Ermittlung des Kapazitätsbedarfs

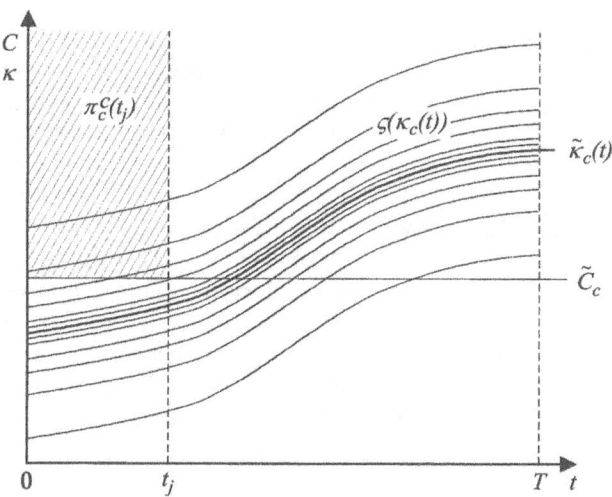

Abb. 4: Ermittlung der Kapazitätsausschöpfungswahrscheinlichkeit

– *Zuordnungsbedingung*: Akzeptierte Nachfragen werden genau einer Buchungsklasse zugeordnet:

$$a_{c.j} + a_{c'.j} \leq 1 \qquad \forall j$$

– *Kapazitätsbedingungen*: Die erwartete Kapazitätsnachfrage der akzeptierten Nachfragen übersteigt das erwartete Kapazitätsangebot $\widetilde{C}_c$ für die gewählte Buchungsklasse nicht. Durch die Möglichkeit von Umbuchungen und abweichenden Nachfrageerfüllungen ergibt sich aus der Buchung einer Klasse c auch eine mittelbare Kapazitätsnachfrage für die andere Klasse c' et vice versa:

$$\sum_{j=1}^{J} a_{c.j} \cdot \widetilde{\kappa}_{c.j}^{u} + a_{c'.j} \cdot \widetilde{\kappa}_{c.j}^{m} \leq \widetilde{C}_c$$

$$\sum_{j=1}^{J} a_{c'.j} \cdot \widetilde{\kappa}_{c'.j}^{u} + a_{c.j} \cdot \widetilde{\kappa}_{c'.j}^{m} \leq \widetilde{C}_{c'}$$

– *Wertebereiche der Entscheidungsvariablen*: Die Zuordnung von Nachfragen zu Buchungsklassen ist binär:

$$a_{c.j}, a_{c'.j} \in \{0;1\} \qquad \forall j$$

Für den Entscheidungsträger stellt sich im Vorfeld die Aufgabe, die Preise p_c für die einzelnen Buchungsklassen als Steuergröße festzulegen. Bei Jacob[30] werden diese Preise als Quasikosten bezeichnet, die ein Äquivalent für die Deckungsbeiträge zukünftiger, lukrativer Aufträge darstellen, die aufgrund der aktuellen Annahmeentscheidung nicht angenommen werden können. Im Kontext der Einzelfertigung empfiehlt er eine Festlegung[31] dieser Steuergröße in der Höhe einer zu schätzenden Mindestrentabilität, deren Determinanten, den Gegebenheiten bei Einzelfertigung Rechnung tragend, nur grob umrissen werden[32]. In den Anwendungsgebieten des Revenue Management kann jedoch in der Regel von einer günstigeren informatorischen Situation ausgegangen werden.

Aufbauend auf den Erfahrungen des Anbieters in der Vergangenheit sind die Preise der Buchungsklassen so festzulegen, daß der Erwartungswert des Erlöses unter Berücksichtigung der gegebenen Buchungskapazität maximiert wird. In der *Zielfunktion* werden die Erlöswirkungen der Preise beider Buchungsklassen erfaßt:

$$\widetilde{E}(p_c, p_{c'}) = \int_0^T \left(\int_{p_c}^{\infty} \widetilde{p}_c(t) \cdot \delta(t) \cdot \zeta(\beta_c(t)) \cdot \xi(\delta(t)) \cdot \omega_c(t) \cdot d\beta_c(t) + \right.$$
$$\left. + \int_{p_{c'}}^{\infty} \widetilde{p}_{c'}(t) \cdot \delta(t) \cdot \zeta(\beta_{c'}(t)) \cdot \xi(\delta(t)) \cdot \omega_{c'}(t) \cdot d\beta_{c'}(t) \right) \cdot dt \rightarrow \max!$$

Bei den *Kapazitätsrestriktionen* für die beiden Buchungsklassen ist neben der unmittelbaren Kapazitätsnachfrage nach einer Buchungsklasse zusätzlich die mittelbare Kapazitätsnachfrage nach dieser Buchungsklasse zu erfassen. Damit wird deutlich, daß zwischen den Preisen der Buchungsklassen Interdependenzen bestehen und somit die Preise nicht unabhängig voneinander festgelegt werden können:

$$\widetilde{C}_c \geq \int_0^T \left(\int_{p_c}^{\infty} \widetilde{\kappa}_c^u(t) \cdot \delta(t) \cdot \zeta(\beta_c(t)) \cdot \xi(\delta(t)) \cdot \omega_c(t) \cdot d\beta_c(t) + \right.$$
$$\left. + \int_{p_{c'}}^{\infty} \widetilde{\kappa}_c^m(t) \cdot \delta(t) \cdot \zeta(\beta_{c'}(t)) \cdot \xi(\delta(t)) \cdot \omega_{c'}(t) \cdot d\beta_{c'}(t) \right) \cdot dt$$

$$\widetilde{C}_{c'} \geq \int_0^T \left(\int_{p_{c'}}^{\infty} \widetilde{\kappa}_{c'}^u(t) \cdot \delta(t) \cdot \zeta(\beta_{c'}(t)) \cdot \xi(\delta(t)) \cdot \omega_{c'}(t) \cdot d\beta_{c'}(t) + \right.$$
$$\left. + \int_{p_c}^{\infty} \widetilde{\kappa}_{c'}^m(t) \cdot \delta(t) \cdot \zeta(\beta_c(t)) \cdot \xi(\delta(t)) \cdot \omega_c(t) \cdot d\beta_c(t) \right) \cdot dt$$

Um Abweichungen der tatsächlich realisierten Kapazitätsnachfrage von der erwarteten Kapazitätsnachfrage in der Preisbildung berücksichtigen zu können, sind Neuberechnungen dieses Modells, etwa bei Überschreitung festgelegter Abweichungstoleranzgrenzen oder aber auch in festgelegten Zeitintervallen, vorzunehmen.

II. Unternehmungsübergreifende Betrachtung

Den weiteren Überlegungen liegt ein *heterarchisches Netzwerk* zugrunde, d.h., zwischen den Netzwerkpartnern bestehen gleichwertige Beziehungen. Da die zu erfüllenden Nachfragen durch unterschiedliche Netzwerkpartner erbracht werden können, ergibt sich ein netzwerkübergreifender Koordinationsbedarf, so daß zwischen

– der Netzwerkebene und
– der Unternehmungsebene

zu unterscheiden ist[33]. Eine zentrale Aufgabe der Netzwerkebene bildet dabei die Allokation von Nachfragen auf die Netzwerkteilnehmer, wodurch die Kapazität der Netzwerkteilnehmer zu einem Aktionsparameter wird. Für die Allokation gelangen bei heterarchischen Netzwerken marktliche Koordinationsformen ins Zentrum des Interesses. Vor diesem Hintergrund ist ein netzwerkinterner Markt zu implementieren, wobei als koordinierende Einheit ein Broker eingesetzt wird. Für heterarchische Netzwerke werden dabei insbesondere *Auktionen*[34] als Koordinationsmechanismen empfohlen[35], die auch von einigen Autoren[36] im Rahmen des Revenue Management thematisiert werden.

Eine Anwendungsmöglichkeit von Auktionen im Rahmen der Kapazitätssteuerung besteht in der simultanen Annahme von Nachfragen und deren Allokation auf die Netzwerkpartner, wie dies etwa bei Flugbörsen erfolgt. Für Konstellationen, in denen mehrere Nachfrager mehreren Anbietern gegenüberstehen, kann auf „*sealed-bid double auctions*"[37] zurückgegriffen werden. Die Preisbildung basiert dabei auf den Geboten der Nachfrager und Anbieter, in denen jeweils der Preis angegeben wird, zu dem sie bereit sind, das Gut

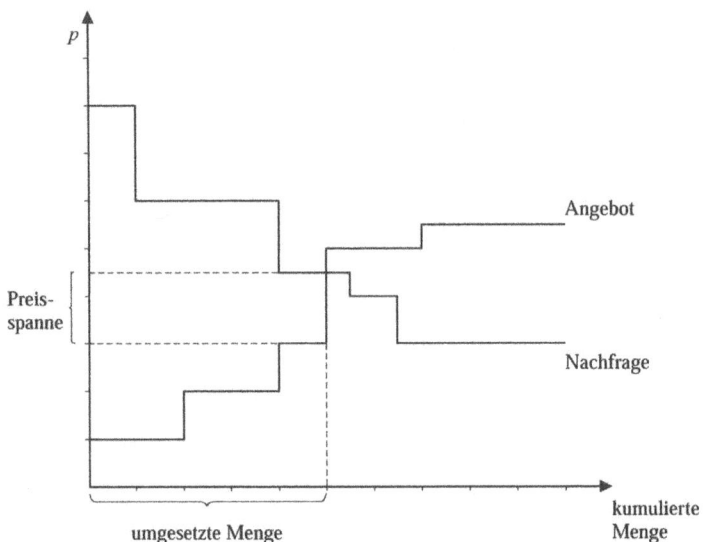

Abb. 5: Angebots- und Nachfragefunktion einer „Sealed-bid double auction"

zu erwerben bzw. zu verkaufen. Aus der Gesamtheit der Gebote lassen sich durch den Broker aggregierte Angebots- und Nachfragefunktionen ableiten[38], auf deren Grundlage die auszutauschende Gütermenge und ein Preisintervall ermittelt werden können. Abbildung 5 verdeutlicht diesen Sachverhalt.

Für den vorliegenden Fall, in dem von den Netzwerkpartnern jeweils mehrere Buchungsklassen unter Berücksichtigung von Ressourceninterdependenzen angeboten werden können, ist eine Auktionsform anwendbar, die als *Sealed-bid-double-Matrixauktion* bezeichnet werden kann, d.h., es liegt eine Kombination von „sealed-bid double auction" und Matrixauktion[39] vor. Zum Abgleich von Nachfrage und Angebot kann dabei jedoch nicht mehr auf ein graphisches Lösungsverfahren zur Preisbildung zurückgegriffen werden. Im folgenden wird deshalb die formale Struktur eines Optimierungsmodells für das vorliegende Preisbildungsproblem aufgezeigt.

Die in den *Geboten der Nachfrager* angegebenen Preisbereitschaften für eine Buchungsklasse c werden zu Nachfragevektoren $\underline{D}_c$ [$1 \times K$] aggregiert, indem für jede Preisklasse k ($k = 1, ..., K$) jeweils die Anzahl der Gebote $D_c(\hat{p}_{c.k})$ gezählt wird, deren Preis unterhalb der definierten Preisklassenobergrenze $\hat{p}_{c.k}$ liegt. Die Preisklassenobergrenzen werden dabei vom Broker festgelegt und in dem Nachfragepreisvektor $\hat{\underline{P}}_c$ [$1 \times K$] zusammengefaßt.

Die *Gebote der Anbieter* sind das Ergebnis einer Opportunitätskostenbetrachtung, wobei der folgenden Frage nachgegangen wird: Ab welchem Preis ist der Netzwerkpartner bereit, dem Netzwerk Buchungsklassenkapazität in einem gegebenen Umfang zur Verfügung zu stellen? Die Reservierung von Buchungsklassenkapazität für das Netzwerk geht für einen Netzwerkpartner mit einer Reduktion der verfügbaren Kapazität einher und verringert den erwarteten Erlös aus selbstakquirierten Nachfragen. Der Preis darf folglich nicht unterhalb des Erlösdifferenzbetrages zwischen den Fällen ohne reservierte und mit reservierter

Netzwerkkapazität gegebener Höhe liegen. Damit kann auf das in Abschnitt C.I. spezifizierte Modell zur Bestimmung der Buchungsklassenpreise zurückgegriffen werden. Es sind lediglich die Kapazitätsrestriktionen so zu modifizieren, daß die reservierte Netzwerkkapazität die erwartete verfügbare Kapazität reduziert:

$$\widetilde{C}_c - \kappa_c^n \geq \int_0^T \left(\int_{p_c}^{\infty} (\ldots) \cdot d\beta_c(t) + \int_{p_{c'}}^{\infty} (\ldots) \cdot d\beta_{c'}(t) \right) \cdot dt$$

$$\widetilde{C}_{c'} - \kappa_{c'}^n \geq \int_0^T \left(\int_{p_{c'}}^{\infty} (\ldots) \cdot d\beta_{c'}(t) + \int_{p_c}^{\infty} (\ldots) \cdot d\beta_c(t) \right) \cdot dt$$

Der für eine Kapazitätsnachfragekombination (κ_c^n, $\kappa_{c'}^n$) gebotene Preis ergibt sich dann aus der Differenz der maximalen Erlöse ohne und mit Kapazitätsreservierung für das Netzwerk:

$$p^n(\kappa_c^n, \kappa_{c'}^n) = \widetilde{E}(p_c^*, p_{c'}^*) - \widetilde{E}(p_c^*(\kappa_c^n, \kappa_{c'}^n), p_{c'}^*(\kappa_c^n, \kappa_{c'}^n))$$

Für den Fall zweier Buchungsklassen ist das Gebot eines Anbieters s eine Matrix $\boldsymbol{P}_s$ [$(M_{c.s}+1) \times (M_{c'.s}+1)$] deren Dimensionen durch die maximale Anzahl der Kapazitätseinheiten der Buchungsklassen bestimmt werden, die der Anbieter für das Netzwerk zu reservieren bereit ist:

$$\boldsymbol{P}_s = \begin{pmatrix} p_s^n(\kappa_{c.s}^n = 0; \kappa_{c'.s}^n = 0) & \cdots & p_s^n(\kappa_{c.s}^n = 0; \kappa_{c'.s}^n = M_{c'.s}) \\ \vdots & \ddots & \vdots \\ p_s^n(\kappa_{c.s}^n = M_{c.s}; \kappa_{c'.s}^n = 0) & \cdots & p_s^n(\kappa_{c.s}^n = M_{c.s}; \kappa_{c'.s}^n = M_{c'.s}) \end{pmatrix}$$

Zur wechselseitigen gewinnmaximalen[40] Zuordnung der vorliegenden Gebote kann der Broker auf das folgende Modell zurückgreifen:

– *Zielfunktion*: Maximierung des Gewinns durch Festlegung der Preise für die Buchungsklassen und der Mindestpreise für die zu realisierenden Kapazitätskombinationen der Netzwerkpartner:

$$G = \sum_{k=1}^{K} (D_c(\hat{p}_{c.k}) \cdot \hat{p}_{c.k} \cdot g_{c.k} + D_{c'}(\hat{p}_{c'.k}) \cdot \hat{p}_{c'.k} \cdot g_{c'.k}) - \sum_{s=1}^{S} \sum_{m_{c.s}=1}^{M_{c.s}+1} \sum_{m_{c'.1}=1}^{M_{c'.s}+1} p_{s.m_{c.s}.m_{c'.s}}^n \cdot h_{m_{c.s}.m_{c'.s}} \to \max!$$

– *Zulässige Kapazitätskombinationen*: Für einen Netzwerkpartner kann (mit Hilfe der Binärvariablen $h_{m_{c.s}.m_{c'.s}}$) höchstens eine Kapazitätskombination gewählt werden:

$$\sum_{m_{c.s}=1}^{M_{c.s}+1} \sum_{m_{c'.s}=1}^{M_{c.s}+1} h_{m_{c.s}.m_{c'.s}} \leq 1 \qquad \forall s$$

- *Kapazitätsangebot*: Das vom Netzwerk genutzte Kapazitätsangebot ergibt sich aus den für die einzelnen Netzwerkpartner gewählten Kapazitätskombinationen:

$$\kappa_{c.s}^n = \sum_{m_{c.s}=1}^{M_{c.s}+1} \sum_{m_{c'.s}=1}^{M_{c.s}+1} h_{m_{c.s}.m_{c'.s}} \cdot (m_{c.s}-1) \qquad \forall s$$

$$\kappa_{c'.s}^n = \sum_{m_{c.s}=1}^{M_{c.s}+1} \sum_{m_{c'.s}=1}^{M_{c.s}+1} h_{m_{c.s}.m_{c'.s}} \cdot (m_{c'.s}-1) \qquad \forall s$$

- *Kapazitätsabgleich*: Die der (mit den Binärvariablen $g_{c.k}$) gewählten Preisklasse zugehörige Nachfragemenge einer Buchungsklasse entspricht der von den Netzwerkpartnern angebotenen Menge:

$$\sum_{k=1}^{K} D_c(\hat{p}_{c.k}) \cdot g_{c.k} = \sum_{s=1}^{S} \kappa_{c.s}^n$$

$$\sum_{k=1}^{K} D_{c'}(\hat{p}_{c'.k}) \cdot g_{c'.k} = \sum_{s=1}^{S} \kappa_{c'.s}^n$$

- *Zulässige Preisklassen*: Für eine Buchungsklasse darf höchstens eine Preisklasse gewählt werden:

$$\sum_{k=1}^{K} g_{c.k} \leq 1$$

$$\sum_{k=1}^{K} g_{c'.k} \leq 1$$

- *Wertebereiche*: Die Entscheidungsvariablen sind binär:

$$h_{m_{c.s}.m_{c'.s}} \in \{0;1\} \qquad \forall m_{c.s}, m_{c'.s}$$

$$g_{c.k}; g_{c'.k} \in \{0;1\} \qquad \forall k$$

Ergebnisse der Optimierung dieses Modells sind:

- *Buchungsklassenpreise* und *Anzahl der zu erfüllenden Nachfragen*: Die Vektoren $\underline{G}_c$ und $\underline{G}_{c'}$ [$1 \times K$] der Entscheidungsvariablen $g_{c.k}$ und $g_{c'.k}$ weisen genau an der Stelle einen Wert von 1 auf, an der in den Nachfragepreisvektoren $\underline{\hat{P}}_c$ und $\underline{\hat{P}}_{c'}$ [$1 \times K$] der zu realisierende Buchungsklassenpreis und in den Nachfragevektoren $\underline{D}_c$ und $\underline{D}_{c'}$ [$1 \times K$] die Anzahl der zu erfüllenden Nachfragen eingetragen ist.
- *Kapazitätsangebotskombinationen der Netzwerkpartner* und *Mindestpreise*: Weist ein Element $h_{m_{c.s}.m_{c'.s}}$ der Matrizen $\underline{H}_s$ [$(M_{c.s}+1) \times (M_{c'.s}+1)$] ($s = 1, ..., S$) einen Wert von 1 auf, dann läßt sich die für den Netzwerkpartner s zu realisierende Kapazitätskombination an der Zeilen- ($\kappa_{c.s}^n = m_{c.s}+1$) und der Spaltennummer ($\kappa_{c'.s}^n = m_{c'.s}+1$) ablesen.

Der für diese Kombination an den Netzwerkpartner zu zahlende Mindestpreis entspricht dann dem Wert des Elementes $p_{s.m_{c.s}.m_{c'.s}}$ der Gebotsmatrix $\boldsymbol{P}_s$.

Um die *Anreizkompatibilität*[41] einer derartigen Auktion zu gewährleisten, muß die Festlegung der von den Nachfragern zu zahlenden Preise sowie der Entgelte für die Anbieter unabhängig von deren Geboten erfolgen. In Anlehnung an die *Vickrey-Auktion*[42] wird deshalb zwischen Zuschlags- und Entgeltregel unterschieden. Dabei ist zwischen Anbieter- und Nachfragerseite zu unterscheiden:

– Auf der Anbieterseite kann das Entgelt nach der *Generalized-Vickrey-Regel* ermittelt werden: Das Entgelt eines Bieters, der den Zuschlag erhielt, ergibt sich durch Subtraktion der Preissumme der Gebote aller anderen Bieter, die den Zuschlag in dieser Auktionsrunde erhielten, von der Preissumme der Gebote der Bieter, die den Zuschlag erhalten hätten, wenn der betrachtete Bieter nicht an der Auktion teilgenommen hätte[43].
– Für das Entgelt der Nachfrager, die einen Zuschlag erhielten, gilt der Preis des Gebotes des gerade nicht mehr zum Zuge gekommenen Nachfragers, d.h. der Preis der nächstniedrigeren Preisklasse[44].

D. Abschließende Bemerkungen

Ausgangspunkt der Überlegungen bildet eine Dekomposition des Problemkomplexes Revenue Management in Analogie zum Aufbau von PPS-Systemen. Hierdurch ergibt sich ein klassisches Stufenmodell mit den Teilaufgaben Segmentierung, Kapazitätsbestimmung, Kapazitätsaufteilung, Kapazitätssteuerung sowie Kontrolle und Analyse. Der vorliegende Beitrag konzentriert sich auf die Teilaufgabe der Kapazitätssteuerung und unterstellt damit, daß die vorgelagerten Teilaufgaben gelöst sind. Sie bilden damit gleichzeitig den Rahmen für die zu thematisierende Kapazitätssteuerung. Die Analyse wird aus zwei unterschiedlichen Perspektiven durchgeführt:

– In einer *unternehmungsbezogenen Betrachtung* bilden Modelle der Auftragsselektion bei Unsicherheit den Ausgangspunkt der Untersuchung. Vor dem Hintergrund des Revenue Management zeigt sich, daß diese Modelle einerseits zu modifizieren und anderseits zu ergänzen sind. Dabei wird insbesondere der für das Revenue Management charakteristischen Stochastik Rechnung getragen.
– Die *unternehmungsübergreifende Analyse* geht von einem heterarchischen Unternehmungsnetzwerk aus. Hieraus ergibt sich zusätzlich zu dem Problem der Auftragsannahme das Problem der Allokation von akzeptierten Nachfragen auf die Netzwerkteilnehmer. Unter diesen Bedingungen bietet es sich an, auf Auktionen als marktliches Koordinationsinstrument zurückzugreifen. Als Lösungsansatz wird eine kombinative Verknüpfung von Matrixauktion und „sealed-bid double auction" vorgeschlagen und ein entsprechendes Entscheidungsmodell für den Broker formuliert.

Ein entscheidender Unterschied zwischen diesen beiden Betrachtungsebenen ist darin zu sehen, daß im Rahmen der unternehmungsübergreifenden Analyse die Kapazität zu einem Aktionsparameter wird.

Anmerkungen

1 Vgl. Klein (2001, S. 245); zu einem kurzen Überblick vgl. Feng/Gallego (2000, S. 941 ff.); Talluri/Ryzin (2004, S. 15 ff.).
2 Zur Entwicklung des Yield Management vgl. z.B. Stuhlmann (2000, S. 213 ff.). Als Einsatzbereiche seien genannt: Verkehrsdienstleistungen, Vermietung von Hotelzimmern und Autos, Vergabe von Werbezeiten durch Fernsehsender, Telekommunikation etc. Vgl. z.B. Wendt/Schwind (2002, S. 3).
3 Vgl. z.B. Bertsch (1996, Sp. 2258 f.); Büttgen (1996, S. 261); Friege (1996, S. 616); Kimes (1989, S. 349 f.); Klein (2001, S. 249 f.).
4 Von Verderblichkeit der Kapazität wird dann gesprochen, wenn die Leistung bei Nichtinanspruchnahme bis zu einem definierten Zeitpunkt verfällt und zu einem späteren Zeitpunkt nicht mehr gewinnbringend genutzt werden kann. Vgl. z.B. Büttgen (1996, S. 261); Wendt/Schwind (2002, S. 4).
5 Vgl. Corsten/Stuhlmann (1998, S. 4 ff.).
6 Vgl. z.B. Faßnacht (1996); Roth (2005, S. 248).
7 Ihde (1993, S. 103).
8 Vgl. zu einem Entscheidungsbaum Corsten/Stuhlmann (1998, S. 12 ff.); ferner Krüger (1990, S. 245); Schmitz/Müller (1990, S. 356).
9 Vgl. Daudel/Vialle (1992, S. 53 ff.).
10 Vgl. z.B. Faßnacht (1996, S. 53 ff.); Faßnacht/Homburg (1997, S. 139 ff.); Roth (2005, S. 249 ff.).
11 Dieses Problem wäre dann einfach zu lösen, wenn für den Entscheidungträger die Nachfragestruktur für jede Leistungseinheit bekannt wäre. Unter dieser Voraussetzung wird die Kapazität in einem ersten Schritt auf die Vollzahler verteilt, d.h. auf die Nachfrager der höchsten Preisklasse. Sind danach noch Plätze frei, dann werden diese entsprechend der Nachfrage zu geringeren Preisen vergeben.
12 Vgl. z.B. Büttgen (1996, S. 260); Corsten/Stuhlmann (2000, S. 10).
13 In diesem Zusammenhang wird auch von Fencing gesprochen. Vgl. Hunkel (2001).
14 Zum Problem der Überbuchung vgl. z.B. Krüger (1990, S. 246); Ringbom/Shy (2002, S. 74 ff.); Rothstein (1971, S. 180 ff.).
15 Vgl. z.B. Boyd/Bilegan (2003, S. 1365 f.); Daudel/Vialle (1992, S. 102 ff.); Simon (1992, S. 584 f.); Zehle (1990, S. 18).
16 Vgl. Corsten/Stuhlmann (1998, S. 19 ff.).
17 Es handelt sich um ein stochastisches dynamisches Optimierungsmodell, das mit Hilfe eines deterministischen linearen Optimierungsmodells approximiert wird. Vgl. Wendt/Schwind (2002, S. 5 ff.).
18 Die Lösung eines übergeordneten Teilproblems stellt dann eine Vorgabe für das ihm untergeordnete Teilproblem dar.
19 Zu möglichen Instrumenten, die im Rahmen dieser Teilprobleme zum Einsatz gelangen können, vgl. z.B. Corsten/Stuhlmann (1998, S. 23 ff.).
20 Vgl. z.B. Daudel/Vialle (1992, S. 102 ff.); Simon (1992, S. 584 f.).
21 Vgl. z.B. Dirlewanger (1969).
22 Vgl. Zehle (1990, S. 11).
23 Vgl. Klein (2001, S. 248).
24 Vgl. Jacob (1971).
25 Vgl. Laux (1971).
26 Es liegt damit ein wiederkehrendes dynamisches Entscheidungsproblem bei Unsicherheit vor. Vgl. Wendt/Schwind (2002, S. 5).
27 Zur Vereinfachung wird von einer Stornierungsfrist ausgegangen, die unmittelbar vor dem Beginn der Nachfrageerfüllung liegt.
28 Bei Aufträgen, über die aktuell zu entscheiden ist oder über die in der Vergangenheit entschieden wurde, besteht Sicherheit über die Kapazitätsverfügbarkeit einer Buchungsklasse, so daß $\pi_c(t)$ entweder den Wert 1 (nicht verfügbar) oder den Wert 0 (verfügbar) aufweist.
29 Die nichtlinearen Funktionen sind dabei Isoquanten der Preisbereitschaftsdichtefunktion.

30 Vgl. Jacob (1971, S. 504 f.).
31 Für den Fall, daß auf der Grundlage der gewählten Steuergrößenwerte inakzeptable Lösungen erzeugt werden, wird vorgeschlagen, diese Werte zu korrigieren, um sich schrittweise einer angemessenen Lösung anzunähern. Vgl. Jacob (1971, S. 505).
32 „Schätzungen der hier geforderten Art können sich einmal auf bereits eingeleitete Verhandlungen, die Zahl der Anfragen, der abgegebenen Vorschläge usw. stützen, und zum anderen ist die allgemeine Wirtschaftsentwicklung und die Entwicklung in der eigenen Branche zu beachten." Jacob (1971, S. 504).
33 Vgl. Corsten/Gössinger (2001, S. 60).
34 Zu den Eigenschaften, die für den Einsatz von Auktionen sprechen, vgl. z.B. Leitzinger (1988, S. 11 f. und S. 19 f.); Schmidt (1999, S. 17 ff.); Zelewski (1998, S. 310).
35 Vgl. z.B. Schmidt (1999).
36 Vgl. z.B. Baker/Collier (2003, S. 502 ff.); Baker/Murthy (2002, S. 388 ff.); Simon (1968, S. 201 f.); (1972, S. 254 ff.); Simon/Visvabhanathy (1977, S. 277 ff.); Vickrey (1972, S. 257 ff.).
37 Vgl. z.B. Kräkel (1992, S. 220 f.); McAffee/McMillan (1987, S. 725 f.); Satterthwaite/Williams (1989, S. 477 ff.). Zur Anwendung bei Dienstleistungen vgl. Corsten/Gössinger (1999, S. 265 ff.).
38 Vgl. z.B. McAffee/McMillan (1987, S. 725).
39 Vgl. Gomber/Schmidt/Weinhardt (1997, S. 142 ff.); Schmidt (1999, S. 44 ff.). In der angelsächsischen Literatur werden diese Auktionen als „combinatorial auctions" bezeichnet. Vgl. z.B. Kelly/ Steinberg (2000, S. 586 ff.); Rassenti/Smith/Bulfin (1982, S. 402 ff.); Sheffi (2004, S. 245 ff.).
40 Wie im Revenue Management üblich, wurde bisher von einer Erlösmaximierung als Approximation der Gewinnmaximierung ausgegangen. Da in der vorliegenden Problemstellung die Nutzung der angebotenen Kapazität ein Aktionsparameter bildet, dessen Einfluß auf die (Opportunitäts-)Kosten der Bieter nicht vernachlässigt werden kann, ist es erforderlich, zur Gewinnmaximierung überzugehen.
41 Liegt Anreizkompatibilität vor, dann hat ein rational handelnder Bieter keinen Anlaß, ein Gebot abzugeben, das nicht seiner wahren Wertschätzung entspricht.
42 Vgl. Vickrey (1961, S. 8 ff.); ferner Güth (1994, S. 211 ff.); Zelewski (1988, S. 411 ff.).
43 Vgl. Gomber/Schmidt/Weinhardt (1998, S. 8); MacKie-Mason/Varian (1994); Varian (1995, S. 16 ff.).
44 Zu einer differenzierten Darstellung vgl. Corsten/Gössinger (1999, S. 266 f.).

Literatur

Baker, T.K.; Collier, D.A.: The Benefits of Optimizing Price to Manage Demand in Hotel Revenue Management Systems, in: Production and Operations Management, Vol. 12 (2003), S. 502–518

Baker, T.[K.]; Murthy, N.N.: A Framework for Estimating Benefits of Using Auctions in Revenue Management, in: Decision Sciences, Vol. 33 (2002), S. 385–413

Bertsch, L.H.: Yield Management, in: Handwörterbuch der Produktionswirtschaft, hrsg. v. W. Kern, H.-H. Schröder und J. Weber, 2. Aufl., Stuttgart 1996, Sp. 2257–2270

Bitran, G.; Caldenty, R.: An Overview of Pricing Models for Revenue Management, in: Manufacturing & Service Operations Management, Vol. 5 (2003), S. 203–229

Boyd, E.A.; Bilegan, I.C.: Revenue Management and E-Commerce, in: Management Science, Vol. 49 (2003), S. 1363–1386

Büttgen, M.: Yield Management, in: Die Betriebswirtschaft, 56. Jg. (1996), S. 260–263

Corsten, H.; Gössinger, R.: Dezentrale Koordination der Produktionsplanung und -steuerung als unternehmungsinterne Dienstleistung, in: Wettbewerbsfaktor Dienstleistung. Produktion von Dienstleistungen - Produktion als Dienstleistung, hrsg. v. H. Corsten und H. Schneider, München 1999, S. 255–282

Corsten, H.; Gössinger, R.: Auktionen zur marktlichen Koordination in Unternehmungsnetzwerken, in: Unternehmungsnetzwerke. Formen unternehmungsübergreifender Zusammenarbeit, hrsg. v. H. Corsten, München/Wien 2001, S. 59–81

Corsten, H.; Stuhlmann, S.: Yield Management - Ein Ansatz zur Kapazitätsplanung und -steuerung in Dienstleistungsunternehmungen. Nr. 18 der Schriften zum Produktionsmanagement, hrsg. v. H. Corsten, Kaiserslautern 1998

Corsten, H.; Stuhlmann, S.: Yield Management als spezielle Ausgestaltung des GAP-Modells des Kapazitätsmanagement. Nr. 33 der Schriften zum Produktionsmanagement, hrsg. v. H. Corsten, Kaiserslautern 2000

Daudel, S.; Vialle, G.: Yield-Management. Erträge optimieren durch nachfrageorientierte Angebotssteuerung, Frankfurt a.M./New York 1992

Dirlewanger, G.: Die Preisdifferenzierung im internationalen Luftverkehr. Eine empirische Studie, Bern 1969

Faßnacht, M.: Preisdifferenzierung bei Dienstleistungen. Implementationsformen und Determinanten, Wiesbaden 1996

Faßnacht, M.; Homburg, C.: Preisdifferenzierung als Instrument eines Kapazitätsmanagement, in: Kapazitätsmanagement in Dienstleistungsunternehmungen. Grundlagen und Gestaltungsmöglichkeiten, hrsg. v. H. Corsten und S. Stuhlmann, Wiesbaden 1997, S. 137–152

Feng, Y.; Gallego, G.: Perishable Asset Revenue Management with Markovian Time Dependent Intensities, in: Management Science, Vol. 46 (2000), S. 941–956

Friege, C.: Preispolitik für Leistungsverbunde im Business-to-Business-Marketing, Wiesbaden 1995

Gomber, P.; Schmidt, C.; Weinhardt, C.: Elektronische Märkte für die dezentrale Transportplanung, in: Wirtschaftsinformatik, 39. Jg. (1997), S. 137–145

Gomber, P.; Schmidt, C.; Weinhardt, C.: Efficiency, Incentives, and Computational Tractability in MAS-Coordination, Discussion Paper Nr. 14/1998 des Lehrstuhls BWL/Wirtschaftsinformatik an der Justus-Liebig-Universität Gießen, Gießen 1998

Güth, W.: Markt- und Preistheorie, Berlin et al. 1994

Hunkel, M.: Segmentorientierte Preisdifferenzierung für Verkehrsdienstleistungen - Der Weg zum optimalen Fencing, Diss. Darmstadt 2001

Ihde, G.B.: Ertragsorientiertes Preis- und Kapazitätsmanagement für logistische Dienstleistungsunternehmen, in: Managementorientiertes Rechnungswesen. Konzepte und Analysen zur Entscheidungsvorbereitung, hrsg. v. J. Bloech, U. Götze und B. Sierke, Wiesbaden 1993, S. 103–119

Jacob, H.: Zur optimalen Planung des Produktionsprogramms bei Einzelfertigung, in: Zeitschrift für Betriebswirtschaft, 41. Jg. (1971), S. 495–516

Kelly, F.; Steinberg, R.: A Combinatorial Auction with Multiple Winners for Universal Service, in: Management Science, Vol. 46 (2000), S. 586–596

Kimes, S.E.: Yield Management: A Tool for Capacity-Constrained Service Firms, in: Journal of Operations Management, Vol. 8. (1989), S. 348–363

Klein, R.: Revenue Management: Quantitative Methoden zur Erlösmaximierung in der Dienstleistungsproduktion, in: Betriebswirtschaftliche Forschung und Praxis, 53. Jg. (2001), S. 245–259

Kräkel, M.: Auktionstheorie und interne Organisation, Wiesbaden 1992

Krüger, L.: Yield Management. Dynamische Gewinnsteuerung im Rahmen integrierter Informationstechnologie, in: Controlling, 2. Jg. (1990), S. 240–251

Laux, H.: Auftragsselektion bei Unsicherheit, in: Zeitschrift für betriebswirtschaftliche Forschung, 23. Jg. (1971), S. 164–180

Leitzinger, H.: Submission und Preisbildung. Mechanik und ökonomische Effekte der Preisbildung bei Bietverfahren, Köln et al. 1988

MacKie-Mason, J.K.; Varian, H.R.: Generalized Vickrey Auctions, Working Paper des Department of Economics der University of Michigan, Ann Arbor 1994

McAffee, R.P.; McMillan, J.: Auctions and Bidding, in: Journal of Economic Literature, Vol. 25 (1987), S. 699–738

Rassenti, S.J.; Smith, V.L.; Bulfin, R.L.: A Combinatorial Auction Mechanism for Airport Time Slot Allocation, in: Bell Journal of Economics, Vol. 13 (1982), S. 402–417

Ringbom, S.; Shy, O.: The "Adjustable-curtain" Strategy: Overbooking of Multiclass Service, in: Journal of Economics, Vol. 77 (2002), S. 73–90

Roth, S.: Preistheoretische Analyse von Dienstleistungen, in: Dienstleistungsökonomie. Beiträge zu einer theoretischen Fundierung, hrsg. v. H. Corsten und R. Gössinger, Berlin 2005, S. 241–272

Rothstein, M.: An Airline Overbooking Model, in: Transportation Science, Vol. 5 (1971), S. 180–192

Satterthwaite, M.A.; Williams, S.R.: The Rate of Convergence to Efficiency in the Buyer's Bid Double Auction as the Market Becomes Large, in: Review of Economic Studies, Vol. 56 (1989), S. 477–498

Schmidt, C.: Marktliche Koordination in der dezentralen Produktionsplanung. Effizienz - Komplexität - Performance, Wiesbaden 1999

Schmitz, W.; Müller, S.: Wettbewerbsvorteile durch Informationstechnik. Elektronische Vertriebssysteme im Luftverkehr, in: Wirtschaftswissenschaftliches Studium, 19. Jg. (1990), S. 353–356

Sheffi, Y.: Combinatorial Auctions in the Procurement of Transportation Services, in: Interfaces, Vol. 34 (2004), S. 245–252

Simon, H.: Preismanagement. Analyse - Strategie - Umsetzung, 2. Aufl., Wiesbaden 1992

Simon, J.L.: An Almost Practical Solution to Airline Overbooking, in: Journal of Transport Economics and Policy, Vol. 2 (1968), S. 201–202

Simon, J.L.: Airline Overbooking. The State of the Art - A Reply, in: Journal of Transport Economics and Policy, Vol. 6 (1972), S. 254–256

Simon, J.L.; Visvabhanathy, G.: The Auction Solution to Airline Overbooking. The Data Fit the Theory, in: Journal of Transport Economics and Policy, Vol. 11 (1977), S. 277–283

Stuhlmann, S.: Kapazitätsgestaltung in Dienstleistungsunternehmungen. Eine Analyse aus der Sicht des externen Faktors, Wiesbaden 2000

Talluri, K.; Ryzin, G.v.: Revenue Management Under a General Discrete Choice Model of Consumer Behavior, in: Management Science, Vol. 50 (2004), S. 15–33

Varian, H.R.: Economic Mechanism Design for Computerized Agents, in: Proceedings of the First USENIX Workshop on Electronic Commerce, New York, 11.-12.07. 1995, hrsg. v. USENIX Association, Berkeley 1995, S. 13–21

Vickrey, W.: Counterspeculation, Auctions and Competitive Sealed Tenders, in: Journal of Finance, Vol. 16 (1961), S. 8–37

Vickrey, W.: Airline Overbooking. Some further Solutions, in: Journal of Transport Economics and Policy, Vol. 6 (1972), S. 257–270

Wendt, O.; Schwind, M.: Reinforcement Learning zur Lösung multidimensionaler Yield-Management-Probleme. Arbeitsbericht des Instituts für Wirtschaftsinformatik an der Universität Frankfurt, Frankfurt a.M. 2002

Zehle, K.-O.: Yield-Management. Eine Methode zur Umsatzsteigerung für Unternehmen der Tourismusindustrie, Enator-Deutschland-GmbH-Studie, Hamburg 1990

Zelewski, S.: Competitive Bidding aus der Sicht des Ausschreibers - ein spieltheoretischer Ansatz, in: Zeitschrift für betriebswirtschaftliche Forschung, 40. Jg. (1988), S. 407–421

Zelewski, S.: Auktionsverfahren zur Koordinierung von Agenten auf elektronischen Märkten, in: Unternehmen im Wandel und Umbruch. Transformation, Evolution und Neugestaltung privater und öffentlicher Institutionen, Tagungsband der 59. Wissenschaftlichen Jahrestagung des Verbandes der Hochschullehrer für Betriebswirtschaft e.V., Halle (Saale), 20.-24.05.1997, hrsg. v. M. Becker u.a., Stuttgart 1998, S. 305–337

Zusammenfassung

Ziel der Kapazitätssteuerung im Rahmen des Revenue Management ist die kapazitätsorientierte Beeinflussung der Nachfragemenge durch die Festlegung von Preisen. Diese Problemstellung wird im vorliegenden Beitrag aus unternehmungsbezogener und unternehmungsübergreifender Perspektive analysiert. Für beide Problemfelder werden entsprechende Entscheidungsmodelle formuliert.

Summary

Capacity control is one aspect of revenue management. Thereby, the relation between price and demand is used to adjust capacity demand by pricing. In the present contribution this problem is analysed from two perspectives: on the one hand, analysis is focused on a single enterprise and on the other hand a network of enterprises is taken into consideration. Corresponding decision models are formulated for both problem fields.

JEL: *M11, L84, L91*

Interaktive Preismaßnahmen bei Low-Cost-Fluglinien

Von Martin Spann, Joachim Klein,
Karim Makhlouf und Martin Bernhardt*

Überblick

- Low-Cost-Fluglinien stellen die wohl bedeutendste Marktentwicklung im Bereich des Passagierluftverkehrs in den vergangenen zehn Jahren dar und haben in Europa und Nordamerika bedeutende Marktanteile erobert. Dieser Erfolg führte allerdings zu einem verstärkten Wettbewerb auch zwischen den Low-Cost-Fluglinien.

- Der Einsatz neuartiger und kommunikationswirksamer Preismaßnahmen stellt für Low-Cost-Fluglinien ein wichtiges Wettbewerbsinstrument dar, da die Positionierung in diesem Markt vorherrschend über den Preis erfolgt.

- Die niedrigen Transaktionskosten im Internet begünstigen den Einsatz interaktiver Preismechanismen, die in dieser Form bzw. für diese Produktkategorie in der Offline-Welt üblicherweise nicht eingesetzt werden.

- Dieser Beitrag bewertet die Eignung interaktiver Preismaßnahmen für den Einsatz bei Low-Cost-Fluglinien. Hierzu werden interaktive Preismaßnahmen im Hinblick auf deren Zweckmäßigkeit theoretisch untersucht sowie der Einsatz einer ausgewählten interaktiven Preismaßnahme anhand einer empirischen Studie bei einer deutschen Low-Cost-Fluglinie beurteilt.

- Die Ergebnisse dieses Beitrags beurteilen die Eignung interaktiver Preismaßnahmen, insbesondere des Reverse Pricing, für Low-Cost-Fluglinien positiv. Diese Beurteilung wird im Rahmen der empirischen Überprüfung des Reverse Pricing weitestgehend bestätigt.

Eingegangen: 16. November 2004

Dr. Martin Spann, Professur für BWL, insb. Electronic Commerce, Johann Wolfgang Goethe-Universität Frankfurt am Main, 60054 Frankfurt am Main, Tel. (069)798-22380, Fax: (069)798-28973, E-Mail: spann@spann.de

Dr. Joachim Klein, Managing Director, Germanwings GmbH, Terminalstraße 10, 51147 Köln, Tel. (02203)1027-400, Fax: (02203)1027-300, E-Mail: joachim.klein@germanwings.com

Karim Makhlouf, Head of Revenue Management and Pricing, Germanwings GmbH, Tel. (02203)1027-472, Fax: (02203)1027-301, E-Mail: karim.makhlouf@germanwings.com

Dipl.-Wi.-Ing. Martin Bernhardt, Professur für BWL, insb. Electronic Commerce, Johann Wolfgang Goethe-Universität Frankfurt am Main, 60054 Frankfurt am Main, Tel. (069)798-28885, Fax: (069)798-28973, E-Mail: bernhardt@wiwi.uni-frankfurt.de

© Gabler-Verlag 2005

Martin Spann, Joachim Klein, Karim Makhlouf und Martin Bernhardt

A. Problemstellung

Die wohl bedeutendste Marktentwicklung im Bereich des Passagierluftverkehrs in den vergangenen zehn Jahren ist der Erfolg der so genannten „Low-Cost-Fluglinien". Low-Cost-Fluglinien wie Ryanair Airlines, easyJet oder Germanwings in Europa und Southwest Airlines und Jet Blue in Nordamerika haben bedeutende Marktanteile erobert (ca. 10% in Europa sowie ca. 20% in Nordamerika)[1] und sind zu ernsthaften Konkurrenten der etablierten Fluglinien geworden. Der Erfolg der Low-Cost-Fluglinien zeigt sich auch angesichts ihres anhaltenden Wachstums vor dem Hintergrund der seit 2001 herrschenden Krise vieler traditioneller Fluglinien. Dieser Erfolg führte allerdings zu einer teilweisen Sättigung des von Low-Cost-Fluglinien erreichbaren Marktsegments und zu verstärktem Wettbewerbsdruck auch zwischen den Low-Cost-Fluglinien.

Kennzeichnendes Merkmal vieler Low-Cost-Fluglinien ist eine niedrige Preisstruktur. Ermöglicht werden diese niedrigeren Preise durch Kosteneinsparungen, welche die Low-Cost-Fluglinien in verschiedenen Bereichen ihrer Wertschöpfungskette realisieren. Im Wesentlichen werden die Kosteneinsparungen dabei durch eine Komplexitätsreduktion gegenüber traditionellen Fluglinien hervorgerufen. Auf Produktseite beispielsweise wird jeder Flug als individuelles, unverbundenes Produkt behandelt. Eine Flugreise mit Hin- und Rückflug besteht somit aus zwei unabhängigen Einzelprodukten. Hierdurch verzichten Low-Cost-Fluglinien auf Anschlussflüge, so dass Flugpläne nicht aufeinander abgestimmt werden müssen und kürzere Standzeiten der Flugzeuge ermöglicht werden. Auf Vertriebsseite können Kosten durch eine Beschränkung auf den Direktvertrieb über das Internet oder Call-Center eingespart werden.[2] Darüber hinaus nutzen Low-Cost-Fluglinien häufig kleinere Flughäfen, für deren Benutzung geringere Gebühren gegenüber Großflughäfen zu entrichten sind.

Die Behandlung jedes einzelnen Fluges als individuelles Produkt verändert das Preismanagement und reduziert dessen Komplexität stark im Vergleich zu traditionellen Fluglinien. Dadurch hängt die Preisstrategie nur von der entsprechenden (einfachen) Flugstrecke (z.B. Köln – London), dem Zeitpunkt des Fluges (z.B. genauer Wochentag und Abflugzeit) und der Dauer zwischen Buchung und Abflug ab.[3] Im Gegensatz hierzu verwenden traditionelle Fluglinien als Preisdeterminanten zusätzlich noch u. a. die Aufenthaltsdauer zwischen Hin- und Rückflug, mögliche Anschlussflüge, die Art des Service im Flugzeug, die Möglichkeiten zum Umbuchen sowie weitere Restriktionen (z.B. Alter, Samstagnacht während des Aufenthalts).[4] Diese aus der Produktverbundenheit von Hin- und Rückflug sowie Anschlussflügen erwachsenden zusätzlichen Determinanten und Restriktionen erhöhen die Komplexität des mit dem Preismanagement verbundenen Kapazitätsmanagements in so genannten Yield-Management-Systemen.[5] Mit der aus der vereinfachten Preisstruktur resultierenden Komplexitätsreduktion gehen bei den Low-Cost-Fluglinien folglich Kosteneinsparungen einher.[6]

Low-Cost-Fluglinien positionieren sich sehr stark über den Preis und richten ihre Kommunikationspolitik fast ausschließlich auf Preiswerbung aus. Beispielsweise firmieren Ryanair unter dem Slogan „the low fares airline" und Germanwings unter „fly high, pay low". Eine Anzeigenkampagne des Unternehmens Ryanair stellte Preisvergleiche auf bestimmten Strecken, z.B. Frankfurt – Glasgow, zwischen Ryanair und Lufthansa dar.[7] Insbesondere versuchen Low-Cost-Fluglinien kontinuierlich mit speziellen Preisaktionen

Interaktive Preismaßnahmen bei Low-Cost-Fluglinien

Aufmerksamkeit zu erzeugen. Ryainair verkauft z.T. Flüge für Null oder einen Euro exklusive Steuern und Gebühren, Germanwings offeriert regelmäßig Angebote für 19 Euro inklusive Steuern und Gebühren. Dabei steht zu solch niedrigen Preisen jeweils nur ein begrenztes Kontingent zur Verfügung, so dass nur ein geringer Teil der angesprochenen Kunden auch tatsächlich zu diesem sehr günstigen Preis buchen kann.

Für Low-Cost-Fluglinien ist der Einsatz neuartiger und kommunikationswirksamer Preismaßnahmen ein wichtiges Instrument, um sich in einem aufgrund einsetzender Marktsättigung verschärften Wettbewerbsumfeld zu differenzieren. Da der Online-Vertrieb für Low-Cost-Fluglinien große Bedeutung besitzt, sind hier vor allem über das Internet durchführbare, interaktive Preismaßnahmen interessant. Dabei müssen mögliche interaktive Preismaßnahmen neben kommunikationspolitischen Zielen auch zur Einbindung in das bestehende Preismanagement von Low-Cost-Fluglinien geeignet sein, um den Vorteil geringerer Komplexität beizubehalten. Die Komplexität einer Preismaßnahme ist folglich eine relevante Entscheidungsgröße bei der Bewertung ihrer Einsatzmöglichkeiten. Daneben ist noch zu prüfen, ob interaktive Preismaßnahmen zusätzliche Vorteile in Form marktforschungsrelevanter Erkenntnisse bieten können.

Geringere Such- und Transaktionskosten im Internet begünstigen den Einsatz von Preismechanismen, die auf einer direkten Käufer-Käufer- oder einer Käufer-Verkäufer-Interaktion beruhen und bei denen somit der Käufer einen direkten Einfluss auf die Preisgestaltung ausüben kann.[8] Dadurch ist einerseits der Einsatz bereits aus der Offline-Welt bekannter, entsprechender Preismechanismen (z.B. Auktionen) für eine breitere Produktpalette sinnvoll. Andererseits sind im Internet aber auch neue, in der Offline-Welt bisher nicht eingesetzte interaktive Preismechanismen entstanden. Das so genannte „*Reverse Pricing*" ist solch ein neuer Preismechanismus und ermöglicht durch eine Umkehrung des herkömmlichen Preismechanismus dem Käufer die Übermittlung von Preisgeboten an den Verkäufer, der diese annehmen oder ablehnen kann.[9] Aufgrund des (unterschiedlichen) Innovationsgrades ist zu vermuten, dass diese interaktiven Preismechanismen entsprechende Aufmerksamkeit erzeugen und daher eine viel versprechende Option für die Preisaktionen von Low-Cost-Fluglinien darstellen.

Das Ziel des Beitrags ist die Beurteilung der Eignung interaktiver Preismaßnahmen für den Einsatz bei Low-Cost-Fluglinien. Hierzu werden nach einer Darstellung der Funktionsweise des Preismanagements bei Low-Cost-Fluglinien die Ziele von Preismaßnahmen erörtert sowie verschiedene interaktive Preismaßnahmen im Hinblick auf deren Eignung untersucht. Der Einsatz einer ausgewählten interaktiven Preismaßnahme wird anhand einer empirischen Studie bei einer deutschen Low-Cost-Fluglinie beurteilt.

Nachfolgend wird in Kapitel B zunächst die Funktionsweise des Preismanagements bei Low-Cost-Fluglinien dargestellt. Kapitel C erläutert die Ziele von Preismaßnahmen und führt eine Beurteilung verschiedener interaktiver Preismaßnahmen für Low-Cost-Fluglinien durch. Kapitel D stellt die Analyse des Einsatzes einer interaktiven Preismaßnahme bei einer deutschen Low-Cost-Fluglinie anhand einer empirischen Studie dar. Der Beitrag wird in Kapitel E mit Implikationen für die Anwendung interaktiver Preismaßnahmen bei Low-Cost-Fluglinien beschlossen.

B. Preisgestaltung bei Low-Cost-Fluglinien

I. Preis- und Kapazitätsmanagement bei Fluglinien

1. Grundsätzliche Anforderungen und Ziele

Fluglinien verkaufen primär eine Transportdienstleistung, deren Bereitstellung in Form der in einem Flugzeug vorhandenen Sitzplatzkapazität beschränkt ist. Da die Kosten einer Fluglinie, insbesondere in Form der Anschaffungs- und Betriebskosten für Flugzeuge, kurzfristig im Wesentlichen fix sind, ist das Ziel einer Erlösmaximierung eine hinreichend gute Approximation des Gewinnmaximierungsziels.[10]

Das Ziel des Preismanagements bei Fluglinien ist demzufolge, die vorhandene Kapazität erlösmaximierend zu verkaufen. Nicht verkaufte Plätze stellen entgangene Erlöse dar, so dass das Ziel der Erlösmaximierung mit einer optimalen Kapazitätsauslastung in Verbindung steht.[11] Dieses Erlösmaximierungsziel wird anhand der beiden wesentlichen Aspekte des Preis- und Kapazitätsmanagements unter den Begriffen „Revenue Management" bzw. „Yield Management" in der hierzu vorhandenen, umfangreichen Literatur untersucht.[12] Dabei ermittelt das Kapazitätsmanagement die optimale Größe (und ggf. Zahl) der Buchungsklassen, während das Preismanagement optimale Preise für die einzelnen Buchungsklassen festlegt.[13]

Aufgrund der bei klassischen Fluglinien vorhandenen vielfältigen Variationen und Produktverbundenheiten ist die Komplexität des Kapazitätsmanagements bereits derart hoch, dass sich die meisten praxisorientierten Arbeiten auf eine Lösung der optimalen Kapazitätsallokation beschränken.[14] Dem gegenüber untersucht die Mehrzahl der Arbeiten zur optimalen Preisgestaltung die Bedingungen und Höhe optimaler Preise bei Kapazitätsrestriktionen auf einem höheren modelltheoretischen Abstraktionsgrad.[15] Aufgrund der hohen Komplexität gibt es nur wenige Arbeiten, die eine simultane Optimierung des Kapazitäts- und Preismanagements betrachten.[16]

Nachfolgend werden die grundlegenden Überlegungen zur Bestimmung eines optimalen Preis- und Kapazitätsmanagements dargestellt, um die Rahmenbedingungen für die Beurteilung der Einsatzmöglichkeiten interaktiver Preismaßnahmen aufzuzeigen.

2. Preismanagement

Das Ziel des Preismanagements ist die Ermittlung und Festlegung optimaler, d.h. gewinn- bzw. erlösmaximaler Preise. Dabei ist auf Basis mikroökonomischer Überlegungen der Einsatz differenzierter Preise vorteilhaft, da hiermit durch den simultanen Verkauf an verschiedene Marktsegmente zu unterschiedlichen Preisen höhere Gewinne als mit einem einheitlichen Preis erzielt werden können.[17] Preisdifferenzierung bedeutet in diesem Zusammenhang, dass ein prinzipiell gleiches Produkt, d.h. ein Sitzplatz auf einem bestimmten Flug, an verschiedene Konsumenten zu unterschiedlichen Preisen mit dem Ziel der Gewinnsteigerung verkauft wird.[18]

Der für einen Konsumenten zu zahlende Preis für eine bestimmte Flugstrecke kann sowohl anhand produkt- oder nutzungsspezifischer Charakteristika (z.B. Zeitpunkt des Fluges, Zeitpunkt der Buchung oder Buchungsklasse) als auch anhand konsumentenspezifischer Charakteristika (z.B. Student oder Jugendlicher) differenziert werden. Im ersten, als Selbstselektion bzw. Preisdifferenzierung zweiten Grades bezeichneten, Fall kann der Konsument selbst durch seine Nutzungs- und Produktwahl den Preis „wählen".[19] Im zweiten Fall, der so genannten Preisdifferenzierung dritten Grades, erfolgt die Zuordnung ohne Wahl- bzw. Selbstselektionsmöglichkeit der Konsumenten.[20]

Mit differenzierten Preisen sollen dabei unterschiedliche Zahlungsbereitschaften der Konsumenten so gut wie möglich abgeschöpft werden.[21] Damit dies gelingt, müssen die Preisdifferenzierungsmerkmale die unterschiedlichen Zahlungsbereitschaften möglichst gut erfassen.[22] Daher soll durch Jugendtarife beispielsweise eine Segmentierung zwischen jüngeren Konsumenten mit geringeren und älteren Konsumenten mit höheren Zahlungsbereitschaften erzielt werden.

Eine wesentliche Annahme beim Preismanagement von Fluglinien ist der Zusammenhang zwischen Zahlungsbereitschaft und Zeitpunkt der Buchung.[23] Dabei wird in der Regel davon ausgegangen, dass Konsumenten mit geringer Zahlungsbereitschaft früher als Konsumenten mit hoher Zahlungsbereitschaft buchen, z.B. weil preisunsensible Geschäftsreisende mit hoher Zahlungsbereitschaft Termine oft nur kurzfristig planen können.[24] Daher wird die Dauer zwischen dem Tag der Buchung und dem Tag des Abflugs als wichtiges Differenzierungsmerkmal für das Preismanagement bei Fluglinien eingesetzt.

Eine Einteilung in unterschiedlich teure Buchungsklassen (z.B. „Business" und „Economy") kann auf Basis von Unterschieden in den Produktqualitäten (z.B. breitere Sitze und besserer Service in der Business-Klasse) sowie im Zusammenhang mit dem Zeitpunkt der Buchung und weiteren Nutzungscharakteristika (z.B. Dauer zwischen Hin- und Rückflug) erfolgen. Dabei können Konsumenten z.T. eine höhere (d.h. teurere) Buchungsklasse (z.B. Business) aufgrund der besseren Qualität selbst wählen, oder aber aufgrund ihrer gewünschten Nutzungscharakteristika und dem Buchungszeitpunkt auf die Buchung einer bestimmten Klasse beschränkt sein, beispielsweise die Business-Klasse aufgrund eines Hin- und Rückflugs am selben Tag.

Anhand geschätzter Nachfragefunktionen, z.B. je Buchungsklasse, kann das Preismanagement die entsprechenden optimalen Preise für die jeweiligen Buchungsklassen festlegen. Spiegelbildlich ist es die Aufgabe des nachfolgend dargestellten Kapazitätsmanagements, die Bestimmung der optimalen Größe der einzelnen Buchungsklassen vorzunehmen.[25] Dies geschieht ebenfalls anhand von Vorhersagen über den Buchungsverlauf.

3. Kapazitätsmanagement

Ausgehend von der Annahme, dass Konsumenten mit geringer Zahlungsbereitschaft früher buchen als solche mit hoher Zahlungsbereitschaft, ist das grundlegende Ziel des Kapazitätsmanagements, einen ausreichenden Teil der beschränkten Kapazität für diese später buchenden Konsumenten zu reservieren.[26] Vereinfachend soll zur Illustration des Problems von nur zwei Buchungsklassen (z.B. „Business" und „Economy") ausgegangen werden. In diesem Fall ist bei der Bestimmung der optimalen Größe des Kontingents für die Business-Klasse eine Abwägung zwischen dem sicheren Erlös der in ausreichender Zahl eintreffenden Buchungen für die niedrigpreisige Economy-Klasse und dem erwarteten Erlös aus einer unsicheren Zahl der Buchungen für die hochpreisige Business-Klasse zu treffen.[27]

Zur Lösung dieses Kapazitätsallokationsproblems können Planungsmodelle wie z.B. das so genannte „Expected Marginal Seat Revenue (EMSR)"-Modell eingesetzt werden.[28] Dieses Modell verwendet als zentrale Steuerungsgröße den „Expected Marginal Seat Revenue" als Erwartungswert des zusätzlichen Erlöses, falls das Kontingent der Business-Klasse bei einer gegebener Größe um einen Platz erhöht wird.[29] Anhand des Expected Marginal Seat Revenue kann dann die optimale Kontingentgröße der Business-Klasse als die Zahl an Sitzen bestimmt werden, bei der der erwartete Erlös eines weiteren Platzes in der Business-Klasse genau dem Erlös dieses Platzes in der Economy-Klasse entspricht. Folglich sind sowohl Preis- als auch Kapazitätsmanagement auf Schätzungen des erwarteten Buchungsverlaufs angewiesen.

II. Preisgestaltung bei Low-Cost-Fluglinien

1. Besonderheiten für die Preisgestaltung bei Low-Cost-Fluglinien

Die wesentliche Veränderung für das Preis- und Kapazitätsmanagement bei Low-Cost-Fluglinien resultiert aus der eingangs bereits erwähnten Behandlung jedes einzelnen Fluges als ein individuelles Produkt. Dadurch fallen eine Vielzahl an möglichen Differenzierungsmerkmalen für die Preisgestaltung weg (z.B. Dauer des Aufenthalts und Anschlussflüge). Außerdem bedienen Low-Cost-Fluglinien in der Regel nur Kurz- und Mittelstreckenflüge, bei denen die verwendeten Flugzeuge keine unterschiedlichen Sitztypen aufweisen, die zu einer qualitativen Differenzierung zwischen verschiedenen Buchungsklassen herangezogen werden können.[30]

Folglich reduzieren sich die wesentlichen Ansatzpunkte zur Preisdifferenzierung bei einer bestimmten (einfachen) Flugstrecke (z.B. Köln – London) auf den Zeitpunkt des Fluges (z.B. genauer Wochentag und Abflugzeit) und insbesondere die Dauer zwischen Buchung und Abflug.[31] Dabei wird jedem Kunden zu einem bestimmten Zeitpunkt und für einen bestimmten Flug nur ein einziger Preis und keine Auswahl zwischen verschiedenen Preis- bzw. Buchungsklassen angeboten. Somit schränkt die bei Low-Cost-Fluglinien gewünschte Komplexitätsreduktion die Möglichkeiten zur Preisdifferenzierung ein. Nachfolgend soll daher das Preis- und Kapazitätsmanagement bei Low-Cost-Fluglinien vor dem Hintergrund der im vorherigen Abschnitt dargestellten Lösungsansätze erörtert werden.

2. Dynamische Preiskurven

Als ein mögliches Kriterium zur Preisdifferenzierung kann das Datum eines Fluges dessen Gesamtnachfrage beeinflussen. So ist beispielsweise bei Urlaubsflugstrecken dienstags und mittwochs mit weniger Fluggästen zu rechnen als montags und freitags (Wochenpendler) sowie samstags und sonntags (Wochenendtouristen bzw. Kurzurlauber). Ebenso kann an Feiertagen mit einer höheren Nachfrage gerechnet werden, die höhere Preise an diesen nachfragestarken Terminen im Vergleich zu nachfrageschwächeren Tagen ermöglicht.[32] Auf eher von Geschäftsreisenden genutzten Flugstrecken ist hingegen eine umgekehrte zeitliche Nachfragestruktur möglich.

Eine Differenzierung anhand des Zeitpunkts der Buchung legt den bereits dargelegten Zusammenhang zwischen Zeitpunkt der Buchung und Wertschätzung für den Flug zu

Grunde. Wird davon ausgegangen, dass spätere Buchungen von Konsumenten mit einer höheren Zahlungsbereitschaft stammen, stellt die optimale dynamische Preisgestaltung im Zeitverlauf steigende Preise bis zum Tag des Abflugs dar.[33] Auf Basis von Vergangenheitsdaten wird der erwartete Buchungsverlauf geschätzt und eine optimale dynamische Preiskurve bestimmt. Dabei ist das Ziel, durch den steigenden Preisverlauf eine Segmentierung zwischen stark preissensiblen Kunden mit niedrigen Preisen in einer sehr frühen Buchungsphase, einem mittleren Preissegment sowie hohen Preisen für stark preisunsensible Kunden kurz vor Abflug zu erreichen. Folglich sind bei der Ableitung der optimalen dynamischen Preiskurve ebenfalls Schätzungen der Preissensitivität zu berücksichtigen. Eine solche Preisstrategie dynamisch steigender Preise kann auch auf Basis des in Abschnitt B.I.3 dargestellten Kapazitätsmanagements abgeleitet werden, indem zeitlich gestaffelte Buchungsklassen (z.B. wochenweise) betrachtet werden, deren Preise mit der zeitlichen Nähe zum Abflugtermin steigen. Die praktische Umsetzung einer solchen dynamischen Preiskurve und die Übermittlung der dynamischen Preise bei Buchungsanfragen werden durch die Nutzung des Internets als vorherrschendem Vertriebskanal bei Low-Cost-Fluglinien begünstigt.

Dynamisch ansteigende Preiskurven werden von vielen Low-Cost-Fluglinien eingesetzt (z.B. Germanwings oder easyJet). Abbildung 1 stellt exemplarisch die durchschnittliche Preisentwicklung je nach Buchungszeitpunkt bei Germanwings auf einer ausgewählten

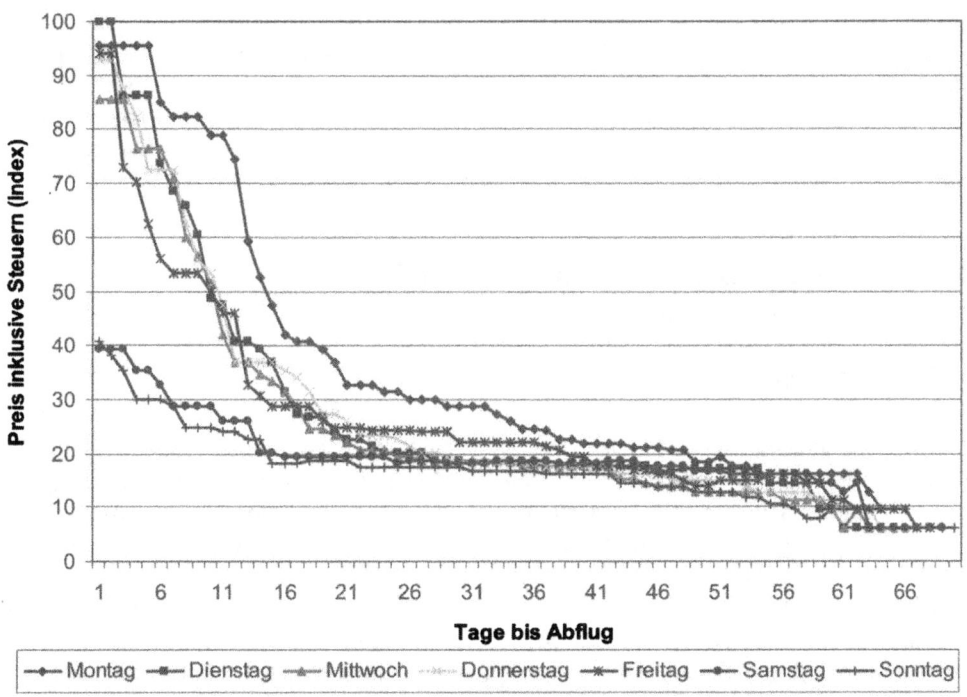

Abb. 1: Buchungszeitpunktabhängige Preisentwicklung bei Germanwings auf einer ausgewählten Flugstrecke an unterschiedlichen Wochentagen

Flugstrecke an unterschiedlichen Wochentagen dar (Preise indexiert, wobei höchster Preis auf den Wert 100 gesetzt wurde). Hieran ist ersichtlich, dass sich die Preise im Zeitverlauf bis zum Abflug mehr als verzehnfachen können. Dabei ist neben dem ansteigenden Verlauf auch der Unterschied zwischen den einzelnen Wochentagen ersichtlich. Sprünge in der Preiskurve können durch je nach aktuellem Buchungsverlauf durchgeführte Preisanpassungen auf Basis des Vergleichs zwischen erwartetem und tatsächlichem Buchungsverlauf begründet sein.

3. Festpreismodell als Extremfall der Komplexitätsreduktion

Die im vorhergehenden Abschnitt dargestellte dynamische Preiskurve stellt eine, trotz geringerer Differenzierungsmöglichkeiten aufgrund einer Komplexitätsreduktion, nach wie vor durchgeführte Preisdifferenzierung dar. Den Extremfall der Komplexitätsreduktion im Rahmen einer Preisstruktur bei Fluglinien stellt ein Festpreismodell dar, das lediglich anhand der Flugstrecke differenziert und keine weiteren Preisunterschiede aufweist. Die Low-Cost-Fluglinie Germania Express (GEXX) verwendet ein Festpreismodell mit nur vier nach Flugstrecke differenzierten Preisen in Höhe von 77, 88, 99 und 111 Euro, die unabhängig vom Datum des Fluges und dem Zeitpunkt der Buchung für jeweils eine Strecke gelten.[34]

Aus preistheoretischer Sicht erscheint ein gänzlicher Verzicht auf differenzierte Preise, gerade im Hinblick auf bei Flugreisen doch offensichtlich stark heterogene Zahlungsbereitschaften, wenig sinnvoll. Daher ist fraglich, ob die durch Festpreise gewonnene zusätzliche Komplexitätsreduktion im Vergleich zu anderen Low-Cost-Fluglinien die Nachteile im Rahmen des Erlösmanagements ausgleichen kann. Die Aufmerksamkeitswirkung von Festpreisen kann hierbei positiv sein und eine höhere Kundenakzeptanz bewirken, jedoch ist der Einsatz differenzierter Preise in der Flugbranche seit Jahrzehnten gängige Praxis und wird von Konsumenten in der Regel akzeptiert.[35]

C. Einsatzmöglichkeiten interaktiver Preismaßnahmen bei Low-Cost-Fluglinien

I. Ziele von Preismaßnahmen

Mit Preismaßnahmen lassen sich neben Kommunikationszielen insbesondere Transaktions- und Marktforschungsziele verfolgen.[36] Preise und deren Höhe stellen den wesentlichen Inhalt der Kommunikationsstrategie von Low-Cost-Fluglinien dar, so dass das Kommunikationsziel einer Preismaßnahme auf die Erzeugung von Aufmerksamkeit zur Kundenansprache abzielt. Neben der Ansprache bestehender Kunden sollen dabei auch neue und bislang nicht zugängliche Kundensegmente erreicht werden. Zur Verfolgung dieser Zielsetzung muss ein ausreichend großer Aufmerksamkeitsgrad gewährleistet sein, der beispielsweise durch Neuartigkeit im Vergleich zu bislang üblichen Maßnahmen erreicht werden könnte. Daneben müssen Preismaßnahmen in die gesamte Kommunikationsstrategie des Unternehmens eingebunden werden können, um bestehende Kunden nicht zu verunsichern.

Der Verkauf zusätzlicher Einheiten sowie die Erzielung stärker differenzierter Preise zur Abschöpfung heterogener Wertschätzungen bei Flugreisen stellen das Transaktionsziel des Einsatzes von Preismaßnahmen dar. Falls die Preismaßnahme eine zusätzliche Preisdifferenzierung ermöglicht, kann eine hierdurch erreichte stärkere Differenzierung im Hinblick auf die heterogenen Wertschätzungen erlössteigernd wirken. Eine Preismaßnahme muss sich dabei problemlos in das bestehende Preismanagement eingliedern lassen und darf gleichzeitig in ihrer Auswirkung auf die bestehende Preisstruktur nicht negativ sein.

Zusätzlich kann der Einsatz einer Preismaßnahme die Erhebung marktforschungsrelevanter Informationen erlauben und damit einem Marktforschungsziel dienen. Denkbar sind dabei sowohl allgemeine Zielsetzungen wie die bessere Kenntnis der eigenen Kunden als auch speziellere Zielsetzungen wie z. B. die Durchführung einer Kundensegmentierung, die Erforschung von Preissensitivitäten oder die Erhebung von Zahlungsbereitschaften.

II. Interaktive Preismaßnahmen

Interaktive Preismaßnahmen bestimmen den Preis durch die direkte Interaktion zwischen Käufern untereinander bzw. Käufern und Verkäufer über das Internet. Hierbei untersuchen wir verschiedene dynamischen Auktionsformen zum Verkauf von Produkten, die im Folgenden hinsichtlich des im Zeitverlauf steigenden oder fallenden Preises unterschieden werden können,[37] sowie das „Reverse Pricing". Reverse Pricing ist ein interaktiver Preismechanismus, der seit einigen Jahren gerade in der Flugbranche vom US-amerikanischen Anbieter Priceline (www.priceline.com) erfolgreich eingesetzt wird und in der wissenschaftlichen Literatur unlängst erhöhte Aufmerksamkeit gefunden hat.[38]

1. Dynamische Auktionen mit steigenden Preisen

Dynamische Auktionen mit steigenden Preisen, wie z.B. die Englische Auktion, stellen die beliebteste Auktionsform dar.[39] Ausgehend von einem Startgebot erhöhen Teilnehmer das aktuelle Gebot dabei so lange, bis kein Teilnehmer mehr bereit ist, das aktuelle Höchstgebot noch weiter zu steigern.[40] Auktionen sind im Internet mittlerweile weit verbreitet[41] und werden in zahlreichen Varianten angeboten, die sich in einigen wesentlichen Punkten wie dem Auktionsformat (z.B. Möglichkeit der Abgabe von Geboten), der Preisbestimmungsregel (z.B. Höchstpreis- oder Zweitpreisauktion) oder der Beendigungsregel (z.B. fixes oder dynamisches Ende) unterscheiden.[42] Häufig anzutreffen ist die sowohl vom Marktführer eBay (www.ebay.de) als auch anderen Online-Auktionshäusern wie Hood (www.hood.de) oder BesteAuktion (www.besteauktion.de) verwendete Auktionsform des „proxy bidding".[43] Dabei wird ein Bietagent („proxy") eingesetzt, der während der Auktionslaufzeit die Gebote der Teilnehmer sammelt und das aktuelle Höchstgebot auf den Preis des zweithöchsten Gebotes plus einem minimalen Inkrement festsetzt. In einer solchen Auktion ist den Teilnehmern neben dem aktuellen Höchstgebot auch der Benutzername des Höchstbietenden stets bekannt. Diese Auktionsform ist allerdings nur für den Verkauf an einen Käufer (den Höchstbietenden) pro Auktion geeignet, d.h. für den

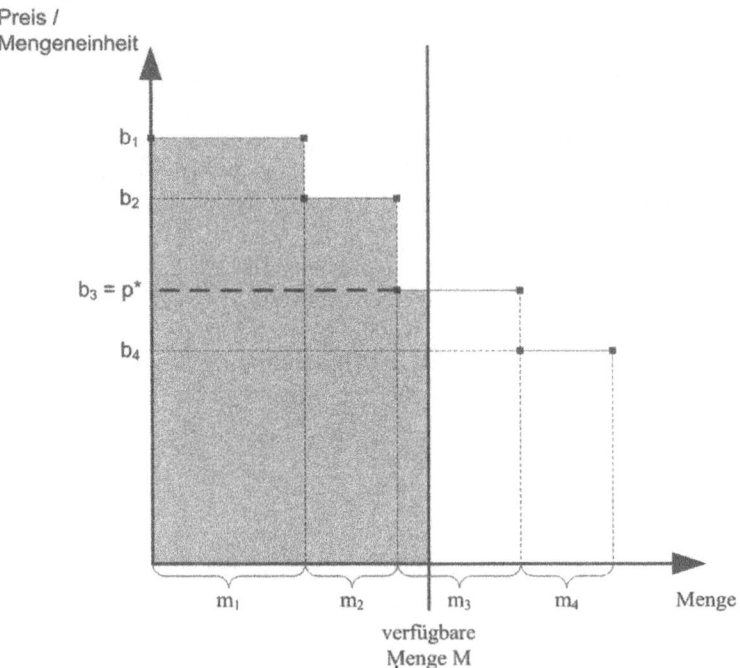

Abb. 2: Produktzuteilung und Preisbildung im Rahmen einer Multi-Unit-Auktion

Verkauf mehrerer Mengeneinheiten an unterschiedliche Käufer müsste eine entsprechende Anzahl separater Auktionen sequentiell oder parallel durchgeführt werden.

Eine für den simultanen Verkauf mehrerer Mengeneinheiten an unterschiedliche Käufer geeignete Auktionsform, die ebenfalls auf im Zeitverlauf steigenden Preisen beruht, ist die „Multi-Unit-Auktion" (bei eBay wird diese unter dem Namen „PowerAuktion" angeboten). Neben einem Gebot geben Teilnehmer dabei an, wie viele Mengeneinheiten sie zu diesem Gebot ersteigern möchten. Das Gebot wird dabei pro Mengeneinheit abgegeben und muss mindestens die Höhe des aktuell gültigen Höchstgebotes betragen oder dieses überbieten. Zuerst abgegebene Gebote gleicher Höhe werden bei der anschließenden Zuteilung verfügbarer Produkte bevorzugt behandelt. Abbildung 2 veranschaulicht beispielhaft diese Auktionsform.

In Abbildung 2 wird von der Abgabe vier verschiedener Gebote b_1 (Höchstgebot) bis b_4 (geringstes Gebot) mit den entsprechenden gewünschten Mengen m_1 bis m_4 im Rahmen einer Multi-Unit-Auktion ausgegangen. Nach Ablauf der Auktionsdauer werden die Gebote in absteigender Höhe angeordnet und die verfügbaren Produkte den jeweiligen Bietern zugeteilt (in der Abbildung grau hinterlegt). Der zu bezahlende Preis p^* ist dabei für alle Bieter gleich und entspricht dem Gebot b_3, das das Geringste aller bei der Zuteilung berücksichtigter Gebote darstellt und selbst nicht mehr in voller Höhe m_3 erfüllt werden kann.[44] Während also der von Bieter 1 und 2 gewünschten Anzahl an Produkteinheiten m_1 und m_2 in voller Höhe entsprochen werden kann, geht Bieter 4 leer aus und Bieter 3 bekommt lediglich die Menge $M - (m_1 + m_2) < m_3$ zugeteilt.

2. Dynamische Auktionen mit fallenden Preisen

Dynamische Auktionen mit fallenden Preisen sind insbesondere durch die in den Niederlanden zum Verkauf von Tulpen durchgeführte Holländische Auktion bekannt geworden.[45] Ein zunächst hohes Startgebot wird durch einen Auktionator schrittweise im Zeitverlauf verringert, bis ein Teilnehmer seine Bereitschaft zum Kauf anzeigt. Dieser Teilnehmer hat dann zum Abschluss der Transaktion den aktuell gültigen Preis zu entrichten.

Im Internet wird diese Auktionsform in abgewandelter Form unter anderem von den Online-Auktionshäusern Azubo (www.azubo.de) und Atrada (www.atrada.de) eingesetzt. In festen Zeitabständen wird dabei ein Ausgangspreis um einen bestimmten Betrag verringert, bis ein zuvor vom Verkäufer definierter Minimalpreis erreicht ist. Hat bis zu diesem Zeitpunkt noch kein Teilnehmer ein Gebot abgegeben, findet kein Verkauf statt. Signalisiert hingegen ein Teilnehmer durch Akzeptanz des aktuellen Preises seine Bereitschaft zum Kauf, erhält er den Zuschlag und hat genau diesen Preis an den Verkäufer zu entrichten. Sollen mehrere Mengeneinheiten eines Produktes über diese Auktionsform verkauft werden, erfolgt die Zuteilung der gewünschten Mengeneinheiten an die bietenden Teilnehmer der Auktion zum jeweils aktuell gültigen Preis so lange, bis keine weiteren Produkte verfügbar sind.

3. Reverse Pricing

Durch eine Umkehrung des herkömmlichen Preismechanismus ermöglicht das Reverse Pricing sowohl dem Käufer als auch dem Verkäufer eine Einflussnahme auf den Preis eines Produktes. Während ein Verkäufer zunächst einen Mindestpreis in Form einer geheimen Preisschwelle festlegt, kann ein Käufer den Preis eines Produktes durch die Abgabe eines Gebotes oberhalb dieser ihm unbekannten Preisschwelle determinieren.[46] Im Reverse Pricing zahlen erfolgreiche Teilnehmer also stets genau den von ihnen gebotenen Preis. Folglich findet die Interaktion hierbei im Gegensatz zu den bisher beschriebenen Auktionsmechanismen, die stärker auf einer Käufer-Käufer-Interaktion beruhen, im Rahmen einer Käufer-Verkäufer-Interaktion statt.

Das seit 1999 in den USA aktive Unternehmen Priceline nutzt eine Ausprägung des Reverse Pricing und vertreibt über den so genannten „Name-Your-Own-Price"-Mechanismus hauptsächlich Flüge sowie Mietwagen-, Hotel- und Reiseangebote. Nach Auswahl von Abflug- und Ankunftsort sowie ihrer Flexibilität (z.B. Akzeptanz ungünstiger Flugzeiten, abgelegener Flughäfen oder von Zwischenstopps) können Käufer ein Gebot auf einen Flug abgeben. Findet Priceline ein passendes Angebot einer Fluglinie, wird der Käufer benachrichtigt und seine Kreditkarte unmittelbar in Höhe des Gebotes belastet. Reicht das Gebot hingegen nicht aus, können weitere Gebote auf einen identischen Flug frühestens nach sieben Tagen abgegeben werden. Diese Einschränkung auf ein Gebot ist bei Priceline lediglich durch die Nutzung alternativer „Identitäten" (z.B. durch verschiedene Kreditkarten)[47] oder durch die Modifikation der Flugziele oder Flugdaten zu umgehen, da hierdurch ein neues Produkt spezifiziert wird. Dabei ist zu betonen, dass Priceline die, mit dem Reverse-Pricing-Mechanismus nicht zusammenhängende, Besonderheit eines „anbieterunspezifischen" Flugtickets einsetzt.[48] In Deutschland wurde bzw. wird Reverse Pricing u.a. von den Unternehmen Tallyman, Ihrpreis und LTU eingesetzt.[49]

Als Erweiterung der von Priceline eingesetzten Ausprägung[50] des Reverse Pricing mit einer de facto einfachen Gebotsabgabe zieht die Möglichkeit einer mehrfachen Gebotsabgabe eine Reihe von Implikationen nach sich. Neben der sich für Verkäufer ergebenden Vergrößerung von Gestaltungsraum und Komplexität des Reverse Pricing[51] kann sich auch das Gebotsverhalten der Käufer ändern und demzufolge Auswirkungen auf die Gewinne eines Verkäufers nehmen. Dabei zeigen Spann/Skiera/Schäfers (2005), dass die mehrfache Gebotsmöglichkeit zu höheren Geboten führen kann.[52]

III. Beurteilung der Eignung interaktiver Preismaßnahmen für den Einsatz bei Low-Cost-Fluglinien

Die im vorangegangenen Abschnitt dargestellten interaktiven Preismaßnahmen sollen nun im Hinblick auf die Eignung für den Einsatz bei Low-Cost-Fluglinien beurteilt werden. Ausgehend von den im Abschnitt C.I erarbeiteten Zielsetzungen werden zur Beurteilung Kriterien herangezogen, die einerseits die spezifischen Charakteristika der Low-Cost-Fluglinien berücksichtigen und andererseits eine Vergleichbarkeit der vorgestellten interaktiven Preismaßnahmen ermöglichen. Ausgangspunkt ist dabei jeweils die Zielsetzung des Verkaufs mehrerer Einheiten eines identischen Produktes (Fluges) an unterschiedliche Käufer, so dass aufgrund der Beschränkung auf einen Käufer je Auktion das „proxy bidding" nicht betrachtet wird.

Im Rahmen der Kommunikationszielsetzungen gilt es abzuwägen, einerseits eine möglichst große Aufmerksamkeit zu erzeugen und andererseits die möglichst nahtlose Integration einer interaktiven Preismaßnahme in die bestehende Kommunikationsstrategie eines Unternehmens zu gewährleisten. Interaktive Preismaßnahmen wurden bei Low-Cost-Fluglinien bislang kaum eingesetzt, so dass ihr wahrgenommener Innovationsgrad positiv eingeschätzt werden kann. Zwar werden in den USA auch über Priceline Flüge über einen Reverse-Pricing-Mechanismus verkauft und vereinzelt wurden auch schon in Deutschland solche Angebote eingesetzt, allerdings kann insbesondere bei den inländischen Konsumenten noch nicht von einer Vertrautheit mit dem Mechanismus ausgegangen werden.[53] Bezüglich Multi-Unit-Auktionen und Holländischen Auktionen liegen im Bezug auf die Flugbranche noch kaum Erfahrungswerte vor. Die deutsche Lufthansa hat vereinzelt eine jeweils auf Ticketpaare begrenzte Englische Auktion (keine Multi-Unit-Auktion) durchgeführt, aktuell findet sich aber kein derartiges Angebot auf ihrer Webseite.

Unter den Transaktionszielsetzungen lassen sich insbesondere die Möglichkeit zur Preisdifferenzierung, der Verkauf mehrerer Einheiten eines identischen Produktes sowie die Integration in die bestehende Preisstruktur zusammenfassen. Bei der Multi-Unit-Auktion bezahlen alle Käufer eines Angebotes einen identischen Preis, so dass sich die Möglichkeit zur Preisdifferenzierung auf jeweils unterschiedliche Angebote (Flüge) beschränkt. Bei der Holländischen Auktion hingegen können unterschiedliche Preise für ein Angebot erzielt werden, wobei die erzielten Preise allerdings für andere Teilnehmer ersichtlich sind und deren zukünftige Gebote somit beeinflussen können. Das Reverse Pricing ermöglicht den Verkauf einer beliebigen Anzahl von Einheiten innerhalb eines Angebotes bei gleichzeitiger Geheimhaltung bereits erzielter Preise, so dass über Kunden hinweg eine differenzierte Preisstruktur erzielt werden kann. Diese Geheimhaltung ist auch ausschlaggebend für die gute Integrationsmöglichkeit des Reverse Pricing in die bestehende Preisstruktur eines Unternehmens. Durch die Preisintransparenz des Reverse-Pricing-Mechanismus könnten Flüge billiger angeboten werden, ohne gleichzeitig die Preise identischer Flüge in alternativen Vertriebskanälen (z.B. reguläres Buchungssystem auf der firmeneigenen Webseite oder Call Center) unter Druck zu setzen.

Neben der Quantität der Daten ist für die Beurteilung der Marktforschungsmöglichkeit insbesondere die Aussagekraft der Daten von zentraler Bedeutung. Im Rahmen der Marktforschungszielsetzung ergeben sich Vorteile für das Reverse Pricing. Reverse Pricing zeichnet sich – ein entsprechendes Design vorausgesetzt – durch mehrfache Gebotsmöglichkeit aus, so dass die Anzahl der Datenpunkte pro Käufer und damit die Datenquantität als vergleichsweise hoch beurteilt werden kann. In den anderen hier betrachteten Verfahren dagegen sind mehrere Gebote entweder nicht möglich oder weniger üblich (z.B. bei einer Multi-Unit-Auktion), so dass hier in der Regel nur ein Datenpunkt je Käufer vorliegt. In Bezug auf die Aussagekraft der Daten kann festgestellt werden, dass alle hier betrachteten Maßnahmen letztendlich zu Verkäufen führen und daher als Felddaten eine hohe Validität besitzen.

Tabelle 1 fasst die Beurteilung zusammen. Insgesamt ergibt sich ein differenziertes Bild, das keine eindeutige Aussage zulässt. Es zeigt sich jedoch, dass das Reverse Pricing aufgrund der Vorteile im Bereich der Preisdifferenzierung und der Preisintransparenz des Mechanismus zum Einsatz als interaktive Preismaßnahme bei einer Low-Cost-Fluglinie

Tab. 1: Beurteilung verschiedener interaktiver Preismaßnahmen

Ziel	Kriterium	Multi-Unit-Auktion	Holländische Auktion	Reverse Pricing
Kommunikationsziel	Innovationsgrad	+	++	+
	Integrationsfähigkeit in bestehende Kommunikationsstrategie	0	0	0
Transaktionsziel	Möglichkeit zur Preisdifferenzierung	0	++	++
	Verkauf mehrerer Einheiten	++	++	++
	Integration in bestehende Preisstruktur	+	+	++
Marktforschungsziel	Datenquantität	+	+	++
	Aussagekraft der Daten	+	+	+
0: nicht erfüllt bzw. nicht bekannt, +: erfüllt, ++: stark erfüllt				

geeignet erscheint. Der Erfolg von Priceline stützt diese These, wirft aber gleichzeitig die Frage auf, ob durch die Zulassung mehrfacher Gebote Zielsetzungen im Bereich der Marktforschung durch die zusätzlichen Daten je Kunde noch stärker verfolgt werden können. Insbesondere die Berechnung individueller Zahlungsbereitschaften auf Basis des Modells von Spann/Skiera/Schäfers (2005) anhand der Gebote eines Kunden bei einem Reverse-Pricing-Mechanismus mit mehrfacher Gebotsabgabe erscheint hierfür als viel versprechender Ansatz.

D. Empirische Studie: Anwendung des Reverse Pricing bei einer Low-Cost-Fluglinie

Das Ziel der empirischen Studie ist die Beurteilung der Einsatzmöglichkeiten einer ausgewählten interaktiven Preismaßnahme bei einer deutschen Low-Cost-Fluglinie. Dabei soll das Reverse Pricing Anwendung finden, da die im vorangegangenen Abschnitt erfolgte Diskussion dessen prinzipielle Eignung und mögliche Vorteile gezeigt hat. Zur Beurteilung der empirischen Anwendung sollen dabei, soweit möglich, wiederum die in Abschnitt C.III verwendeten Kriterien herangezogen werden.

Die empirische Studie wurde in Zusammenarbeit mit der deutschen Low-Cost-Fluglinie Germanwings durchgeführt. Die Germanwings GmbH ist eine hundertprozentige Tochtergesellschaft der Eurowings Luftverkehrs AG, die wiederum zu 49% der Deutschen Lufthansa AG gehört. Von den beiden Standorten Köln-Bonn-Airport und Stuttgart-Echterdingen fliegt Germanwings insgesamt 30 Zielorte in ganz Europa an.

I. Aufbau

Zur Durchführung der empirischen Studie wurde auf der Website von Germanwings eine Ausprägung des Reverse Pricing als interaktive Preismaßnahme zum Verkauf verschiedener Flüge eingesetzt. Nach einer am 16. September 2004 über den Newsletter der Low-Cost-Fluglinie verschickten, speziellen Ankündigung wurde die interaktive Preismaßnahme von Freitag, 17.09.2004, 10:00 Uhr bis Sonntag, 19.09.2004, 24:00 Uhr unter dem Namen „Crazy Auktion" durchgeführt.[54] Innerhalb dieses Aktionszeitraumes konnten über einen Reverse-Pricing-Mechanismus Gebote für Flüge auf 14 verschiedenen europäischen Strecken für den Flugzeitraum 24.09.2004 bis 24.10.2004 abgegeben werden.

Um an dieser Preismaßnahme teilnehmen zu können, mussten sich Kunden zunächst mit Benutzername, Name, Vorname, einer gültigen E-Mail-Adresse und selbstgewähltem Passwort anmelden. Nach Auswahl eines Abflug- und eines Zielortes aus der Liste verfügbarer Flugstrecken sowie entsprechender Flugdaten innerhalb des Flugzeitraumes, konnten die Teilnehmer die Anzahl der Fluggäste (maximal zwei) bestimmen. War die entsprechende Anzahl an Plätzen auf dem gewünschten Flug am gewählten Datum noch verfügbar, wurden die Teilnehmer aufgefordert, ein Gebot für den Gesamtpreis inklusive aller Flugtickets, Steuern und Gebühren abzugeben. Die Teilnehmer wurden dabei auf die Verbindlichkeit ihrer Gebote hingewiesen, d.h. ein Gebot oberhalb der vorab für jeden Flug speziell festgelegten Preisschwelle verpflichtete zum Kauf des Fluges in Höhe des

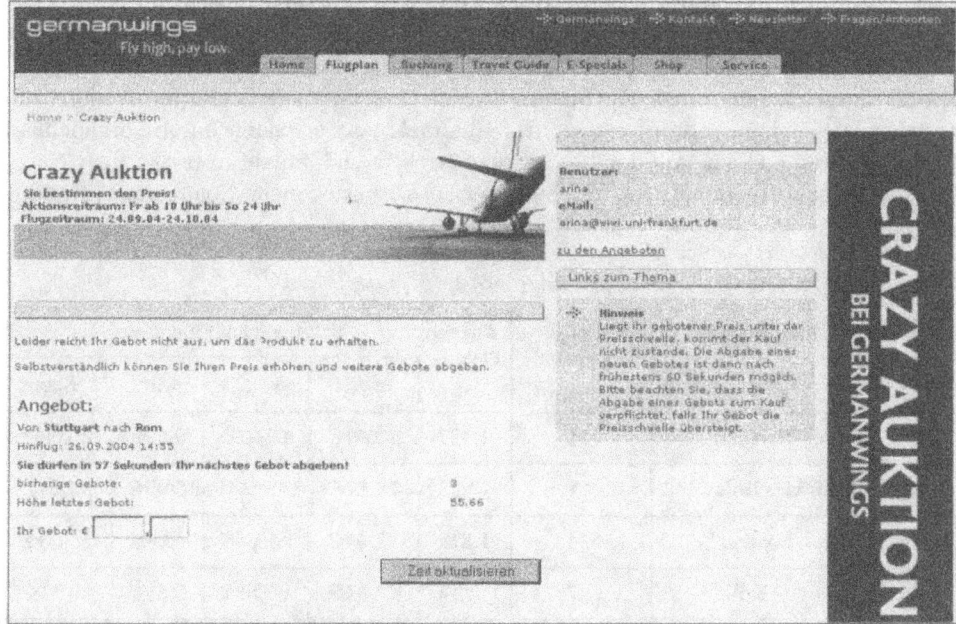

Abb. 3: Abgabe eines Gebotes im Rahmen der Reverse-Pricing-Aktion

abgegebenen Gebotes. Gab ein Teilnehmer ein in diesem Sinne erfolgreiches Gebot ab, wurde er in einem nächsten Schritt dazu aufgefordert, weitere Daten wie Anschrift, Kreditkarteninformationen und Daten evtl. vorhandener Mitreisender anzugeben. Die endgültige Buchung eines Fluges erfolgte nur an solche Teilnehmer, die diese Daten vollständig ausgefüllt hatten und wurde erst nach der Durchführung der Preismaßnahme abgeschlossen.

War ein Gebot hingegen nicht erfolgreich, konnten beliebig viele weitere Gebote in einem Mindestzeitabstand von 60 Sekunden abgegeben werden. Ein entsprechender Screenshot in Abbildung 3 veranschaulicht diesen Fall beispielhaft für ein Gebot auf einen Flug von Stuttgart nach Rom.

II. Ergebnisse

Im Zeitraum der Reverse-Pricing-Aktion vom 17.-19.09.2004 registrierten sich insgesamt 3.498 verschiedene Kunden. Von den registrierten Kunden gaben 68,3% (2.389 Kunden) mindestens ein Gebot für einen Flug ab. Gebote konnten nur abgegeben werden, falls für die gewünschten Flugdaten noch ausreichend Plätze verfügbar waren. Folglich wurden Kunden, die zwar ein Gebot abgeben wollten, aber keine Gebotsmöglichkeit hatten, nicht erfasst. Insgesamt wurden je Kunde im Mittel 5,14 (insgesamt 12.280) Gebote für 1,51 (insgesamt 263) verschiedene Flüge abgegeben. Tabelle 2 zeigt die Verteilung der Gebote auf Flugstrecken. Dabei werden die unterschiedlichen Verfügbarkeiten durch mehr Gebote auf Hinflüge im Vergleich zu Rückflügen ersichtlich. Da bislang der Reverse-Pricing-Mechansimus bei Germanwings noch nicht eingesetzt wurde und auch in dieser Form nicht von Konkurrenten eingesetzt wird, kann von einer Neuartigkeit in der Wahrnehmung der Kunden ausgegangen werden. Die Integrationsfähigkeit der Reverse-Pricing-Aktion in die bestehende Kommunikationsstrategie des Unternehmens erscheint durch vergleichbare Namensgebung („Crazy Auktion" vs. „Crazy Night") und Ablauf (Versand über Newsletter, begrenzte Buchungs- bzw. Gebotsperiode) zu bestehenden Sonderangebotsaktionen gegeben.

Tab. 2: Verteilung der Gebote pro Sitzplatz auf Flugstrecken

Flugnr.	Flugstrecke	Anzahl Sequenzen[b]	Anzahl Gebote	Max. Gebot/Sequenz[c]			
				Mittel	Var.[d]	Min	Max
284	Köln – Helsinki	411	1.487	38,40€	67,72%	0,50€	180,00€
285	Helsinki – Köln	8	23	28,57€	42,66%	10,00€	50,05€
330	Köln – London[a]	524	1.815	32,44€	66,64%	0,01€	150,00€
331	London – Köln[a]	7	18	27,04€	67,58%	0,25€	50,51€
338	Köln – London[a]	109	326	32,42€	60,53%	0,49€	83,00€
339	London – Köln[a]	4	5	8,13€	114,15%	1,00€	20,50€
424	Köln – Nizza	640	1.957	37,78€	75,77%	0,49€	175,00€
425	Nizza – Köln	16	48	59,50€	91,42%	10,00€	215,00€
598	Köln – Palma de Mallorca	816	2.696	45,00€	71,86%	0,01€	250,00€
599	Palma de Mallorca – Köln	28	98	30,98€	83,80%	1,00€	90,01€
2780	Stuttgart – Budapest	410	1.455	40,98€	78,41%	0,50€	300,00€
2781	Budapest – Stuttgart	33	133	49,25€	57,43%	2,00€	101,11€
2884	Stuttgart – Rom	570	2.131	40,25€	73,43%	0,01€	189,00€
2885	Rom – Stuttgart	22	88	45,43€	61,96%	4,99€	119,99€
Alle		*3.598*	*12.280*	*39,43€*	*73,80%*	*0,01€*	*300,00€*

[a] London Stansted (zwei unterschiedliche Flugzeiten pro Tag und Strecke).
[b] Sequenz: Alle Gebote eines bestimmten Kunden für einen bestimmten Flug an einem bestimmten Tag.
[c] Durchschnittswerte pro Sitzplatz der Sequenzen für eine Flugstrecke (unterschiedliche Flüge im Zeitraum 24.09.2004 bis 24.10.2004).
[d] Koeffizient der Variation = Standardabweichung/Mittelwert.

Entsprechend der Diskussion in Abschnitt C.III erzielt das Reverse Pricing durch die Bestimmung des Verkaufspreises anhand der (erfolgreichen) Gebote eine individuelle Preisdifferenzierung. Dabei zeigt die in Tabelle 2 dargestellte Verteilung der Maximalgebote je Gebotssequenz, d.h. aller Gebote eines bestimmten Kunden für einen bestimmten Flug, eine starke Variation der Gebotshöhe und damit einen hohen Preisdifferenzierungsgrad. Die relative Streuung der Maximalgebote, gemessen durch den Koeffizienten der Variation, lag bei über 70% für alle Gebotssequenzen.

Die Reverse-Pricing-Aktion ist in die bestehende Preisstruktur durch Verwendung differenzierter Preisschwellen und Kontingente je Flugstrecke und Flugdatum integrierbar. Dabei kann über die Höhe der Preisschwelle eine zusätzliche Erlös- und Kapazitätssteuerung erreicht werden. Abbildung 4 stellt den Anteil erfolgreicher Gebotssequenzen in Abhängigkeit der gewählten Preisschwellen für alle Flüge dar. Hierbei wird die jeweilige Preisschwelle eines Fluges in Prozent des Normalpreises im Rahmen einer Simulation variiert und der Anteil der beobachteten Gebotssequenzen, die diese Preisschwellen bei den einzelnen Flügen überbieten, berechnet.[55] Mit zunehmender Höhe der Preisschwelle sinkt der Anteil erfolgreicher Gebotssequenzen. Dabei ist hervorzuheben, dass bei Preisschwellen in Höhe von 50% des Normalpreises der jeweiligen Flüge ca. 34% der Gebotssequenzen erfolgreich wären. Dies ist insbesondere vor dem Hintergrund der relativ geringen Preise bei den üblichen Sonderangebotsaktionen von Low-Cost-Fluglinien bemerkenswert. Abbildung 4 stellt außerdem den Gesamtdeckungsbeitrag aller erfolgreichen Gebotssequenzen (indexiert auf den Maximalwert=100) in Abhängigkeit der gewählten Preisschwellen und unterschiedlicher variabler Kosten pro Sitzplatz dar.[56] Im Rahmen einer Simulation *ohne* Berücksichtigung von Kapazitätsrestriktionen wird der maximale Gesamtdeckungsbeitrag im Fall variabler Kosten pro Sitzplatz von 0 €, 10 € bzw. 20 € bei Preisschwellen in Höhe von 13%, 22% bzw. 33% des Normalpreises erzielt. Da die Gebote für andere Teilnehmer nicht offengelegt wurden, ist die bestehende Preisstruktur durch die resultierende Intransparenz geschützt. Somit kann eine Low-Cost-Fluglinie bei Überschätzung des Buchungsverlaufes über eine Reverse-Pricing-Aktion günstig Restkapazitäten verkaufen, ohne dass diese Abweichung von der in Abbildung 1 dargestellten steigenden Preiskurve für Kunden transparent wird.

Die Daten der Reverse-Pricing-Aktion eignen sich zur Marktforschung. Beispielsweise können anhand der Verteilung der Maximalgebote je Gebotssequenz unterschiedliche Wertschätzungen für einzelne Strecken und Wochentage ersichtlich werden. Tabelle 3 zeigt die Analyse des Einflusses der Flugstrecke und des Wochentags auf das Maximalgebot einer Sequenz mittels einer Varianzanalyse. Dabei ist ersichtlich, dass signifikante Unterschiede zwischen den einzelnen Flugstrecken und Wochentagen vorliegen. Ein möglicher Interaktionseffekt zwischen Flugstrecke und Wochentag ist nicht signifikant. Der Gesamterklärungsbeitrag ist mit einem R^2 von 3%, selbst vor dem Hintergrund der vorliegenden Querschnittsdaten, jedoch relativ gering.

Darüber hinaus stellen die durchschnittlich 5,14 Gebote je Kunde eine ausreichende Zahl an Beobachtungen dar, um eine genauere Schätzung der individuellen Zahlungsbereitschaften und Suchkosten durchführen zu können. Das von Spann/Skiera/Schäfers (2005) vorgeschlagene Vorgehen zur Bestimmung der individuellen Suchkosten und Zahlungsbereitschaften erfordert mindestens vier individuelle Gebote je Kunde und Flug.[57] Tabelle 4 stellt die durchschnittliche Höhe der mit diesem Verfahren geschätzten Zah-

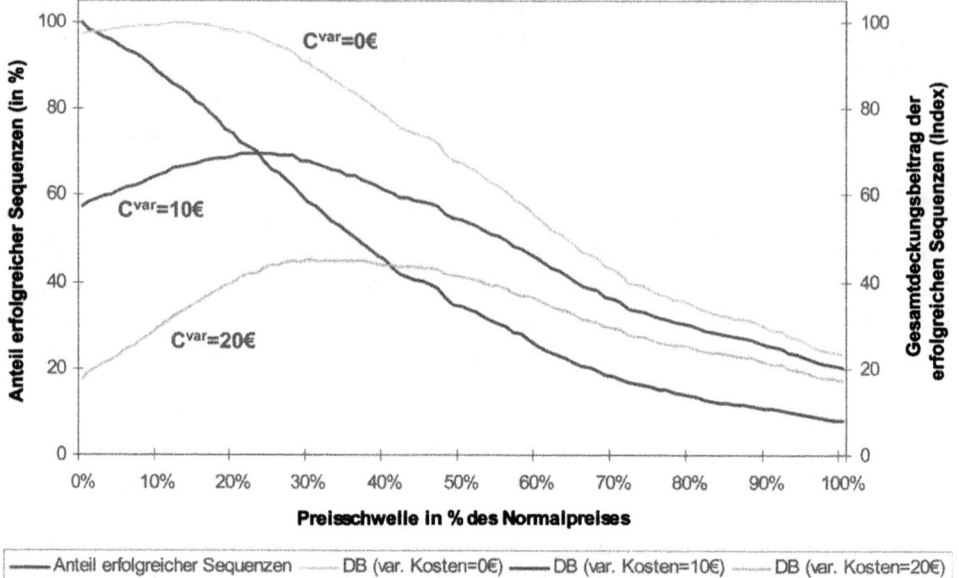

Abb. 4: Anteil der erfolgreichen Gebotssequenzen und deren Gesamtdeckungsbeitrag bei Variation der Preisschwellen und unterschiedlicher variabler Kosten pro Sitzplatz

Tab. 3: Einfluss der Flugstrecke und des Wochentags auf das Maximalgebot je Sitzplatz und Sequenz

Varianzanalyse [a)]		Quadrat-summe	df	F-Wert (Sig.)
Haupteffekte	gesamt	92.340,56	19	5,870 (0,00)
	Flugstrecke	78.197,39	13	7,266 (0,00)
	Wochentag	14.143,17	6	2,847 (0,01)
Interaktionseffekt	Flugstrecke * Wochentag	38.430,71	58	0,800 (0,86)
Erklärte Varianz		130.771,28	77	2,051 (0,00)
Nicht erklärte Varianz		2.914.169,83	3.520	
$R^2 = 3,03\%$, $N = 3.598$				

[a)] Abhängige Variable: Maximalgebot pro Sitzplatz einer Sequenz.

lungsbereitschaften und Suchkosten je Gebot sowie deren Variation für 1.010 Gebotssequenzen zwischen vier und zwölf Geboten dar.

Die Schätzergebnisse in Tabelle 4 zeigen eine starke Variation der Zahlungsbereitschaften und der Suchkosten, die auch anhand deren Verteilungen in Abbildung 5 deutlich wird. Die Suchkosten messen dabei das monetäre Äquivalent für den Aufwand der Gebotsabgabe für jedes Gebot (z.B. mentaler Aufwand für Festlegung der Gebotshöhe, Eingabe am Computer und Wartezeit). Folglich konnten im Rahmen der Reverse-Pricing-Aktion anscheinend sowohl sehr preissensible Kunden mit niedrigen Zahlungsbereitschaften oder niedrigen Suchkosten als auch eher preisunsensible Kunden mit ver-

Tab. 4: Schätzung der Zahlungsbereitschaft und der Suchkosten je Gebotssequenz

Schätzung je Sequenz [a]	Zahlungsbereitschaft	Suchkosten pro Gebot
Mittelwert	55,80€	0,82€
Koeff. Var. [b]	58,74%	131,64%
Minimum	1,75€	0,00€
Maximum	304,58€	12,20€
Anpassungsgüte: R^2 Mittelwert = 89,41%, R^2 Median = 97,45%; N = 1.010		

[a] Ergebnisse für 1.010 Gebotssequenzen mit 4 bis 12 Geboten für einen bestimmten Flug (ohne 85 Sequenzen zwischen 13 und 72 Geboten).
[b] Koeffizient der Variation = Standardabweichung/Mittelwert.

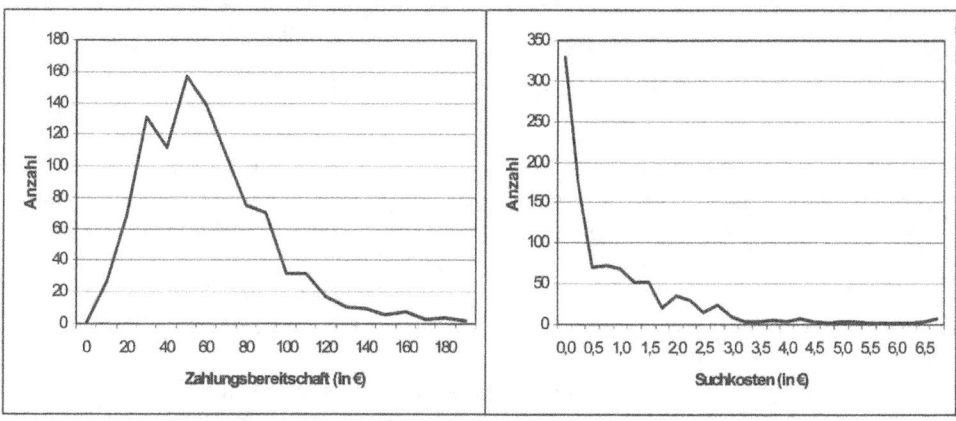

Abb. 5: Verteilung der geschätzten Zahlungsbereitschaften und Suchkosten je Gebotssequenz

Tab. 5: Beurteilung der Reverse-Pricing-Aktion bei einer Low-Cost-Fluglinie

Ziel	Kriterium	Operationalisierung	Ergebnis
Kommunikationsziel	Innovationsgrad	Vergleich mit bestehenden Aktionen	Bislang noch nicht von Germanwings eingesetzt
Kommunikationsziel	Integrationsfähigkeit in bestehende Kommunikationsstrategie	Vergleich mit bestehenden Sonderangebotsaktionen	Vergleichbarer Begriff und Ablauf der „Crazy Auktion"
Transaktionsziel	Möglichkeit zur Preisdifferenzierung	Verteilung der Maximalgebote	Starke Variation der Maximalgebote erzielt Preisdifferenzierung
Transaktionsziel	Verkauf mehrerer Einheiten/Kapazitätsmanagement	Erfolgreiche Gebote bei Variation der Preisschwelle	Variation der Preisschwelle ermöglicht zusätzliche Erlös- und Kapazitätssteuerung
Transaktionsziel	Integration in bestehende Preisstruktur	Preisschwellen und Kontingente	Vorgabe von Preisschwellen und Kontingenten sowie Intransparenz
Marktforschungsziel	Datenquantität	5,14 Gebote pro Kunde	Anzahl Beobachtungen pro Kunde ermöglicht Analyse der Zahlungsbereitschaft und Suchkosten
Marktforschungsziel	Aussagekraft der Daten	Analysemöglichkeiten	Zahlungsbereitschaften und Suchkosten für unterschiedliche Flüge

gleichsweise hohen Zahlungsbereitschaften oder hohen Suchkosten erreicht und dadurch unterschiedliche Kundensegmente angesprochen werden. Tabelle 5 fasst die Ergebnisse der Reverse-Pricing-Aktion zusammen.

E. Implikationen

In diesem Beitrag wurde die mögliche Eignung interaktiver Preismaßnahmen für Low-Cost-Fluglinien erörtert und für das Reverse Pricing auch empirisch überprüft. Entsprechend der Ergebnisse der theoretischen Beurteilung und der empirischen Studie kann Reverse Pricing als interaktive Preismaßnahme eingesetzt werden und dabei positive

Interaktive Preismaßnahmen bei Low-Cost-Fluglinien

Effekte erzielen. Insbesondere kann Reverse Pricing eine individuelle Preisdifferenzierung und damit ein besseres Abschöpfen der heterogenen Zahlungsbereitschaften bei Flugreisen erreichen. Die Vorgabe einer (geheimen) Preisschwelle ermöglicht dabei eine zusätzliche Erlös- und Kapazitätssteuerung. Die Einbindung des Reverse Pricing in die bestehende Kommunikationsstrategie und Preisstruktur sowie eine wahrgenommene Neuartigkeit waren dabei gegeben. Außerdem ermöglicht die Auswertung der Daten einer Reverse-Pricing-Aktion interessante Erkenntnisse aus Marktforschungssicht. Auf Basis der geschätzten Zahlungsbereitschaften und Suchkosten kann bei der im Rahmen dieses Beitrags durchgeführten empirischen Studie vermutet werden, dass neben preissensiblen auch eher preisunsensible Kundensegmente erreicht wurden.

Auf Basis dieser positiven Einschätzungen kann ein zukünftig verstärkter Einsatz interaktiver Preismaßnahmen bei Low-Cost-Fluglinien empfohlen werden. Das Reverse Pricing ist dabei eine mögliche Variante, deren Eignung für die Flugbranche getestet wurde. Daneben können aber auch Sonderformen einer Holländischen Auktion und andere interaktive Preismechanismen den Zielen von Preisaktionen bei Low-Cost-Fluglinien dienlich sein. Die Aufmerksamkeitswirkung dieser interaktiven Preismechanismen sollte in zukünftigen Studien, beispielsweise mittels Recall- und Recognitionstudien, eingehender und unter Berücksichtigung der Langzeitwirkungen untersucht werden.[58] Darüber hinaus bietet sich der Einsatz interaktiver Preismaßnahmen auch für eine stärkere Anwendung zur Neukundenakquisition an, indem nicht nur ein bestehender E-Mail-Newsletter genutzt wird, sondern über weitere Kommunikationskanäle die Ansprache von Neukunden erreicht werden soll. Dabei ist zusätzlich die Verknüpfung von interaktiven Preismaßnahmen mit attraktiven Zusatzprodukten (z.B. Konzertkarten am Ankunftsort) zu Produktbündeln denkbar.

Insgesamt zeigen die Ergebnisse dieses Beitrags, dass das Internet neben seiner Eigenschaft als kostengünstiger Direktvertriebskanal, vor allem auch neue Geschäfts- und Preismodelle ermöglicht und damit zur Erweiterung des unternehmerischen Instrumentariums von Low-Cost-Fluglinien beiträgt. Dabei beeinflusst der Erfolg der Low-Cost-Fluglinien die gesamte Passagierflugbranche. Traditionelle Fluglinien vereinfachen nun ebenfalls ihre Preisstrukturen, verzichten zunehmend auf buchungsklassenspezifische Restriktionen (z.B. Mindestaufenthaltsdauer) und streben die Steigerung des Direktvertriebsanteils, insbesondere über das Internet, an. Vor diesem Gesichtspunkt kann auch ein verstärkter Einsatz von Preisaktionen bei traditionellen Fluglinien erwartet werden, so dass die Bedeutung der in diesem Beitrag erörterten interaktiven Preismaßnahmen in Zukunft in der gesamten Passagierflugbranche zunehmen könnte.

Anmerkungen

* Die Autoren danken Hans Botho von Portatius für seine Unterstützung sowie Prof. Dr. Bernd Skiera, Arina Soukhoroukova, Oliver Hinz und Elena Arevalo für wertvolle Hinweise.
1. Vgl. Borghetto/Berthelot/Gibbons (2002), S. 3.
2. Der Anteil des Direktvertriebs über das Internet liegt bei Low-Cost-Fluglinien in der Regel bei über 90% im Vergleich zu unter 25% bei klassischen Fluglinien.
3. Vgl. Koenigsberg/Muller/Vilcassim (2004), S. 2.
4. Vgl. Tscheulin/Lindenmeier (2003), S. 645
5. Vgl. McGill/Van Ryzin (1999), S. 234.
6. Vgl. Borghetto/Berthelot/Gibbons (2002), S. 8.
7. Da es sich hierbei um unterschiedliche Abflughäfen handelt (Frankfurt-Hahn im Hunsrück bei Ryanair und Frankfurt Rhein-Main bei Lufthansa) kam es zu einem Rechtsstreit.
8. Vgl. Bakos (1997), S. 1676.
9. Vgl. Spann/Skiera/Schäfers (2005), S. 107.
10. Vgl. McGill/Van Ryzin (1999), S. 234.
11. Vgl. Tscheulin/Lindenmeier (2003), S. 632.
12. Vgl. Tscheulin/Lindenmeier (2003), S. 631.
13. Vgl. McGill/Van Ryzin (1999), S. 234, und S. 243.
14. Vgl. Tscheulin/Lindenmeier (2003), S. 633 f.
15. Siehe hierzu bspw. die Arbeiten von Desiraju/Shugan (1999), Biyalogorsky et al. (1999), oder Dana (1998). Carpenter/Hanssens (1994) untersuchen die Marktgröße und optimalen Preise, jedoch nicht die optimale Größe, der Buchungsklassen einer Fluglinie (UTA) auf der Strecke Paris - Elfenbeinküste.
16. Vgl. McGill/Van Ryzin (1999), S. 244, und Weatherford/Bodily (1992), S. 842.
17. Vgl. Phlips (1989), S. 7.
18. Vgl. Diller (2000), S. 286, oder Skiera (1999), S. 285.
19. Vgl. Pigou (1932), S. 275 ff., oder Skiera (1999), S. 140.
20. Vgl. Phlips (1989), S. 12.
21. Vgl. Simon (1992), S. 381 ff.
22. Vgl. Simon (1992), S. 43.
23. Vgl. bspw. Desiraju/Shugan (1999), S. 45, oder Tscheulin/Lindenmeier (2003), S. 633.
24. Vgl. Belobaba (1989), S. 186, oder McGill/Van Ryzin (1999), S. 240.
25. Vgl. McGill/Van Ryzin (1999), S. 236.
26. Vgl. Tscheulin/Lindenmeier (2003), S. 632.
27. Dabei wird davon ausgegangen, dass ein Platz in der Economy-Klasse durch genau einen Platz in der Business-Klasse ersetzt werden kann.
28. Vgl. Belobaba (1989).
29. Zur Berechnung der Wahrscheinlichkeit des Verkaufs dieses zusätzlichen Sitzplatzes sind Vergangenheitsdaten erforderlich.
30. Von dem Verkauf von zusätzlichen Dienstleistungen, z.B. Getränken und Essen an Bord, soll abstrahiert werden.
31. Vgl. Koenigsberg/Muller/Vilcassim (2004), S. 2. Altersabhängige Tarife (z.B. Studententarife) werden in der Regel von Low-Cost-Fluglinien nicht angeboten.
32. Diese Problemstellung betrachtet die zeitliche Preisdifferenzierung (vgl. Skiera/Spann (1998)).
33. Vgl. Koenigsberg/Muller/Vilcassim (2004), S. 16, sowie Shugan/Xie (2000), S. 233.
34. Allerdings wird die Möglichkeit einer Einschränkung an bestimmten Terminen auf der Website genannt (siehe www.gexx.de).
35. Vgl. Tscheulin/Lindenmeier (2003), S. 649.
36. Siehe für Online-Auktionen Skiera/Schäfers (2001), S. 288 ff., und Albers/Schäfers (2002), S. 127.
37. Auktionen mit einer verdeckten, einmaligen Gebotsabgabe grenzen wir hiervon als nicht-dynamisch ab. Neben der von uns verwendeten Unterscheidung können Auktionen auch anhand anderer Kriterien klassifiziert werden (vgl. z.B. Milgrom/Weber (1982)). Im Unterschied zu den

von uns betrachteten Verkaufsauktionen unterbieten sich bei Einkaufsauktionen bzw. „Reverse Auctions" die Verkäufer gegenseitig.
38 Siehe beispielsweise Spann/Skiera/Schäfers (2005), Chernev (2003), Hann/Terwiesch (2003), Ding et al. (2005), Fay (2004).
39 Vgl. Lucking-Reiley (1999), S. 1064.
40 Vgl. Milgrom/Weber (1982), S. 1103 f.
41 Laut einer Marktstudie der GfK aus dem September 2004 wird in Deutschland mittlerweile jeder vierte im Internet bezahlte Euro bei Auktionen ausgegeben (vgl. GfK (2004)).
42 Siehe beispielsweise Roth/Ockenfels (2002).
43 Vgl. Bajari/Hortaçsu (2003), S. 329.
44 Neben dieser zu einer Firstprice-Auktion äquivalenten Vorgehensweise kann, äquivalent zu einer Secondprice-Auktion, auch die Höhe des ersten nicht berücksichtigten Gebots b_4 den Preis bestimmen.
45 Vgl. Milgrom/Weber (1982), S. 1089.
46 Vgl. Spann/Skiera/Schäfers (2005), S. 110.
47 Auf diese Möglichkeit weist Fay (2004) hin (vgl. Fay (2004), S. 408).
48 Käufer erfahren erst nach einem erfolgreichen Gebot den Anbieter, d.h. die Fluglinie, ihres gekauften Produkts.
49 Das Angebot „Biet&Flieg" des Unternehmens LTU stellt keine besonders beworbene Preismaßnahme mit großer Aufmerksamkeitswirkung dar, sondern ist kontinuierlich auf der Unternehmenswebsite (www.ltu.de) verfügbar.
50 Vgl. Spann/Skiera/Schäfers (2005), S. 113 f.
51 Auf die verkäuferseitigen Gestaltungsoptionen des Reverse Pricing geht Bernhardt (2004) ausführlich ein.
52 Vgl. Spann/Skiera/Schäfers (2005), S. 119 f.
53 In Deutschland bietet aktuell nur LTU Biet&Flieg eine spezifische Variante des Reverse Pricing an, bei der die Gebotshöhe aus einer Liste möglicher Preise gewählt werden kann.
54 Germanwings bezeichnet seine Sonderangebotsaktionen als „Crazy Night".
55 Die tatsächliche Höhe der Preisschwellen wird aus Vertraulichkeitsgründen nicht offengelegt.
56 Zur Erlösberechung wurde jeweils die Höhe desjenigen Gebots einer erfolgreichen Gebotssequenz verwendet, das gerade noch die Preisschwelle übertrifft.
57 Vgl. Spann/Skiera/Schäfers (2005), S. 121. Von den 3.598 Sequenzen weisen 1.095 Sequenzen mindestens vier Gebote auf.
58 Der „Recall" misst die Erinnerung an eine Werbebotschaft (vgl. Aaker/Batra/Myers (1992), S. 410). Beim „Recognition-Test" oder Wiedererkennungsverfahren müssen Probanden angeben, inwieweit ihnen vorgelegte Werbemaßnahmen bekannt sind bzw. ob sie diese wiedererkennen (vgl. Belch/Belch (1990), S. 624).

Literatur

Aaker, D.A./Batra, R./Myers, J.G. (1992): Advertising Management, Englewood Cliffs.
Albers, S./Schäfers, B. (2002): Preisdeterminanten bei Business-to-Consumer-Auktionen im Internet, in: Zeitschrift für Betriebswirtschaft, Jg. 72(EH1), S. 125–143.
Bajari, P./Hortaçsu, A. (2003): The Winner's Curse, Reserve Prices, and Endogenous Entry: Empirical Insights from eBay Auctions, in: RAND Journal of Economics, Jg. 34, S. 329–355.
Bakos, J.Y. (1997): Reducing Buyer Search Costs: Implications for Electronic Marketplaces, in: Management Science, Jg. 43, S. 1676–1692.
Belch, G.E./Belch, M.A. (1990): Introduction to Advertising and Promotion Management, Homewood.
Beloboba, P.P. (1989): Application of a Probabilistic Decision Model to Airline Seat Inventory, in: Operations Research, Jg. 37, S. 183–197.
Bernhardt, M. (2004): Classification of Design Options in Reverse Pricing Mechanisms, in: Bichler, M.; Holtmann, C.; Kirn, St.; Müller, J.; Weinhardt, Ch. (Hrsg.): Coordination and Agent Technology in Value Networks, Berlin, S. 29–43.

Biyalogorsky, E./Carmon, Z./Fruchter, G.E./Gerstner, E. (1999): Overselling with Opportunistic Cancellations, Marketing Science, Jg. 18, S. 605–610.

Borghetto, Martin/Berthelot, Boniface/Gibbons, Owen (2002): European Low-Cost Airlines: This Is a Buying Opportunity!, Morgan Stanley Equity Research Europe, London.

Carpenter, G.S./Hanssens, D.M. (1994): Market Expansion, Cannibalization, and International Airline Pricing Strategy, in: International Journal of Forecasting, Jg. 10, S. 313–326.

Chernev, A. (2003): Reverse Pricing and Online Price Elicitation Strategies in Consumer Choice, in: Journal of Consumer Psychology, Jg. 13, S. 51–62.

Dana, J.D. (1998): Advance-Purchase Discounts and Price Discrimination in Competitive Markets, Journal of Political Economy, Jg. 106, S. 395–422.

Desiraju, R./Shugan, S.M. (1999): Strategic Service Pricing and Yield Management, in: Journal of Marketing, Jg. 63(January), S. 44–56.

Diller, H. (2000): Preispolitik, Stuttgart.

Ding, M./Eliashberg, J./Huber, J./Saini, R. (2005): Emotional Bidders – An Analytical and Experimental Examination of Consumers' Behavior in Priceline-like Reverse Auctions, in: Management Science, Jg. 51, S. 352–364.

Fay, S. (2004): Partial Repeat Bidding in the Name-Your-Own-Price Channel, in: Marketing Science, Jg. 23, S. 407–418.

GfK (2004): Web*Scope, Nürnberg.

Hann, I.-H./Terwiesch, C. (2003): Measuring the Frictional Costs of Online Transactions: The Case of a Name-Your-Own-Price Channel, in: Management Science, Jg. 49, S. 1563–1579.

Koenigsberg, O./Muller, E./Vilcassim, N.J. (2004): easyJet Airlines: Small, Lean, and with Prices that Increase over Time, Working Paper, Columbia University, New York.

Lucking-Reiley, D. (1999): Using Field-Experiments to Test Equivalence Between Auction Formats: Magic on the Internet, in: American Economic Review, Jg. 89, S. 1063–1080.

McGill, J.I./Van Ryzin, G.J. (1999): Revenue Management: Research Overview and Prospects, in: Transportation Science, Jg. 33, S. 233–256.

Milgrom, P.R./Weber, R.J. (1982): A Theory of Auctions and Competitive Bidding, in: Econometrica, Jg. 50, S. 1089–1122.

Phlips, L. (1989): The Economics of Price Discrimination, Cambridge et al.

Pigou, A.C. (1932): The Economics of Welfare, London.

Roth, A.E./Ockenfels, A. (2002): Last-Minute Bidding and the Rules for Ending Second-Price Auctions: Evidence from eBay and Amazon Auctions on the Internet, in: American Economic Review, Jg. 92, S. 1093–1103.

Shugan, S.M./Xie, J. (2000): Advance Pricing of Services and Other Implications of Separating Purchase and Consumption, in: Journal of Service Research, Jg. 2, S. 227–239.

Simon, H. (1992): Preismanagement: Analyse, Strategie, Umsetzung, Wiesbaden.

Skiera, B. (1999): Mengenbezogene Preisdifferenzierung bei Dienstleistungen, Wiesbaden.

Skiera, B./Schäfers, B. (2001): Online-Auktionen, in: Albers, S./Clement, M./Peters, K./Skiera, B. (Hrsg.): Marketing mit Interaktiven Medien. Strategien zum Markterfolg, Frankfurt am Main, S. 282–297.

Skiera, B./Spann, M. (1998): Gewinnmaximale zeitliche Preisdifferenzierung für Dienstleistungen, in: Zeitschrift für Betriebswirtschaft, Jg. 68, S. 703–718.

Spann, M./Skiera, B./Schäfers, B. (2005): Reverse-Pricing-Verfahren und deren Möglichkeiten zur Messung von individuellen Suchkosten und Zahlungsbereitschaften, in: Schmalenbachs Zeitschrift für betriebswirtschaftliche Forschung, Jg. 57, S. 107–128.

Tscheulin, D.K./Lindenmeier, J. (2003): Yield-Management - Ein State-of-the-Art, in: Zeitschrift für Betriebswirtschaft, Jg. 73, S. 629–662.

Weatherford, L.R./Bodily, S.E. (1992): A Taxonomy and Research Overview of Perishable-Asset Revenue Management: Yield Management, Overbooking and Pricing, in: Operations Research, Jg. 40, S. 831–844.

Interaktive Preismaßnahmen bei Low-Cost-Fluglinien

Zusammenfassung

Low-Cost-Fluglinien stellen die wohl bedeutendste Marktentwicklung im Bereich des Passagierluftverkehrs in den vergangenen zehn Jahren dar und haben in Europa und Nordamerika bedeutende Marktanteile erobert. Dieser Erfolg führte allerdings zu einem verstärkten Wettbewerb auch zwischen den Low-Cost-Fluglinien. Da sich Low-Cost-Fluglinien sehr stark über den Preis positionieren, stellt der Einsatz neuartiger und kommunikationswirksamer Preismaßnahmen ein wichtiges Wettbewerbsinstrument dar. Hierzu einsetzbare interaktive Preismaßnahmen werden durch die geringen Transaktionskosten des Internets begünstigt. Das Ziel des Beitrags ist deshalb die Beurteilung der Eignung interaktiver Preismaßnahmen für den Einsatz bei Low-Cost-Fluglinien. Hierzu werden die Funktionsweise des Preismanagements bei Low-Cost-Fluglinien dargestellt, die Ziele von Preismaßnahmen erörtert sowie verschiedene interaktive Preismaßnahmen im Hinblick auf deren Eignung untersucht. Der Einsatz einer ausgewählten interaktiven Preismaßnahme wird anhand einer empirischen Studie bei einer deutschen Low-Cost-Fluglinie beurteilt.

Summary

Low-cost airlines have been the most important development in passenger air travel over the past 10 years and have achieved significant market shares in Europe and North America. However, their success has also increased competition among these low-cost airlines. Low-cost airlines predominantly use the price as a key element in their communication strategies, making interactive pricing mechanisms a promising promotional tool. The low transaction costs of the Internet enable such interactive pricing mechanisms. The goal of this paper is the evaluation of interactive pricing mechanisms and their use for promotions at low-cost airlines. We outline the basic concept of price management at low-cost airlines and the goals of promotions at low-cost airlines. Further, we discuss the use of different interactive pricing mechanisms as promotional tools. An empirical study analyses the application of a selected interactive pricing mechanism at a German low-cost airline.

JEL: M31, D44, C13

Wert der Logistik für ein Unternehmen

Inhalt:

Logistik-Bilanz und Supply Chain Controlling

Optimierung der Logistik als Ziel einer Logistik-Bilanz

Erfolgsmaßstäbe und deren Wirksamkeit

Das Konzept einer dynamischen Logistik-Bilanz

Supply Chain Controlling und Logistik-Bilanz in Netzwerken

Beispiele in der Anwendung der Logistik-Bilanz

Die Autoren:

Andreas Froschmayer/
Ingrid Göpfert
Logistik-Bilanz
Erfolgsmessung neuer Strategien, Konzepte und Maßnahmen
2004. XIV, 180 S. Br. EUR 29,90
ISBN 3-409-12723-2

Die Logistik-Bilanz stellt eine Innovation dar. In Analogie zur Unternehmens-Bilanz bringt sie die Stärke der Logistik für ein Unternehmen oder ein Supply-Chain-Netzwerk auf den Punkt und unterstützt Entscheidungen des Top-Managements im Prozess aktiver Zukunftsgestaltung. Dieses Buch zeigt anschaulich, wie die Performance-Messung logistischer Strategien und Anwendungen in neuer Qualität ermöglicht wird. Vor dem Hintergrund der Kernkompetenzen eines Industrie- und Handelsunternehmens beschreiben die Autoren u. a. auch den Einbau der Nutzenmessung von Outsourcing-Entscheidungen in die Bilanzstruktur.

Dr. Andreas Froschmayer ist Bereichsleiter Unternehmensentwicklung der DACHSER GmbH & Co. KG. Seine Schwerpunkte liegen in der Strategieentwicklung, im Aufbau neuer Geschäftsmodelle (Supply Chain Management und Kontraktlogistik) sowie der Konzeption neuer Branchenlösungen.

Prof. Dr. habil. Ingrid Göpfert ist Inhaberin des Lehrstuhls für Allgemeine Betriebswirtschaftslehre und Logistik an der Philipps-Universität Marburg und Vorsitzende des Wissenschaftlichen Beirats des Bundesministers für Verkehr. Sie ist Autorin zahlreicher Veröffentlichungen auf den Gebieten Logistik, Controlling, Supply Chain Management, Supply Chain Controlling.

www.gabler.de

Abraham-Lincoln-Str. 46 · 65189 Wiesbaden · Tel: 06 11.78 78-626

Standardisierte Logistikprodukte für globale Belieferungsnetze:

Realisierung, Optimierungspotenziale und Preisgestaltung

Von Bernhard Oymann, Peter Schumann und Bernhard Fleischmann

Übersicht

- In der Logistik geht der Trend „vom Projekt zum Produkt". Die führenden Anbieter standardisieren ihre Dienstleistungen, um Skaleneffekte zu nutzen und ihr IT-Netzwerk bestmöglich zur Steuerung der Warenströme einzusetzen.
- Schenker hat ein solches Produkt entwickelt, das die gesamte Beschaffungslogistik in globalen Supply Chains abdeckt.
- Optimierungspotenziale bestehen nicht nur in der gemeinsamen Nutzung des Produkts und der Logistik-Ressourcen durch mehrere Projekte, sondern auch in der Steuerung der Lieferkette innerhalb jedes Projekts aufgrund der Transparenz der einzelnen Prozesse.
- Die langen Lieferzeiten von 30 bis 40 Tagen im Übersee-Geschäft und die Komplexität der Supply Chain sprechen für das Konzept des ‚Carrier Managed Inventory' anstelle des üblichen VMI.
- Es werden Modelle der Preisgestaltung vorgestellt, die variable Preisanteile entsprechend der Performance des Logistikdienstleisters enthalten.

Eingegangen: 16. November 2004

Dipl.-Kfm. Bernhard Oymann ist Senior Consultant im Bereich Customer Business Solutions der Schenker AG in Essen und leitet das Team IT-Management/Logistics. Aufgabenschwerpunkt ist das System-Engineering im Supply Chain Management.
Dipl.-Betriebswirt (BA) Peter Schumann ist Mitglied des Vorstandes und Chief Information Officer der Schenker AG in Essen sowie Chief Information Officer der Stinnes AG in Berlin und damit zuständig für die weltweiten IT-Aktivitäten der beiden Unternehmen.
Prof. Dr. Bernhard Fleischmann ist Inhaber des Lehrstuhls für Betriebswirtschaftslehre mit Schwerpunkt Produktion und Logistik an der Universität Augsburg. Schwerpunkte seiner Forschungstätigkeit sind Supply Chain Management und Transport-Logistik.

© Gabler-Verlag 2005

Bernhard Oymann, Peter Schumann und Bernhard Fleischmann

A. Das Logistikprodukt

I. Einführung

Im Rahmen internationaler Beschaffungsprojekte ist eine verstärkte Nachfrage nach ganzheitlichen Logistikdienstleistungen und -angeboten zu verzeichnen. Dieser Trend begann nicht erst, seit der Begriff des Supply Chain Managements in Mode kam, hat sich aber durch dessen umfassende Diskussion noch verstärkt. Anfangs wurden derartige Konzepte auf Projektbasis – das heißt: individuell – entwickelt und umgesetzt. Zunehmend kommt jedoch von den Kunden sowie aus den Reihen der Logistikdienstleister (LDL) selbst, insbesondere aus den Bereichen Marketing/Vertrieb und Tendermanagement, die Forderung nach sehr spezifischen Logistikdienstleistungen bei kurzen Implementierungszeiten und wettbewerbsfähigen Logistikkosten. Dies ist nur möglich, wenn der Logistikdienstleister (LDL) mit vorkonfigurierten und multiplizierbaren Logistikprodukten (Systemdienstleistungen) Größenvorteile ausschöpft und gleichzeitig durch modulare und flexible Systeme individuelle Lösungen anbieten kann (vgl. Klein, 1997).

Im Gegensatz zur Projektlösung, die eine Einzellösung zu einem logistischen Problem der Supply Chain bietet, zielt die Entwicklung eines Produktes auf ein mehrfach wiederverwendbares Standardpaket für die integrierte Abwicklung häufig nachgefragter Dienstleistungen ab, wie z.B. Transport, Lagerung und Just-in-time Belieferung. Das Produkt soll modular und flexibel sein und die gesamte Supply Chain abdecken. Bewährte Strukturen, Prozesse und Systeme aus bestehenden Einzellösungen sollen in die Entwicklung einfließen und durch Integration und ganzheitliche Betrachtung ein schnell und kostengünstig einsetzbares Produkt gewährleisten. Gleichzeitig soll das Produkt zukunftsoffen für neue Logistiktrends und künftige Informationstechnologien sein.

Dieser Beitrag erörtert im folgenden zuerst typische Eigenschaften eines Logistikprodukts und stellt dann in Kapitel B das von Schenker entwickelte Produkt Supply Net Solutions vor. Kapitel C untersucht die Optimierungspotenziale, die dieses Produkt bietet, und Kapitel D behandelt Möglichkeiten der Preisgestaltung.

II. Aufbau

Ein umfassendes Produkt besteht aus verschiedenen Modulen, Funktionsgruppen und Funktionen und ist hierarchisch aufgebaut (s. Abbildung 1). Auf der obersten Ebene stehen die Module (z.B. Logistics Center Operations), die jeweils in mehrere Funktionsgruppen (z.B. Stock Management oder Check) aufgeteilt sind. Zu jeder Funktionsgruppe gehören verschiedene Funktionen (z.B. Check Documents oder Check Material), die sich teilweise ergänzen oder auch gegenseitig ausschließen können.

Um dem Produktcharakter gerecht zu werden, ist es von größter Wichtigkeit, die richtigen Funktionen zu erkennen, die als Standardmodule angeboten werden sollen. Daher muss bei der Produktentwicklung eine grundlegende Analyse aller Kundenanforderungen durchgeführt werden. Eine Unterteilung der benötigten Funktionen nach Wichtigkeit und Häufigkeit der Nachfrage ist dabei von großem Vorteil.

Standardisierte Logistikprodukte für globale Belieferungsnetze

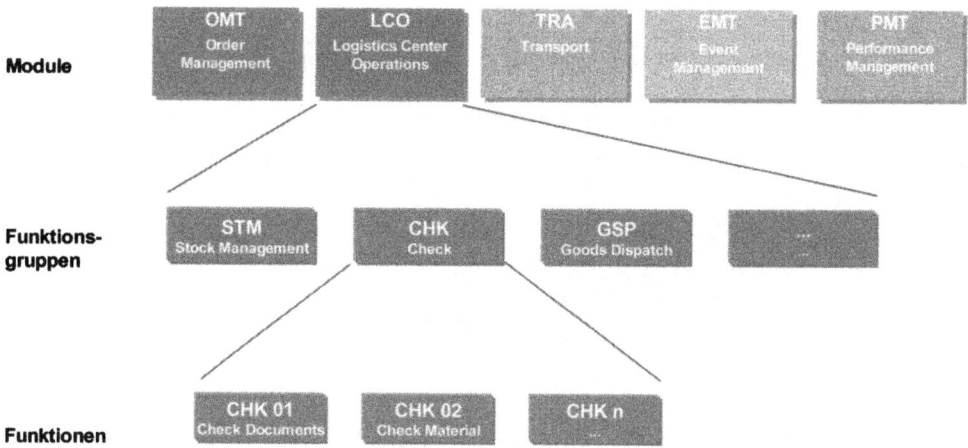

Abb. 1: Hierarchischer Aufbau der Module, Funktionsgruppen und Funktionen

In konkreten Kundenprojekten kommen verschiedene Module in verschiedenen Ausprägungen, d.h. mit unterschiedlichen Funktionsgruppen und Funktionen, zum Einsatz. Mit der Auswahl der Funktionsgruppen werden die benötigten Leistungsumfänge definiert und durch die Implementierung spezifischer Funktionen konkretisiert. Im Kernbereich des Produkts sind alle essentiellen Funktionen realisiert, die für den erfolgreichen Einsatz unbedingt erforderlich sind. Diese Funktionen sind in jedem Projekt, das auf Basis des Produkts realisiert wird, wiederzufinden. Die Funktionen des kernnahen Bereiches sind nicht notwendigerweise in allen Projekten wiederzufinden. Sie werden deshalb beim ersten Auftreten in einem Projekt realisiert und fließen damit in den Produktumfang ein, so dass sie in Zukunft für neue Projekte zur Verfügung stehen. Die projektindividuellen Funktionen sind kundenspezifische Funktionen, die außerhalb eines konkreten Projektes nur geringe Bedeutung haben. Sie werden projektspezifisch entwickelt und stellen damit eine projektindividuelle Erweiterung des Produkts dar.

Durch die flexible Auswahl einzelner Funktionsgruppen und Funktionen und die Möglichkeit, zusätzlich spezielle Funktionalitäten zu ergänzen, ist eine kundenindividuelle Nutzung trotz Beibehaltung des Produktcharakters gewährleistet.

III. Organisation

Der Produktgedanke endet aber nicht bei der Bereitstellung von standardisierten IT-Funktionalitäten. Eine Besonderheit des Produkts liegt in der weltweiten Einsetzbarkeit durch ein einheitliches Organisationskonzept (s. Abbildung 2): Das zentrale Product Management ist der „product owner". Es entwickelt die Produktstrategie und ist verantwortlich für deren konsequente Umsetzung. Der product owner beauftragt den Entwicklungsbereich („system owner"), die Produktstrategie in konkrete Systeme und Konzepte umzusetzen und das Produkt über die projektunabhängigen Competence Center zu verbreiten. Diese betreuen das Produkt regional und betreiben lokale Kundenleitstellen als projektabhängige

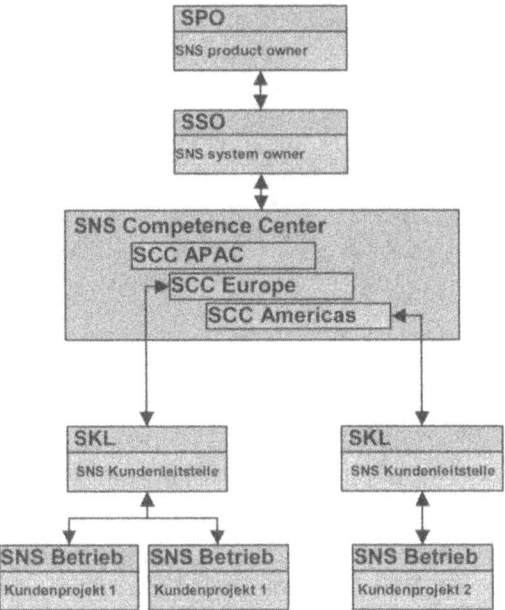

Abb. 2: Organisation Competence Center

Organisationseinheiten. Mit diesen Kundenleitstellen wird die konsequente Umsetzung der Prinzipien: „single point of contact" und „one face to the customer" verfolgt.

IV. Anforderungen an das Produkt

1. Standardisierung

Bereits aus der Organisationsstruktur und dem Funktionsumfang des Produkts ist zu erkennen, dass ein hohes Maß an Standardisierung erforderlich ist, um den Anforderungen gerecht zu werden. Zentrale projektunabhängige Basisstrukturen und eine Vereinheitlichung der Aufbau- und Ablauforganisation in allen beteiligten Serviceeinheiten der durch das Produkt gesteuerten Supply Chain sind Voraussetzungen für den effizienten und effektiven Projekteinsatz. In direkter Abhängigkeit zur Standardisierung der Organisation steht eine Vereinheitlichung der IT-Systeme. Diese wird ermöglicht durch Nutzung eines integrierten Systems mit Standard-Schnittstellen zur Anbindung von Fremdsystemen. Eine weitere Grundvoraussetzung des Produkts ist eine Standardisierung der Prozesse und Techniken. Diese bildet die Basis für eine weltweit einheitliche Kommunikation und die Verbreitung von „best practices" auf alle Standorte. Durch den hohen Standardisierungsgrad wird unter anderem ein einfacher Informationsaustausch der Competence Center und Kundenleitstellen untereinander und mit den Kunden ermöglicht.

Ziel ist es, ein Produkt mit einem Standardisierungsgrad von 80 % anzubieten. Die restlichen 20 % sollen flexibel und offen gestaltbar sei, um auch speziellen und individuellen

Kundenbedürfnissen (z.B. kundenspezifische Sonderprozesse oder Schnittstellenformate) gerecht werden zu können.

2. Wiederverwendbarkeit und Multiplizierbarkeit

„Mit der Wiederverwendung wird sowohl eine Kostensenkung als auch eine Qualitätsverbesserung der Produkte angestrebt" (Weber, 1992, S. 76).

In der Literatur wird davon ausgegangen, dass die Entwicklung einer wiederverwendbaren Komponente nur ca. 30-50% höhere Entwicklungskosten nach sich zieht als die Entwicklung anwendungsspezifischer Komponenten und dass sich die höheren Entwicklungskosten nach dreimaliger Wiederverwendung amortisiert haben (Balzert, 1998, S. 657). Obwohl diese Faustregel nachvollziehbar ist, sollte nicht darüber hinweggesehen werden, dass Produkte im Gegensatz zu Projektlösungen einen ungleich höheren Wartungs- und Verwaltungsaufwand (z.B. durch die Releasestrategie) erfordern, der bei einer TCO (total cost of ownership)-Betrachtung mitberücksichtigt werden muss.

Die Funktionen aus dem Kernbereich oder dem kernnahen Bereich bilden die generischen Basisfunktionen des Produkts, die in den meisten Projekten zum Einsatz kommen. Diese Basisfunktionen müssen gar nicht oder nur minimal auf die entsprechenden Projektbedürfnisse angepasst werden. Dadurch gewährleisten sie die einfache Wiederverwendbarkeit des Produkts, so dass kommende Projekte mit geringem Aufwand auf Basis des bestehenden Produkts implementiert werden können.

Darüber hinaus ist die Multiplizierbarkeit ein wesentlicher Aspekt der Wiederverwendbarkeit. Neben dem wiederholten Einsatz des Produkts in neuen Projekten, soll die Basis parallel bei einer Vielzahl von unterschiedlichen Kunden und in unterschiedlichen Projekten einsetzbar sein.

3. Modularität

Der prinzipielle Aufbau des Produkts ist auf Modularität ausgerichtet. Aus der Gesamtheit der zur Verfügung stehenden Funktionen können die in einem Projekt benötigten Funktionen zusammengestellt und fast beliebig miteinander kombiniert werden. Dabei werden Funktionen unterschieden, die sich gegenseitig ausschließen (entweder Funktion x oder Funktion y) und solche, die aufeinander aufbauen oder sich zwingend ergänzen (wenn Funktion x, dann auch Funktion y).

Eine serviceorientierte System-Architektur ist eine Voraussetzung für die Modularität des Produkts, damit eine einfache Integrierbarkeit der Funktionen in den Gesamtprozess gewährleistet werden kann. Durch Kombination verschiedener Funktionen können Projekte unterschiedlichen Umfangs und beliebiger Komplexität realisiert werden. Dies gilt auch für den Fall, dass einige Funktionalitäten, die im Kernbereich definiert werden, nicht gefordert sind. Integrierbarkeit im Sinne des Produkts bedeutet aber auch die einfache Anbindung von Drittsystemen, die außerhalb des eigentlichen Produktumfangs Funktionalitäten im Gesamtprozess übernehmen (z.B. Transport Management Systeme oder Warehouse Management Systeme von Partnern in der Supply Chain).

4. Flexibilität

Das Produkt soll so flexibel sein, dass bei einer Neuanforderung oder durch den Ansatz des „best practice" eine Produktanpassung erfolgen kann, ohne bestehende Strukturen zu beeinträchtigen. Dazu besteht die Möglichkeit, einzelne Funktionen, den neuen Anforderungen entsprechend, zu modifizieren. Zudem sollen bei Bedarf neue Funktionen integriert werden können.

B. Supply Net Solutions – Ein Überblick

I. Der „business case"

Die Schenker AG hat mit der Entwicklung einer Produktgruppe für die Logistik internationaler Beschaffungslogistikprojekte auf diese Marktanforderungen reagiert. Der Name dieser Produktgruppe ist „Schenker - Supply Net Solutions (SNS)". Hierdurch soll verdeutlicht werden, dass es sich bei dem Produkt nicht nur um eine Lösung für einzelne Beschaffungsketten, sondern für ganze Beschaffungsnetzwerke handelt. Außerdem beschränken sich die „Solutions" nicht nur auf eine bestimmte Branche wie z.B. Automotive, sondern sind in verschiedenen Ausprägungen auf unterschiedliche Branchen anwendbar.

Die Schenker - Supply Net Solutions sind ein Konzept für die physische und informatorische Abwicklung globaler, beschaffungslogistischer Lieferketten und -netze für System- und/oder Modullieferanten zur Just-in-time-Versorgung von entfernten Produktions- und Montagestandorten, insbesondere auf anderen Kontinenten. Die Hauptbestandteile sind:

- Übernahme der Produktionspläne vom Kunden und Ordermanagement
- Teilebeschaffung mit dispositiver und steuernder Verantwortung
- Transportorganisation von Vor-, Haupt- und Nachläufen
- Konsolidierung und Dekonsolidierung von Warenströmen
- Versorgung des Point of Use (PoU) durch unterschiedliche Belieferungsstrategien (z.B. KANBAN, Just-in-time, Just-in-sequence).

Gestützt und abgesichert werden die Prozesse durch die Einbindung von Key Performance Indicators (KPI), die eine Transparenz und Aussagefähigkeit über die gesamte Prozesskette sowohl intern, als auch dem Kunden gegenüber ermöglichen. Automatisch erzeugte Warnmeldungen in Echtzeit durch ein integriertes Event Management System sorgen darüber hinaus für die nötige Entscheidungsgrundlage bei Störfällen und Planabweichungen.

II. Ein Beispiel

Für die Endmontage von Automobilen in Südafrika beauftragt ein OEM (Original Equipment Manufacturer) einen First-Tier-Modullieferanten mit der „just-in-sequence" Belieferung fertiger Cockpits an das Montageband. Diese Cockpits werden vom Modullieferanten nahe dem Montagewerk auftragsbezogen und sequenzgenau endgefertigt. Die dazu benötigten Teile werden bei den etablierten Sub-Lieferanten (im weiteren „Lieferanten"

Standardisierte Logistikprodukte für globale Belieferungsnetze

genannt, in Abb. 3 „Supplier") in Europa eingekauft. Der Modullieferant beauftragt Schenker als LDL mit der Abwicklung der gesamten Beschaffungslogistik vom Lieferanten in Europa bis zur Produktionsversorgung der Vormontage in Südafrika (Aus Sicht des LDL sprechen wir deshalb im weiteren vom Modullieferanten als dem „Kunden", in Abb. 3 „Client"). Schenker übernimmt am Standort Bremerhaven die Konsolidierung von rund 500 verschiedenen Teilen einschließlich der Vorlauftransporte und der Kommunikation mit den ca. 100 europäischen Lieferanten. Dazu empfängt Schenker die Bruttobedarfe als Lieferabrufe vom Kunden, kalkuliert anhand der Bestände innerhalb der Lieferkette Nettobedarfe und übermittelt diese an die entsprechenden Lieferanten. Diese avisieren Schenker die Bereitstellung der abgerufenen Materialien, woraufhin die Vorlauftransporte organisiert werden können. Der Datenaustausch mit Kunde, Lieferant und Spediteur wird dabei über EDI (electronic data interchange) abgewickelt.

Die Zusammenführung der verschiedenen Materialien, deren überseetaugliche Verpackung und Containerisierung geschieht in einem extra für diesen Einsatzzweck ausgelegten Consolidation Center (CC). Die wöchentliche Verschiffung und bei eiligen Transporten auch die Luftfracht werden durch die SNS-Kundenleitstelle organisiert. In Südafrika werden die Container verzollt und per LKW an ein Deconsolidation Center (DC) transportiert. Dieses DC liegt in unmittelbarer Nähe zum Verbauort der Teile. Der Kunde übermittelt mehrmals täglich Feinabrufe an das DC, von wo aus die Teile „just-in-time" in die Vormontage gebracht werden. Die Lieferzeit vom Abruf beim Lieferanten bis zur Bereitstellung der verzollten Materialien im DC beträgt ca. 34-37 Tage, wobei der weitaus größte Teil auf den Seetransport entfällt. Bei sehr dringenden Bedarfen sind durch Sondertransporte und Luftfracht auch Lieferzeiten von weniger als 5 Tagen möglich. Für die gesamte Steuerung und den Informationsfluss, der diesem Warenfluss vorausgeht, setzt Schenker SNS auf Basis der Standardsoftware SAP R/3 4.7 Enterprise ein.[1]

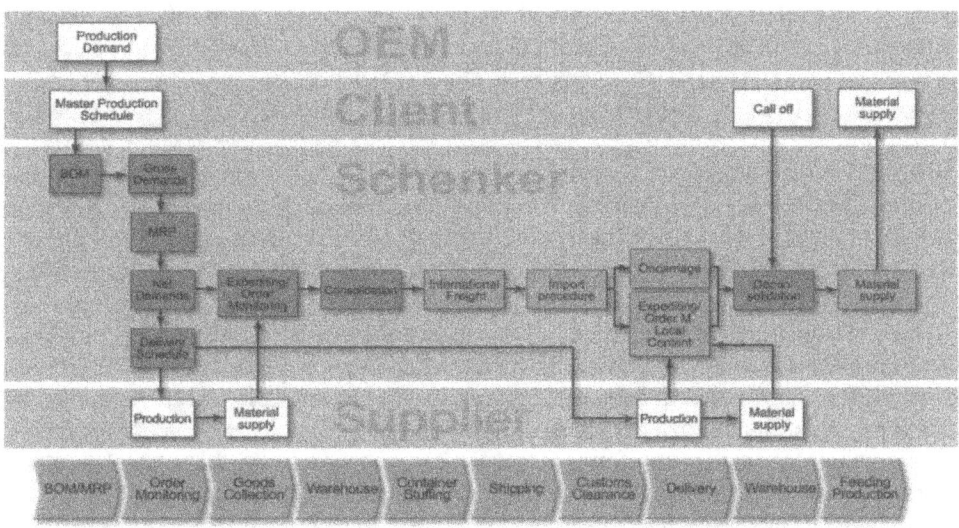

Abb. 3: Prozesskette globaler Supply Chains

III. Die Dimensionen

Das Produkt SNS besteht in seiner Gesamtheit aus vier Dimensionen. Kernstück des Produkts ist das SAP-basierte IT-System (Dimension IT) mit den im folgenden Abschnitt erläuterten Modulen. SNS geht über ein reines IT-Produkt jedoch deutlich hinaus. Es umfasst auch die Definition und den Aufbau geeigneter Organisationsstrukturen (Dimension Organisation) und die Implementierung standardisierter Prozesse innerhalb der Ablauforganisation (Dimension Process). Weiterer Bestandteil des Gesamtprodukts SNS ist die Analyse der Marktanforderungen und die Schaffung geeigneter Vermarktungsvoraussetzungen (Dimension Marketing). Zusätzlich sollen in der Dimension Marketing auch die Bedingungen für kooperative und innovative Preisgestaltungsmodelle geschaffen werden, die ein adäquates Pricing für das Gesamtprodukt ermöglichen.

Die Dimensionen stellen unterschiedliche Sichtweisen des Produkts dar. Erst durch die Kombination und Integration der Dimensionen zu einem Produkt entsteht ein ganzheitliches System, mit dem die Logistik internationaler Beschaffungsnetzwerke optimal organisiert werden kann.

IV. Die Module

Abbildung 4 zeigt den schematischen Aufbau von SNS auf der Modulebene:

Im Modul „Order Management (OMT)" sind alle Prozesse und Funktionen der Auftragssteuerung zusammengefasst. Das OMT ist mandantenfähig und kann für unterschiedliche Kunden eingesetzt werden. Hier werden die Kundenaufträge entgegengenommen, der Materialbedarf disponiert und die Logistikzentren mit Pack-, Kommissionier- und Montageaufträgen versorgt.

Im Modul „Logistics Center Operation (LCO)" werden die Funktionen der stationären Einheiten der Beschaffungskette wie z.B. Wareneingang, Verpackung oder Lagerung abgebildet. Es lassen sich lieferantennahe Consolidation Center (CC) und produktionsnahe Deconsolidation Center (DC) unterscheiden. Darüber hinaus können Value Added Services implementiert werden, die eine weitere Wertschöpfungsstufe im Belieferungsprozess darstellen.

Durch die Architektur des Systems sind die beiden Module vollständig integriert und können auf gemeinsame Datenbestände zurückgreifen. Daneben sind OMT und LCO noch über die Module „Event Management (EMT)" und „Performance Management (PMT)" miteinander verbunden. Des weiteren lassen sich externe Systeme (Subsysteme oder Systeme von Partnern) über standardisierte Schnittstellen mit dem OMT und LCO verbinden.

Das EMT arbeitet sowohl kunden- als auch standortbezogen als Instrument zur Visualisierung aller relevanten Ereignisse. Es arbeitet ähnlich wie ein proaktives „Tracking and Tracing"-System, überwacht definierte Prozesse und vergleicht Soll- und Ist-Zustände entlang der Supply Chain. Dazu besteht das Modul aus den Funktionsgruppen Überwachung, Alerting und Monitoring (vgl. Busch, 2004, S. 205). Umgesetzt wird das EMT durch ein Frühwarnsystem, auch Supply Chain Event Management (SCEM)[2] genannt.

Das Performance Management (PMT) basiert auf einer Data Warehouse Technologie und unterstützt die Analyse geschäftskritischer Kennzahlen. Mit den Funktionsgruppen

Standardisierte Logistikprodukte für globale Belieferungsnetze

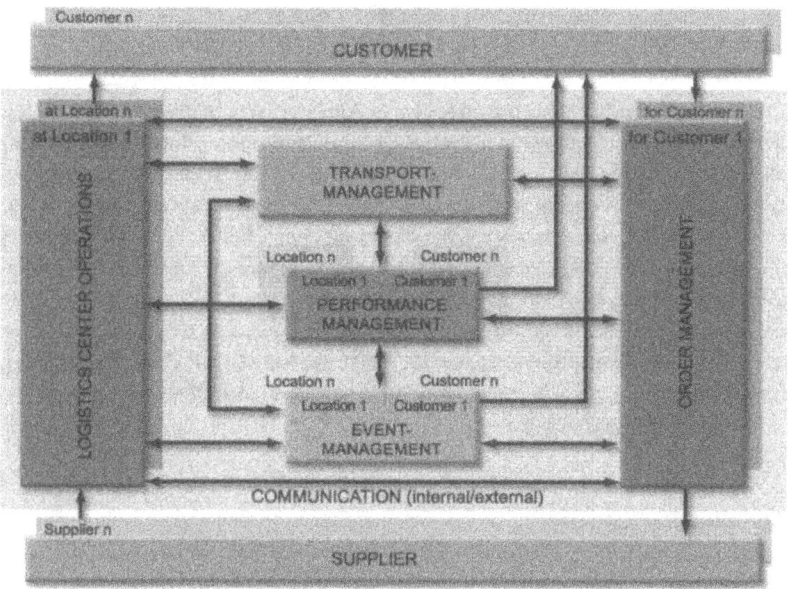

Abb. 4: Schenker Supply Net Solution – Module

Erhebung, Auswertung und Reporting besteht die Möglichkeit, qualitätsrelevante Parameter wie die Anzahl von versandten bzw. gelagerten Packstücken und Artikeln, Durchlaufzeiten und Verspätungen zu bewerten. Die Daten können über die gesamte Projektdauer hinweg gespeichert und für vergangenheitsbezogene Auswertungen über beliebige Zeiträume herangezogen werden. Gleichzeitig stehen sie auch für externe und interne Analysen in Echtzeit zur Verfügung. Von diesem Modul generierte Informationen können auch die Basis für Pricing-Modelle sein, die sich an der Einhaltung vereinbarter Leistungs- oder Qualitätsparameter (Key Performance Indicators KPI) orientieren. Damit bietet SNS durchgängige Transparenz im Material- und Informationsfluss und unterstützt das Management komplexer Supply Chains.

Um den physischen Transport der Materialien durchzuführen und zu steuern, verbindet das Modul „Transport Management (TRA)" die Systeme der einzelnen Verkehrsträger (Luft, See, Land) mit dem OMT über standardisierte Schnittstellen.

C. Optimierungspotenziale

Das standardisierte Angebot für globale Beschaffungslogistik führt zu einem komplexen Gesamtsystem, das eine wachsende Anzahl von Projekten bewältigen muss. Zwischen den einzelnen Projekten bestehen mehr oder weniger starke Synergien, die richtig zu nutzen sind. Dazu ist eine sorgfältige Optimierung des Gesamtsystems und aller Prozesse notwendig. Dies beginnt mit der Integration eines neuen Projekts in das bestehende System. Hier sind Entscheidungen zu treffen, ob und welche bestehenden Ressourcen für das neue Projekt genutzt werden sollen. In jedem Fall stehen das globale Transportnetz von Schenker sowie das zu SNS gehörige IT-System (s. Kapitel B) zur Verfügung. Möglicherweise müssen aber zusätzliche Ressourcen, etwa neue Standorte oder zusätzliche Kapazitäten in vorhandenen Standorten, installiert werden. Die Wechselwirkung mit den vorhandenen Prozessen, etwa die bessere Auslastung von Fahrzeugen oder die Gefahr der Überlastung von Lagereinrichtungen, sind zu ermitteln. Diese Fragen müssen bereits bei der Erstellung des Angebots für einen potentiellen Neukunden untersucht werden. Die Optimierung der Art und Weise, wie ein neues Projekt in das bestehende System integriert werden soll, liefert dann auch wichtige Angaben zu Kosten, Laufzeiten und Servicegraden für die Gestaltung des Angebots (s. Kapitel D).

Im folgenden Abschnitt I werden zunächst die Optimierungspotenziale bei der Integration eines neuen Projekts erörtert, die strukturelle Entscheidungen auf der strategischen und taktischen Ebene betreffen. Der Abschnitt II befasst sich dann mit den operativen Entscheidungen zur Steuerung der Prozesse.

I. Integration eines neuen Projekts

Zur besseren Anschaulichkeit orientiert sich die Darstellung an dem Beispiel aus Abschnitt B.II, bei dem Material von europäischen Zulieferern für die Montage eines First-Tier-Lieferanten in Übersee bereitzustellen ist. Die Aufgabe der Integration eines solchen neuen Projekts lässt sich dann in die Abschnitte der Prozesskette zerlegen:

1. Vorlauftransporte

Das Material ist bei den Lieferanten in mehreren europäischen Ländern abzuholen und zum CC im Seehafen Bremerhaven (BHV) zu transportieren. Da es sich zum Teil um kleinere Mengen weit unter einer Lkw-Ladung handelt, wird die Ware im Rahmen des europäischen Landtransportnetzes von Schenker mit anderen Transportströmen gebündelt und über die bestehenden Umschlagpunkte an das CC geliefert. Dieses Netz ist hinsichtlich der Struktur und der Transportwege bereits optimiert, und die relativ geringen zusätzlichen SNS-Mengen dürften darauf wenig Einfluss haben. Denkbar ist aber, dass durch die Bündelung der in BHV ankommenden Mengen aus mehreren SNS-Projekten neue Relationen von bestimmten Hubs direkt nach BHV wirtschaftlich werden. Derartige Fragen können mit einem Optimierungsmodell zur Gestaltung von Frachtnetzen[3] ermittelt werden.

2. Verpackung, Containerisierung und Verschiffung

Im CC sind Synergien zwischen mehreren SNS-Projekten im Bereich Wareneingang und Zwischenlagerung zu erwarten, da die Nutzung der Flächen und der Einsatz des Personals effizienter gestaltet werden kann. Auch die Auslastung der Container wird möglicherweise erhöht. Schließlich kann die steigende Anzahl an Containern für die Verschiffung bei der selben Reederei zu besseren Konditionen führen.

3. Transporte und Dekonsolidierung im Zielland

Wesentliche Entscheidungen im Zielland sind die Wahl eines geeigneten Hafens und der Standort des DC. Letzterer muss zur Gewährleistung einer JIT-Zulieferung nahe beim Montageort des Kunden liegen und über eine zuverlässige Verkehrsanbindung dorthin verfügen. Falls noch kein Schenker-Standort existiert, der diesen Anforderungen genügt, ist die Errichtung eines neuen Standorts zu planen. Anderenfalls kann das neue Projekt bestehende Einrichtungen und Infrastruktur wie im CC nutzen, außerdem ist eine Bündelung mit der dann ebenfalls vorhandenen Transportverbindung vom Hafen möglich. Eine Synergie mit anderen Projekten ergibt sich sogar bei der Verzollung, da die Gebühren oft einen erheblichen fixen Anteil je Vorgang enthalten.

In jedem Fall sind die für das neue Projekt erforderlichen Kapazitäten an Einrichtungen und Lagerflächen zu ermitteln, um einen neuen Standort richtig zu dimensionieren – möglicherweise mit Reservekapazität für erwartete weitere Projekte – oder um zu prüfen, ob die Kapazitäten eines vorhandenen Standorts ausreichen. Die Entscheidungen über Kapazitäten haben Auswirkungen auf die Abfertigungszeiten, die nicht offensichtlich sind. Als Entscheidungshilfe ist deshalb ein Simulationsmodell des Materialflusses (siehe z. Bsp. Jünemann, 1989, Kap. D.4) sinnvoll.

II. Steuerung der Informations- und Warenflüsse

1. Abrufe bei den Lieferanten

Der Warenfluss wird einerseits am Zielort durch die JIT-Abrufe des Kunden vom DC gesteuert. Wegen der langen Lieferfrist erfolgen andererseits die Abrufe bei den Lieferanten lange im voraus aufgrund geplanter oder prognostizierter Bedarfe. Diese Abrufe müssen eine ausreichende Versorgung des Lagers im DC sicherstellen. Dies wird erschwert durch die erheblichen Unsicherheiten:

- Die Plan-Bedarfe können sich während der langen Lieferfristen verändern.
- Die *Lieferzeit*, das ist die Zeit vom Abruf beim Lieferanten bis zur Abrufbereitschaft im DC, schwankt selbst aufgrund von Wartezeiten auf die nächste Schiffsabfahrt, unterschiedlichen Schiffsrouten, Verspätungen der Schiffe, Wartezeiten vor der Abfertigung im Zielland und anderen Gründen.

Dabei sind die Abrufe beim Lieferanten die wesentliche Kostendeterminante für die kurzfristig beeinflussbaren Kosten:

- *Kapitalbindungskosten* werden hauptsächlich verursacht durch die *Pipeline-Bestände* (Bestände in der Lieferkette bis zur Abrufbereitschaft im DC) und die *Sicherheitsbestände* im DC. Die *Transportlosgrößen-Bestände* sind hier weniger bedeutend und durch die Schiffsfahrpläne weitgehend festgelegt[4].
- *Kosten für Luftfracht* fallen an, wenn benötigte Teile im DC fehlen und die nächste Lieferung nicht rechtzeitig zu erwarten ist.

2. Beeinflussung der Lieferzeit

Die Lieferzeit kann zu Beginn durch Koordination der Abruftermine mit den Schiffsfahrplänen verkürzt werden, indem überflüssige Wartezeiten auf die nächste Schiffsabfahrt im Hafen vermieden werden. Außerdem gibt es noch die Möglichkeit, den Bereitstellungsprozess nahe am Zielort zu beeinflussen (Buxmann et al., 2003, S. 159). Die im Zielhafen eingetroffenen Container werden zunächst verschlossen in einem zollfreien Bereich gelagert und erst beim Auspacken verzollt. Da sich die Priorität, mit der bestimmte Teile benötigt werden, im Lauf der Lieferzeit geändert haben kann, werden die Container nicht einfach in der Reihenfolge ihrer Ankunft oder der ursprünglichen Abrufe verzollt und ausgeladen. Stattdessen wählt ein von Schenker entwickelter „Container-Algorithmus" jeweils die als nächstes auszupackenden Container aufgrund der aktuellen Dringlichkeit der darin enthaltenen Teile. Damit kann einerseits die Lieferzeit für kritische Teile etwas verkürzt werden, so dass weniger Luftfracht erforderlich ist. Andererseits wird die Verzollung auf den spätest möglichen Zeitpunkt verschoben, wodurch die Kapitalbindungskosten reduziert werden.

Die genannten Maßnahmen erfordern laufende Detail-Informationen über den aktuellen Zustand der Lieferkette, wie sie am ehesten der LDL verfügbar hat. Das SNS-System kann ihn dabei wirkungsvoll unterstützen.

3. Organisation der Abrufe bei den Lieferanten

Die Abrufe bei den Lieferanten wurden schon als die kritischen Entscheidungen bei der Steuerung der Lieferkette charakterisiert. Der Frage, wer diese Entscheidungen trifft und welche Informationen ihm dafür zur Verfügung stehen, kommt daher eine große Bedeutung zu. Im folgenden werden dazu vier Konzepte verglichen. Die Art der Steuerung der Abrufe hat auch Auswirkungen auf die Verantwortung für die Bestände und die Luftfracht und damit auf die Vertragsgestaltung zwischen dem LDL und dem Kunden. Dies wird in Kapitel D aufgegriffen.

a) Abrufe bei den Lieferanten durch den Kunden

Bei dieser konventionellen Organisationsform entscheidet der Kunde über Menge und Zeitpunkt der Abrufe bei den einzelnen Lieferanten. Als Information kennt er aus erster Hand die von ihm selbst aufgestellten Bedarfspläne und deren Schwankungspotenzial, das allerdings auch durch *seinen* Kunden, den OEM, bedingt ist. Außerdem sind die Bestände im DC und in der Pipeline (bei entsprechender Buchführung) bekannt. Dagegen werden die Abläufe innerhalb der Lieferzeit nicht beachtet (oder nur dann, wenn schon ein Engpass aufgetreten ist). Die Lieferkette wird als Black Box angesehen, wobei aber die Verteilung der Lieferfrist aus der Erfahrung bekannt ist. Hier trägt der Kunde die Verantwortung für die Bestände und das Risiko für Fehlmengen, somit die Kosten für die Kapitalbindung und die Luftfracht.

b) Lieferzeit-Garantie

Als Modifikation des vorigen Konzepts kann der LDL dem Kunden eine feste Lieferzeit garantieren. Treten bei Überschreitung dieser Frist Fehlmengen auf, so trägt der LDL die Kosten für die Luftfracht. Die garantierte Lieferzeit sollte dabei deutlich oberhalb der mittleren Lieferzeit angesetzt werden, andernfalls hat der Kunde einen Anreiz zur Senkung der Sicherheitsbestände auf Kosten erhöhter Luftfrachten zu Lasten des LDL. Wie im anschließenden Beispiel gezeigt wird, kann die garantierte Lieferzeit so festgesetzt werden, dass der Kunde sich ähnlich verhält wie im vorigen Fall, das heißt es werden die für diese Organisation minimalen Gesamtkosten von Beständen und Luftfracht erreicht.

Für den Kunden bietet die Lieferzeitgarantie eine Reduktion der Unsicherheit. Außerdem wirkt sich der Anreiz für den LDL, überlange Lieferzeiten zu vermeiden, günstig auf das Gesamtsystem aus.

c) Abrufe durch den LDL („Carrier Managed Inventory")

Die Tatsache, dass ein großer Teil der Unsicherheit bei der Steuerung der Lieferkette von der langen und schwankenden Lieferzeit herrührt, legt es nahe, den LDL, der die gesamten Prozesse innerhalb der Lieferkette steuert, auch mit den Abrufen bei den Lieferanten zu betrauen. Viele von außen als „zufällig" angesehene Schwankungen sind für den LDL vorhersehbar, so die Schiffsfahrpläne, und in Grenzen steuerbar, so die Vorholung und Konsolidierung, die Verzollung und der Nachlauf. Dieses Konzept lässt folgende Vorteile erwarten:

- Die Lieferzeit wird im Mittel verkürzt, wie in Abschnitt 2 erläutert. Dadurch sinkt der mittlere Pipeline-Bestand und die Unsicherheit des Bedarfs während der Lieferzeit wird reduziert.
- Die Unsicherheit bezüglich der Lieferzeit wird erheblich reduziert. Damit können sowohl der Sicherheitsbestand gesenkt als auch Luftfrachten vermieden werden.

Aus Sicht des Kunden wirkt dieses Konzept wie das bekannte „Vendor-Managed-Inventory (VMI)"-Konzept. Es weist aber dazu wesentliche Unterschiede auf, weshalb wir hier von „Carrier Managed Inventory" (CMI) sprechen:

- Die Lieferzeit ist mit 30-40 Tagen sehr lang und selbst Quelle von Unsicherheit, während man bei VMI in der Regel mit einer festen Lieferzeit von wenigen Tagen rechnet.
- Der LDL ist nicht Eigentümer der Ware, so dass das Ziel-Lager (hier das DC) nicht, wie bei VMI üblich, als Konsignationslager geführt wird.
- Die im VMI übliche Vorgabe von Mindest- und Maximalbeständen im Ziel-Lager erscheint nicht sinnvoll. Da der LDL einen großen Teil der unsicheren Prozesse betreibt, sollte er auch die Höhe der Sicherheitsbestände festlegen und dafür das Fehlmengenrisiko, hier die Luftfracht, tragen.
- Der LDL sollte mit der Bestandsverantwortung auch die Kapitalbindungskosten tragen. Dies bedarf einer genauen Definition im Rahmen der Vertragsgestaltung, wie in Kapitel D ausgeführt.

d) VMI

Dabei entscheidet der Lieferant, wann und wie viel er an den Kunden liefert. Im hier betrachteten Fall der Lieferung nach Übersee wird er sich ebenfalls eines LDL bedienen und kann nur entscheiden, wann er seine Lieferung an diesen übergibt, aber nicht genau, wann sie beim Kunden eintrifft. Trotzdem muss er die Kosten für den gesamten Bestand und das Risiko für Fehlmengen oder Strafkosten für das Unterschreiten des Mindestbestands tragen. Da die wesentlichen Quellen der Unsicherheit in der Lieferkette beim Kunden (Bedarfsschwankungen) und beim LDL (Lieferzeit) liegen, erscheint das VMI-Konzept hier wenig geeignet.

4. Ein Beispiel

Die verschiedenen Steuerungskonzepte sollen an einem Beispiel illustriert werden, das zwar sehr vereinfacht ist, aber Mengen, Zeiten und Kosten in realistischer, typischer Größenordnung für ein Projekt zeigt. Das Beispiel geht von folgenden Daten aus:

Pro Jahr sind etwa 12.000 t an Material zu liefern, das sich aus 340 verschiedenen Teilen mit einem Bedarf von durchschnittlich je 100 kg pro (Kalender-) Tag zusammensetzt. Etwa einmal pro Woche werden durchschnittlich 30 Container mit 8 t Inhalt verschifft. Die Lieferzeit beträgt im Mittel 35 Tage. Davon entfallen 2 Tage auf die Bereitstellung beim Lieferanten, 3 Tage auf den Vorlauf, 5 Tage auf die Konsolidierung, 20 Tage auf den Seeweg und 5 Tage auf die Verzollung und Dekonsolidierung. Alle diese Bestandteile schwanken zufällig. Die Verteilung der gesamten Lieferzeit zeigt die Tabelle 1.

Der tägliche Bedarf eines Teils ist normalverteilt mit dem Erwartungswert 100 kg und einer Standardabweichung von 30 kg, was einer relativen Standardabweichung pro Woche von $30/\sqrt{7} = 11.3\%$ entspricht. Der Wert beträgt 50 € pro kg, die Lagerkosten 5 € pro kg pro Jahr oder 0,1 € pro kg und Woche. Die Luftfracht kostet 4 € pro kg gegenüber 0,1 € pro kg für die Seefracht.

Die Disposition erfolgt nach einem Bestellpunktverfahren aufgrund laufender Kontrolle des Bestands im DC und in der Pipeline. Ziel ist die Minimierung der Kosten für den Bestand und die Fehlmengen. Letztere sind hier gleich der Differenz zwischen Luft- und Seefracht. Der Bestand setzt sich zusammen aus dem Sicherheitsbestand im Lager und dem Pipelinebestand, dessen Reichweite im Mittel gleich der Lieferfrist, abzüglich der Bereitstellungszeit beim Lieferanten, ist, also 33 Tage. Der Losgrößenbestand, der im Mittel eine halbe Woche Reichweite hat, wird hier nicht beachtet.

Die optimale Strategie und die resultierenden Bestände und Kosten werden nun für die im vorigen Abschnitt erläuterten Abruf-Konzepte berechnet:

a) Abrufe durch den Kunden

Bekanntlich wird der optimale Bestellpunkt r durch die Gleichung

(1) $F(r) = 1 - c_1/c_2$

Tab. 1: Verteilung der Lieferzeit mit Mittelwert 35,11 und Standardabweichung 4,02 Tage

Lieferzeit (Tage)	32	33	34	35	36	37	38	39	40	41	42
Wahrscheinlichkeit	0,08	0,12	0,20	0,25	0,15	0,09	0,05	0,02	0,02	0,01	0,01

Tab. 2: Kosten bei Abrufen durch den Kunden

	Reichweite Tag	Wert (Mio €)	Kosten p. a. (Mio €)
Sicherheitsbestand	5,9	10,03	1,003
Pipelinebestand	33,1	56,27	5,627
Losgrößenbestand	3,5	5,95	0,595
Gesamtbestand	42,5	72,25	7,225
Fehlmengen	(59840 kg p. a.)		0,233
		Total	7,458

charakterisiert (Nahmias, 1997, S. 286), wobei F die (kumulierte) Verteilungsfunktion des Bedarfs in der Lieferzeit X_L, c_1 die Bestandskosten pro Bestellzyklus und c_2 die Fehlmengenkosten sind, hier also $c_1 = 0,1$ €/kg, $c_2 = 3,9$ € pro kg und $F(r) = 0,974$. Die Verteilung F weicht wegen der Schiefe der Lieferzeitverteilung erheblich von der Normalverteilung ab, kann aber numerisch einfach bestimmt werden.[5]

Es ergibt sich ein Bestellpunkt von $r = 4097$ kg, die zugehörigen mittleren Fehlmengen pro Woche sind 3,4 kg. Der Sicherheitsbestand ist gleich $r - E(X_L) = 4097 - 3511 = 586$ kg. Der Losgrößenbestand im DC hat bei wöchentlicher Verschiffung eine mittlere Reichweite von 3,5 Tagen. Tabelle 2 zeigt die Hochrechnung auf alle 340 Teile.

b) Garantierte Lieferzeit

Bei einer garantierten Lieferzeit von 38 Tagen ist für den Kunden F eine $(3800, \sqrt{38} \cdot 30)$-Normalverteilung und (1) ergibt $r = 4160$. Der Kunde verhält sich also im Wesentlichen unverändert. Die vom LDL zu tragenden Fehlmengen bei Lieferzeiten > 38 Tage betragen 3.1 kg pro Woche, das sind fast die gesamten auftretenden Fehlmengen.

Bei einer Lieferzeitgarantie von weniger als 38 Tagen würde der Kunde den Bestellpunkt senken und so die Fehlmengen deutlich über das Gesamt-Optimum hinaus steigern.

c) CMI

Hier kann der LDL die mittlere Lieferzeit durch Synchronisation der Abrufe mit den Schiffsfahrplänen um 2 Tage auf 33 Tage senken und im Idealfall die Schwankungen exakt prognostizieren. Er kann daher mit $(3300, \sqrt{33} \cdot 30)$-normalverteiltem X_L disponieren, was nach (1) auf $r = 3636$ kg und Fehlmengen für ein Teil von 1,67 kg pro Woche führt. Tabelle 3 zeigt die Hochrechnung auf alle 340 Teile.

Wie zuvor erläutert, sind gegenüber der konventionellen Disposition sowohl die Unsicherheit als auch die absolute Lieferzeit reduziert, so dass alle Kostenbestandteile deutlich, insgesamt um etwa 870 T € pro Jahr sinken.

Tab. 3: Kosten bei CMI

	Reichweite Tag	Wert (Mio €)	Kosten p. a. (Mio €)
Sicherheitsbestand	3,6	6,12	0,612
Pipelinebestand	31	52,70	5,270
Losgrößenbestand	3,5	5,95	0,595
Gesamtbestand	38,1	64,77	6,477
Fehlmengen	(28390 kg p. a.)		0,111
		Total	6,588

D. Preis- und Kontraktgestaltung

In diesem Kapitel wird die Frage untersucht, wie der zuvor beschriebene globale Belieferungsservice, insbesondere im Rahmen des SNS-Produkts, zwischen dem LDL und dem Kunden vertraglich geregelt werden soll und wie der Preis zu gestalten ist. Besondere Beachtung findet dabei die Aufteilung der Verantwortung und des Risikos. Im folgenden werden zunächst einige Modelle der Literatur auf ihre Eignung untersucht. Im Abschnitt II werden für die zuvor betrachteten Steuerungskonzepte passende Konzepte der Preisgestaltung vorgeschlagen.

I. Modelle in der Literatur

Zur Gestaltung von Kontrakten zwischen einem Lieferanten und einem Kunden gibt es eine reichhaltige Literatur. Tsay et al (1998) geben einen systematischen Überblick, der auch die Lieferzeit als Einflussgröße und VMI einschließt. So und Song (1998) betonen die Bedeutung einer Servicezeit-Garantie als Wettbewerbsvorteil für einen Dienstleister. Die Entscheidungsgrößen Preis und garantierte Servicezeit bestimmen die Nachfrage, die ihrerseits die Auslastung der Ressourcen und damit die tatsächlichen Servicezeiten beeinflusst. Zur Gewährleistung eines festen Servicegrads wird bei Erhöhung der Nachfrage eine höhere Kapazität benötigt.

VMI wird überwiegend für die Belieferung eines Handelskunden untersucht. Der Lieferant erhält Information über die Endkunden-Nachfrage und erstellt daraus selbst Bedarfsprognosen. Für den Bestand im Kundenlager werden Ober- und Untergrenzen vereinbart. Fry et al (2001) geben Modelle zu deren Bestimmung an.

Der hier betrachtete Fall unterscheidet sich von den vorgenannten Bedingungen wesentlich. Der Bedarf ist keine kontinuierliche Größe, die durch den Preis gesteuert werden kann, sondern verändert sich sprungweise durch neue Projekte. Preis und Produkt müssen für jeden neuen Kunden angepasst werden. Insofern stellt sich nicht die Frage nach einer Optimierung des Preises. Die oben erwähnte Kapazitätswirkung des Bedarfs gilt zwar auch hier, zumindest für die Prozesse im CC und DC, sie muss aber für jedes neue Projekt ermittelt werden, wie in Abschnitt C.I erwähnt.

Für die Vertragsgestaltung beim CMI-Konzept gibt es nach Kenntnis der Autoren noch keine Vorschläge in der Literatur. Neben den in Abschnitt C.II.3.c genannten Unterschieden zu VMI spielen dabei folgende Charakteristika eine wesentliche Rolle: Der Bedarf stammt nicht unmittelbar vom Endkunden, hier dem OEM, sondern wird vom Kunden selbst in Form seines Master Production Schedule (MPS) manipuliert, der während des extrem langen Risikozeitraums sicherlich Änderungen erfährt. Da der LDL aber im CMI das gesamte Risiko für Bestände und Fehlmengen trägt, sollte er sich gegenüber zu großen Bedarfsänderungen vertraglich absichern. Wie solche Vereinbarungen aussehen sollen und welche Wirkungen sie auf das Verhalten beider Partner haben, ist eine interessante Forschungsfrage.

II. Preisgestaltung im globalen Belieferungsnetz

1. Allgemeine Überlegungen

Ausgangspunkt der Preisgestaltung für ein neues Projekt müssen die geschätzten Kosten, ein angemessener Gewinn und Marktpreise für vergleichbare Leistungen sein. Die Kosten können bei der Angebotserstellung durch simulative Integration des neuen Kunden in das bestehende System kalkuliert werden (vgl. Abschnitt C.I). Bei Synergie-Effekten ist auf eine faire Aufteilung der Kosten der gemeinsam genutzten Ressourcen auf die betroffenen Projekte zu achten. Dies gilt auch für die Entwicklungskosten von SNS. Insbesondere bei den Umschlagprozessen in CC und DC kann dazu die Prozesskostenrechnung (siehe z. Bsp. Horváth und Brokemper, 1999) herangezogen werden. Wesentliche Kostentreiber sind dabei die Anzahlen der zu handelnden Teile, Collis und Container. Details einer solchen Preiskalkulation können nur im Einzelfall betrachtet werden. Das Ergebnis ist ein *Basispreis*, der aus fixen Anteilen, Beträgen pro Zeiteinheit und Beträgen pro Mengeneinheit (z. B. Container) bestehen kann.

Im folgenden stehen variable Preisbestandteile im Mittelpunkt, die von der Performance im laufenden Projekt abhängen. Dabei zahlt der Kunde für die Vorteile, die ihm eine bessere Performance bringt, nämlich geringere Bestände und weniger Luftfracht. Der LDL andererseits profitiert unmittelbar selbst von einer guten Performance, d.h. kurzer Lieferzeit und geringerer Unsicherheit durch mehr Transparenz. Dies ist ein Kerngedanke des SNS-Konzepts.

Ein wichtiges Prinzip bei der Definition der variablen Preise ist, dass für die Akteure – Lieferanten, LDL und Kunde – die Aufteilung der Verantwortung und die finanziellen Konsequenzen übereinstimmen. Durch eine Preisgestaltung, die Vor- und Nachteile verursachungsgerecht zuweist, wird die Kooperation, ganz im Sinne des SCM, auf ein Gesamtoptimum gelenkt. Zur Verdeutlichung der Verantwortung für die Bestände werden in Abb. 5 die Lieferzeit und die Bestände unterteilt: Die Lieferzeit setzt sich zusammen aus dem Anteil L1 des Lieferanten und L2 des LDL. L3 gehört nicht mehr zur Lieferzeit, sondern ist die Lagerdauer (oder die Reichweite des Bestandes) im DC. Der Bestand beim

Bernhard Oymann, Peter Schumann und Bernhard Fleischmann

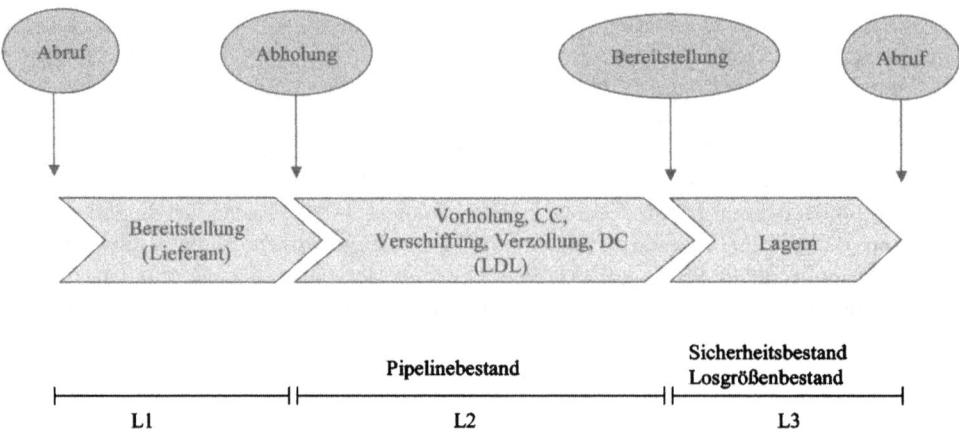

Abb. 5: Liefer- und Lagerzeiten

Lieferanten (während der Zeit L1) wird nicht betrachtet. Der Pipelinebestand hat die Reichweite L2, im DC befindet sich außer dem Sicherheitsbestand der Transportlosgrößenbestand. Die Lieferzeit L1 + L2 ist der *Risikozeitraum* (Tempelmeier, 2003, S. 390), der die erforderliche Höhe des Sicherheitsbestands beeinflusst. Letztlich wird aber der Sicherheitsbestand durch die Abrufe beim Lieferanten festgelegt. Die Verantwortung dafür unterscheidet sich in den in Kapitel C vorgestellten Steuerungskonzepten. Für die einzelnen Konzepte werden im folgenden Abschnitt Modelle zur Gestaltung variabler Preise erörtert.

2. Variable Preisgestaltung

a) Abrufe bei den Lieferanten durch den Kunden

In diesem Fall trägt der Kunde die Kosten für die gesamten Bestände und Fehlmengen. Der Basispreis deckt somit den gewünschten Gewinn des LDL. Da aber der LDL mit der Länge und der Schwankung des Lieferzeitanteils L2 die Bestände beeinflusst und der Kunde von einer kürzeren Lieferzeit profitiert, wäre es sinnvoll, L2 in einen variablen Preisanteil einzubeziehen. L2 ist zwischen den Messpunkten „Abholung beim Lieferanten" und „Bereitstellung im DC" für jeden Abruf einfach zu erfassen. Für die Preisgestaltung ist aber ein Durchschnittswert $\overline{L2}$ über einen gewissen Zeitraum, etwa ein Quartal oder ein Jahr, praktikabler.

Eine Verringerung von $\overline{L2}$ wirkt direkt proportional auf den Pipelinebestand und, über die Reduktion der Varianz des Bedarfs im Risikozeitraum, auf den Sicherheitsbestand und die Fehlmengen. Letztere Wirkung ist allerdings weit schwächer als proportional und im Beispiel von Abschnitt C.II.4 vernachlässigbar gering. Der Vorteil des Kunden bei Verkürzung von $\overline{L2}$ um einen Tag ist somit die Reduktion der Kapitalbindungskosten für den Wert eines Tagesbedarfs. Diese Kosten stellen eine Obergrenze für den variablen Preisanteil P_{Tag} pro Tag Verkürzung von $\overline{L2}$ gegenüber einem Bezugspunkt L* dar. Wählt man L* größer als die erwartete Lieferzeit E(L2), so kann der Basispreis zuvor um den fixen Betrag $(E(L2) - L^*)P_{Tag}$ reduziert werden, was ihn für den Kunden noch attraktiver macht.

Im Beispiel von Abschnitt C.II.4.a ist der Wert eines Tagesbedarfs 1,7 Mio €, die Kapitalbindungskosten p.a. bei einem Kalkulationszins von 7% 119.000 €. Somit könnte man P_{Tag} = 100.000 € setzen. Der erwartete Wert von L2 ist 33,1 Tage. Setzt man L* = 35, so lauten die Preis-Konditionen:

Basispreis – 190.000 € p.a.

+100.000 · $(35 - \overline{L2})$ € p.a.

b) Garantierte Lieferzeit

Während beim vorhergehenden Konzept die Länge der Lieferzeit L2 den Preis beeinflusst, wird hier die *Unsicherheit* von L2 dem Kunden gegenüber aufgehoben. Der LDL übernimmt bei Überschreiten der garantierten Lieferzeit die Luftfracht für Fehlmengen und damit einen Teil des Risikos. Dies führt zu einem Preiszuschlag in Höhe der Luftfracht für die erwarteten Fehlmengen, die im Voraus zu schätzen sind. Im Beispiel in Abschnitt C.II.4.b beträgt sie bei einer garantierten Lieferzeit L2 von 36 Tagen (zuzüglich einer konstanten Lieferzeit L1 = 2 Tage), 210.000 € p.a. Zusätzlich sollte hier noch ein Risikozuschlag angesetzt werden. Da sich die Lieferzeit L1 von Lieferant zu Lieferant erheblich unterscheiden kann, sollte die Lieferzeitgarantie nur L2 beinhalten.

Die Fehlmengen hängen nicht nur von der Lieferzeit, sondern auch von der Schwankung des Bedarfs ab, die für ein neues Projekt nicht bekannt ist. Daher wäre eine vertragliche Absicherung gegen übergroße Schwankungen, wie in Abschnitt I genannt, sinnvoll.

c) CMI

Hier hat der LDL die Verantwortung für die gesamten Bestände und die Fehlmengen. Er trägt daher die gesamte Luftfracht und sollte auch die Kosten der Bestände tragen. Anders als beim VMI-Konzept ist er aber nicht Eigentümer der Bestände. Ein Kauf der Ware vom Lieferanten und anschließender Verkauf an den Kunden wäre unpraktikabel und würde hohe Transaktionskosten verursachen. Ein anderer Weg besteht darin, dass ein Referenzwert W_R für den Wert des gesamten Bestandes vereinbart wird, für dessen Überschreitung der LDL dem Kunden die Zinsen erstattet, und bei dessen Unterschreitung umgekehrt der Kunde die (eingesparten) Zinsen an den LDL zahlt. Dazu müssen die Bestände wertmäßig erfasst werden. Möglichkeiten dazu werden im folgenden erörtert.

Eine Erfassung der Bestände über die Lagerdauer, wie in den beiden vorigen Fällen, ist hier nicht möglich, da die Lagerdauer auch die Zeit L3 im DC umfasst. Da die Abrufe vom DC anders gruppiert sind als die Abrufe vom Lieferanten, gibt es keine durchgängigen Aufträge, denen man die Zeit L2 + L3 zuordnen könnte. Die Bestände müssen daher durch direkte Buchung der Zugänge (Abholung beim Lieferanten) und Abgänge (Abruf vom DC) erfasst werden. So kann der Gesamt-Bestand jedes Teils geführt und durch Vorgabe seines Wertes zu einem Gesamtwert W über alle Teile aggregiert werden.

Möglicherweise ist der Kunde aber nicht bereit, Daten über den Wert der einzelnen Teile offen zu legen, der ja den Einkaufspreis beim Lieferanten darstellt. Dann könnte die Aggregation zunächst über eine andere Dimension wie Gewicht oder Volumen erfolgen, die dann erst auf Basis einer weniger kritischen Größe wie durchschnittlicher Wert pro kg bzw. pro Container in den Gesamtwert W umgerechnet wird.

Über die Wertdifferenz $W - W_R$ wird ein tagesgenaues Konto geführt und ein Zinssatz vereinbart. Für positive Salden zahlt der LDL die Zinsen an den Kunden, für negative Salden umgekehrt der Kunde an den LDL.

Eine kritische Größe dabei ist der Referenzwert W_R. Er sollte zwischen dem erwarteten Wert bei konventioneller Disposition (Fall a, Abrufe durch den Kunden) und dem (niedrigeren) erwarteten Wert bei CMI liegen, so dass der Vorteil von CMI im Mittel zwischen den Partnern aufgeteilt wird. Zusätzlich profitiert der LDL von überdurchschnittlicher Performance in Form von unterdurchschnittlichen Beständen. Da der Bestandswert bei einem neu anlaufenden Projekt noch schwierig zu schätzen ist, könnte der Referenzwert W_R als Produkt der besser schätzbaren Lieferzeit $L2 + L3$ und dem mittleren Wert eines Tagesbedarfs festgelegt und bei Änderung der letzteren Größe angepasst werden.

Der gesamte Preis setzt sich dann wie folgt zusammen:

Basispreis + Kosten für das Ordermanagement
+ geschätzte Luftfracht p.a. + Risikozuschlag
± Zinsen auf die Bestandswertdifferenz $W - W_R$.

Im Beispiel in Abschnitt C.II.4.c wird die Luftfracht auf 111.000 € p.a. geschätzt. Der Referenzwert für den Bestand müsste zwischen dem geschätzten Bestandswert von 72 Mio € im Fall a und 65 Mio € bei CMI festgelegt werden. Bei einem Zinssatz von 7% für die Kapitalbindungskosten und dem Wert von 50 € pro kg ergibt sich ein variabler Preisanteil von 0,07 € pro kg Bestand pro Woche.

E. Ausblick

Die Entwicklung von schnell einsetzbaren und flexibel anpassbaren Logistikprodukten ist mit hohen Anfangsinvestitionen verbunden. Gleichzeitig erfordert der Produktansatz im Gegensatz zur Projektlösung zusätzlichen Aufwand für Pflege, Wartung und Weiterentwicklung der Systeme. Diese Vorleistungen sind nur zu rechtfertigen, wenn durch eine Vielzahl gleichartiger Projekte die Wiederverwendbarkeit des Produkts gewährleistet ist und die verfügbaren Netzwerke und Systeme ausgelastet werden. Mit welchem Erfolg sich der Trend zu standardisierten Logistikprodukten durchsetzen wird und welche Auswirkungen er auf die beteiligten Partner haben wird, ist noch nicht endgültig absehbar. Auch das beschriebene Produkt SNS von Schenker ist noch zu jung, um Aussagen über konkrete Ergebnisse treffen zu können. Die bisherigen Projekte zeigen aber schon jetzt erste Erfolge, Transparenz in komplexe Beschaffungsketten zu bringen und sie damit besser steuern zu können.

Mit den Ansätzen zur Preisgestaltung wurden mögliche Konzepte und ihre Unterschiede grob skizziert. Sie sind im Einzelfall noch detailliert auszuarbeiten. Insbesondere müssen die in den Beispielen vorgenommenen Schätzungen von Lieferzeiten und Bestandshöhe nach Produktgruppen differenziert werden, und die einfache Bestellpunktregel ist gegebenenfalls durch andere Lagerhaltungspolitiken zu ersetzen.

Das Konzept des Carrier Managed Inventory ist eine konsequente Weiterentwicklung des Outsourcing-Trends in der Logistik und verdeutlicht die Vorteile der Ausgliederung auch dispositiver Prozesse auf den LDL. Dazu bedarf es jedoch einer engen Verzahnung mit dem Kunden und einer Vertrauensbasis, die durch entsprechende Preis- und Kontraktmodelle untermauert werden muss.

Der Beitrag zeigt eine aktuelle Entwicklung auf, die neuartige Anforderungen für das Logistikmanagement, sowohl hinsichtlich der Kooperation von Supply Chain Partnern als auch der Steuerung komplexer Prozessketten, mit sich bringt und damit auch Herausforderungen für die Forschung.

Anmerkungen

1 Ein ausführliches Beispiel findet sich in Buxmann et al. (2003), S. 146-164.
2 Eine ausführliche Studie zum Thema Supply Chain Event Management bieten Bretzke et al., 2002.
3 Eine Übersicht über Modelle zur Gestaltung von Frachtnetzen gibt Fleischmann (1998).
4 Zur Klassifizierung von Beständen nach ihrer Ursache siehe zum Beispiel Fleischmann (2002), S. A1-11, Abschnitt ‚Bestandsmanagement'.
5 Für das Beispiel wurde die Verteilung F(r) punktweise mithilfe eines Excel-Blattes als gewichtete Summe aus den bedingten Verteilungen für die diskreten Werte der Lieferzeit laut Tabelle 1 berechnet. Damit kann die Gleichung (1) durch systematisches Probieren nach r aufgelöst werden. Zugleich wurde für den jeweiligen Wert von r die Standard-Fehlmengenfunktion (Silver et al., 1998, S. 721, Gleichung B.7) berechnet.

Literatur

Balzert, H. (1998): Lehrbuch der Software-Technik: Software-Management, Software-Qualitätssicherung, Unternehmensmodellierung. Heidelberg et al., Spektrum Akademischer Verlag.
Bretzke, W.-R./Stölzle, W./Karrer, M./Ploenes, P. (2002): Vom Tracking & Tracing zum Supply Chain Event Management – aktueller Stand und Trends. KPMG-Studie.
Busch, A. (2004): Integriertes Supply Chain Management - Theorie und Praxis effizienter unternehmensübergreifender Geschäftsprozesse. 2. Aufl., Wiesbaden, Gabler Verlag.
Buxmann, P./König, W./Fricke, M./Hollich, F./Martin-Diaz, L./Weber, S. (2003): Zwischenbetriebliche Kooperation mit mySAP.com - Aufbau und Betrieb von Logistiknetzwerken. 2. Aufl., Berlin et al., Springer Verlag.
Fleischmann, B. (1998): Design of Freight Traffic Networks. In: B. Fleischmann, J. van Nunen, M. Speranza, P. Stähly (Eds.), Advances in Distribution Logistics, Berlin et al., Springer Verlag, S. 55–81.
Fleischmann, B. (2002): Begriffliche Grundlagen der Logistik. In: D. Arnold, H. Isermann, A.Kuhn, H. Tempelmeier (Hrsg.) Handbuch Logistik, Berlin, et al., Springer Verlag, S. A1/1–A1/13.
Fry M./Kapuscinski, R./Olsen, T. (2001): Coordinating Production and Delivery Under a (z, Z)-Type Vendor-Managed Inventory Contract. Manufacturing & Service Operations Management 3, S. 151–173.
Horváth, P./Brokemper, A. (1999): Prozeßkostenrechnung als Logistikkostenrechnung. In: J. Weber, H. Baumgarten (Hrsg.), Handbuch Logistik, Stuttgart, Schäffer-Poeschel, S. 523–537.
Jünemann (1989): Materialfluß und Logistik. Berlin et al., Springer Verlag.
Klein, J. (1997): Informationsstrategie eines Logistikdienstleisters – Erfahrungen mit Standardsoftwareprodukten. In: 14. Deutscher Logistikkongress, Logistik-Lösungen für die Praxis, Bd. 2, München, S. 493–519.
Nahmias, S. (1997): Production and Operations Analysis. 3. Aufl., McGraw-Hill.
Silver, E./Pyke, D./Peterson, R. (1998): Inventory Management and Production Planning and Scheduling. 3. Aufl., New York et al, Wiley.
So, K./Song, J.-S. (1998): Price, delivery time guarantees and capacity selection. European Journal of Operational Research 111, S. 28–49.

Tempelmeier, H. (2003): Materiallogistik. 5. Aufl., Berlin et al., Springer Verlag.
Tsay, A./Nahmias, S./Agrawal, N. (1999): Modeling Supply Chain Contracts: A Review. In: S. Tayur, R. Ganeshan, M. Magazine (Eds.), Quantitative Models for Supply Chain Management, Boston et al, Kluwer, S. 301–336.
Weber H.(1992): Die Software-Krise und ihre Macher. Berlin et al, Springer-Verlag.

Zusammenfassung

Führende Logistikdienstleister (LDL) bieten für internationale Beschaffungsaufgaben zunehmend standardisierte ganzheitliche Lösungen an. Der Beitrag untersucht die Anforderungen an solche „Logistikprodukte" sowie die damit verbundenen Vorteile und stellt das neu entwickelte Produkt „Supply Net Solutions" von Schenker vor. Ein Logistikprodukt bietet Optimierungspotenziale sowohl aufgrund der Synergie zwischen mehreren Projekten als auch aufgrund erhöhter Transparenz bei der Steuerung der Waren- und Informationsflüsse. Insbesondere die Übertragung von Dispositionsaufgaben an den LDL, das Konzept des „Carrier Managed Inventory", kann zu erheblicher Senkung der Bestände und der Eillieferungen durch Luftfracht führen, wie an einem Beispiel veranschaulicht wird. Es werden verschiedene Modelle für die Preis- und Kontraktgestaltung vorgeschlagen, wobei besonders die Übernahme von Risiko durch den LDL und Performance-abhängige variable Preisanteile diskutiert werden.

Summary

Leading Logistics Service Providers (LSP) provide more and more standardized solutions for international supply chains. The paper analyses the requirements of these „logistics products" and the advantages they offer, and it presents the new product „Supply Net Solutions" of Schenker. A logistics product provides potentials of optimization due to the synergy between several projects. Moreover, the increased transparency of the process chain improves the control of the flow of materials and information. In particular, the concept of "Carrier Managed Inventory", where the LSP takes over the responsibility for the stock control, can decrease the inventory and the air freight for urgent supplies, as illustrated in an example. Several models for pricing and contracting with performance-dependent variable price components are proposed.

JEL: L11, L14, M11

Kundenzufriedenheitsrelevante Effekte der Überbuchung im Rahmen des Revenue-Managements

Von Jörg Lindenmeier und
Dieter K. Tscheulin

Überblick

- Der vorliegende Beitrag beschäftigt sich mit der Frage, inwieweit Revenue-Management – unter besonderer Berücksichtigung der Überbuchungsproblematik – (Un-)Zufriedenheit auf Seiten der Kunden auslöst.

- Im Rahmen konzeptioneller Überlegungen werden potenzielle Berührungspunkte zwischen dem Revenue-Management und dem Bereich der Kundenzufriedenheit aufgezeigt.

- Die Wirkung der auf der differenzierten Bepreisung beschränkter Sitzplatzkapazitäten basierenden Kontingentierung sowie der überbuchungsbedingten Abweisung von Kunden wird u. a. mit Hilfe von Dummy-Regressionsmodellen empirisch untersucht.

- Aufbauend auf den Ergebnissen der empirischen Analysen werden Empfehlungen für die Unternehmenspraxis und Ansatzpunkte weiterführender Forschungsarbeiten präsentiert.

Eingegangen: 16. Oktober 2004

Dr. Jörg Lindenmeier ist Wissenschaftlicher Assistent am Betriebswirtschaftlichen Seminars IV an der Albert-Ludwigs-Universität Freiburg im Breisgau, Platz der Alten Synagoge 1, 79085 Freiburg
Prof. Dr. Dieter K. Tscheulin ist Direktor des Betriebswirtschaftlichen Seminars IV an der Albert-Ludwigs-Universität Freiburg im Breisgau, Platz der Alten Synagoge 1, 79085 Freiburg

Jörg Lindenmeier und Dieter K. Tscheulin

A. Problemstellung

Der Siegeszug des Revenue- oder Yield-Managements lässt sich bereits über ein Vierteljahrhundert zurückverfolgen. Seit Mitte der 80er-Jahre, als das Yield-Managements durch etablierte US-amerikanische Fluglinien als Reaktion auf den Markteintritt von Low-Cost-Carrier-Airlines eingeführt wurde, konnten Unternehmen mit Hilfe der simultan-dynamischen Preis- und Kapazitätssteuerungsmaßnahmen immense Erlöspotenziale erschließen.[1] Über die Anwendung in der Airline-Industrie hinaus wurde bis zum heutigen Zeitpunkt auch eine Vielzahl weiterer branchenspezifischer Implementierungen realisiert. Diese reichen von transport- und beherbergungswirtschaftlichen Anwendungen bis hin zu Retail-Revenue-Management-Ansätzen.[2] Hand in Hand gehend mit der Ausweitung des branchenspezifischen Anwendungsspektrums entwickelte sich in den letzten Jahren, neben dem klassischen kapazitätsbasierten Yield-Management, der Zweig des preisbasierten Revenue-Managements.[3] Im Rahmen des preisbasierten Revenue-Managements ist die zentrale Steuerungsvariable nicht die Verfügbarkeit beschränkter Kapazitäten in multiplen Tarifklassen, sondern der Preis der abzusetzenden Unternehmensleistung. In einer Reihe branchenspezifischer Anwendungen ist der preisbasierte Ansatz überlegen. Zusammenfassend kann festgehalten werden, dass die Einführung des Revenue-Managements eine der bedeutendsten Erfolgsstories der praxisnahen Anwendung von Methoden der Fachgebiete des Marketings und Operations Research repräsentiert.

Wie jede Erfolgsstory hat die Umsetzung des Revenue-Managements aber auch ihre Kehrseiten. Neben vergleichsweise hohen Anfangsinvestitionen, massiven operativen Schwierigkeiten in der Implementierungsphase und ungünstigen personalpolitischen Konsequenzen umfassen diese insbesondere die negativen kundenbeziehungsrelevanten Effekte der simultanen Preis- und Kapazitätssteuerungsmaßnahmen. So kann insbesondere die überbuchungsbedingte Abweisung von Kunden- oder Hotelgästen zu Irritationen seitens der Kunden führen. Wie Tscheulin/Lindenmeier (2003) aufzeigen, bestehen auf diesem Gebiet noch Forschungsdefizite. Der vorliegende Beitrag versucht, einen Beitrag zur Verringerung der entsprechenden Defizite zu liefern. Hierzu wird in Abschnitt B das in diesem Kontext bestehende Schrifttum kritisch besprochen. Danach sollen basierend auf konzeptionell theoretischen Vorüberlegungen konkrete Forschungshypothesen zu potenziellen kundenzufriedenheitsrelevanten Effekten der Überbuchung im Rahmen eines kapazitätsbasierten Revenue-Managements abgeleitet und mit Hilfe multivariater Analysemethoden validiert werden (Abschnitte C und D). Abschnitt E schließt mit einer Zusammenfassung und Diskussion der Studienergebnisse.

B. Literaturüberblick

Vor der Ableitung forschungsleitender Fragestellungen soll das im Bereich der Analyse der kundenbeziehungsrelevanten Effekte des Revenue-Managements bestehende Schrifttum besprochen werden. Dieses beschränkt sich bislang ausschließlich auf Arbeiten in anwendungsbezogenen Transferjournals.[4] Wirtz et al. (2003) liefern einen Überblick über die durch Revenue-Management-Maßnahmen potenziell bedingten Kundenkonflikte. Die Autoren zeigen, dass Kundenbeziehungen sowohl durch Preis- als auch durch Kapazitätssteuerungsmaßnahmen beeinflusst werden können. Im Kontext der Kapazitätssteuerung können negative Effekte aufgrund einer kontingentierungsbedingten Abweisung von Reservierungsanfragen bzw. Umlenkung von Reservierungsanfragen in höher bepreiste Buchungsklassen entstehen. Die ungünstigen Wirkungen der unfreiwilligen Abweisung überbuchter Kunden liegen ebenfalls auf der Hand. Genauso wie Wirtz et al. (2003) legen auch Kimes (1994, 2002) und Kimes/Wirtz (2002) ihren Forschungsarbeiten die mit der Gerechtigkeitstheorie verwandte Theorie des Dual-Entitlement zugrunde.[5] Entsprechend der Theorie des Dual-Entitlement wird die wahrgenommene Fairness eines Konsumerlebnisses entscheidend durch Abweichungen von der (dem) kundenseitig erwartete(n) Referenztransaktion (Referenzpreis) determiniert. Nach Kimes (1994, 2002) bedingen Unfairnesswahrnehmungen kundenseitige Unzufriedenheitsreaktionen. Ähnliche konzeptionelle Überlegungen stellen Choi/Mattila (2004) an, welche die potenzielle Wirkung des Revenue-Managements auf das Konstrukt der Preisfairness auch gerechtigkeitstheoretisch fundieren. Über die Theorie des Dual-Entitlement und der Gerechtigkeitstheorie hinaus, finden sich bei Wirtz et al. (2003) bzw. McMahon-Beattie et al. (2002) weitere verhaltenswissenschaftliche Fundierungsversuche, die auf der Prospect-Theorie bzw. auf dem Konstrukt des Kundenvertrauens fußen.

Die Arbeiten von Choi/Mattila (2004), Kimes (1994, 2002) und Kimes/Wirtz (2002) sind die einzigen der vorgestellten Arbeiten, die versuchen, die Effekte des Revenue-Managements empirisch zu validieren. Alle drei untersuchen mit Hilfe der Szenario-Technik und unter Berücksichtigung von fast ausschließlich deskriptiven Statistiken die Fairness-Wirkung des Revenue-Managements in der Airline- und Beherbergungsindustrie. Als unfaire Geschäftspraktiken identifiziert Kimes (2002) das Angebot zu geringer Preisnachlässe im Austausch gegen restriktive Tarifbestimmungen bzw. die Auferlegung zu strikter Tarifbestimmungen und fehlende Informationen hinsichtlich der inhaltlichen Logik von Tarifsystemen. Während sich Kimes (1994, 2002) und Kimes/Wirtz (2002) im Rahmen ihres Forschungsdesigns auf die experimentelle Manipulation von Preis und korrespondierenden Tarifbestimmungen beschränken, berücksichtigen Choi/Mattila (2004) auch unterschiedliche Referenzpreise, interpersonelle Preisvergleiche und unternehmensseitige Informationsstrategien. Choi/Mattila (2004) zeigen, dass insbesondere interpersonelle Preisunterschiede entscheidend für die wahrgenommene Fairness von Revenue-Management-Maßnahmen sind. Weiterhin werden moderierende Effekte unterschiedlicher Informationsstrategien aufgezeigt.

Ansatzpunkte zur Minderung der durch das Revenue-Management bedingten Kundenkonflikte finden sich bei Noone et al. (2003) und Wirtz et al. (2003). Noone et al. (2003) zeigen hierbei, wie das Revenue-Management in ein Kundenbeziehungsmanagement integriert werden kann. Wirtz et al. (2003) schlagen ferner u. a. die Verwendung sogenannter Loyalitäts-Multiplikatoren vor, die als Korrekturgrößen in quantitativen Revenue-Management-Modellen berücksichtigt werden können. Darüber hinaus wird auf die Relevanz adäquater Rückgewinnungsmaßnahmen im Zusammenhang mit der überbuchungsbedingten Abweisung von Kunden hingewiesen.

Betrachtet man die vorgestellten Arbeiten, so muss konstatiert werden, dass sowohl hinsichtlich der konzeptionellen Erfassung als auch der empirischen Analyse der kundenbeziehungsrelevanten Effekte des Revenue-Managements Lücken bestehen. So ist bislang weder der Gegenstandsbereich des Revenue-Managements unter Berücksichtigung kundenbeziehungsrelevanter Aspekte explizit beschrieben worden, noch findet sich eine tiefergehende verhaltenswissenschaftliche Fundierung. Ferner werden die durch das Revenue-Management induzierten Zufriedenheitswirkungen nicht oder nur am Rande thematisiert. Dies gilt insbesondere für die zufriedenheitsrelevanten Konsequenzen der Überbuchung im Kontext der Anwendung des Revenue-Managements. Das zuletzt genannte Forschungsdefizit sollen im Rahmen des vorliegenden Beitrags behoben werden.

C. Konzeptionelle Überlegungen zu den zufriedenheitsrelevanten Effekten des Revenue-Managements

Im Rahmen der nachfolgenden konzeptionellen Überlegungen zum potenziellen Einfluss des Revenue-Managements auf die Kundenzufriedenheit werden in einem ersten Schritt die im vorliegenden Kontext relevanten Ansätze der Kundenzufriedenheitstheorie dargestellt. Darauf aufbauend erfolgt in einem zweiten Schritt eine konzeptionelle Betrachtung potenzieller Schnittpunkte zwischen der Anwendung des Revenue-Managements und der Kundenzufriedenheit. Die entsprechenden konzeptionellen Ausführungen dienen der Ableitung zu validierender Forschungshypothesen.

I. Kundenzufriedenheitstheorie

Eine Möglichkeit die verschiedenen Ansätze der Kundenzufriedenheitstheorie zu klassifizieren ist die Einteilung in Zugänge zu dem Themengebiet, die zum einen verhaltenswissenschaftlich fundiert sind. Zum anderen können davon Arbeiten abgegrenzt werden, die sich dem Forschungsgegenstand aus der Perspektive des konkreten Gegenstandsbereichs der Kundenzufriedenheit nähern.

1. Verhaltenwissenschaftliche Fundierung individueller Zufriedenheitsreaktionen

Die drei wesentlichen verhaltenswissenschaftlichen Ansätze zur Erklärung der Herausbildung individueller Kundenzufriedenheitsreaktionen sind das Diskonfirmations-Paradigma sowie die Gerechtigkeits- und Attributionstheorie. Letztere ist im vorliegenden Kontext aber nur von untergeordneter Bedeutung.[6] Entsprechend der Grundidee des Diskonfirmations-Paradigmas basieren individuelle Zufriedenheitsreaktionen auf einem kognitiven Vergleichsprozess, in dessen Rahmen das wahrgenommene Leistungsniveau einer Unternehmensleistung mit einem oder mehreren Vergleichsstandards (z. B. Erwartungen) verglichen wird. Allgemein wird unterstellt, dass die positive (negative) Diskonfirmation zugrundeliegender Referenzgrößen zu (Un-) Zufriedenheitsreaktionen führt. Entsprechen sich die beiden Vergleichsgrößen, stellt sich Zufriedenheit auf dem Konfirmationsniveau ein.[7] Eine von vielen Erweiterungen des Diskonfirmations-Paradigmas, welche im vorliegenden Kontext aber von besonderer Relevanz ist, stellt die Anwendung der auf Kahneman/Tversky (1979) zurückgehenden Prospect-Theorie dar. Hier wird unterstellt, dass Konsumenten eine positive bzw. negative Diskonfirmation von Erwartungen sozusagen als Gewinn respektive Verlust ansehen. Aufgrund der hier unterstellten individuellen Risikoaversion bewerten Konsumenten Verluste höher als Gewinne. Dieser Logik folgend führt eine negative Erwartungsdiskonfirmation zu stärkeren Zufriedenheitsreaktionen als eine absolut gleich stark ausgeprägte positive Abweichung des wahrgenommenen Leistungsniveaus.[8] Ein weiterer relevanter verhaltenswissenschaftlicher Erklärungsansatz individueller Zufriedenheitsreaktionen ist die Gerechtigkeitstheorie. Wiederum stellt ein kognitiver Vergleichsprozess die Basis unterstellter individueller Zufriedenheitsurteile dar. Objekte des Vergleichs sind hierbei die individuell perzeptierten Austauschverhältnisse der an einer (Dienstleistungs-)Transaktion beteiligten Parteien. Zu diesen können nicht nur die direkt, sondern auch die indirekt an einer Transaktion beteiligten Personen und Institutionen, wie z. B. andere Kunden, gezählt werden. Die Austauschverhältnisse werden durch transaktionsspezifische Erträge und Aufwendungen (z. B. Wartezeiten oder Entgelt) bestimmt. Ungerechtigkeitswahrnehmungen müssten sich entsprechend der klassischen Gerechtigkeitstheorie immer dann realisieren, wenn die in den Vergleichsprozess einbezogenen Tauschverhältnisse voneinander abweichen. Abweichend davon gehen Autoren wie z. B. Oliver/Swan (1989) davon aus, dass nur individuell ungünstige Abweichungen von Austauschverhältnissen zu Wahrnehmungen von Unfairness und in deren Folge zu Unzufriedenheitsreaktionen führen. Individuell günstige Abweichungen der Tauschrelationen sollen dagegen die Zufriedenheit steigern.

2. Gegenstandsbereich der Kundenzufriedenheit

Nach Stauss (1999) muss über die verhaltenswissenschaftlichen Zugänge zum Forschungsgebiet der Kundenzufriedenheit hinaus, auch der konkrete Gegenstandsbereich des betrachteten Produktes berücksichtigt werden. Neben dem sachlichen und zeitlichen Gegenstandsbereich muss dabei auch die Thematik der Produkt- bzw. Servicedefekte und korrespondierender unternehmensseitiger Rückgewinnungsstrategien in die Betrachtung einbezogen werden.

Bei Betrachtung der Kundenzufriedenheit aus sachlicher Perspektive, stehen spezifische Produktmerkmale im Mittelpunkt. Im Sinne des merkmalsorientierten oder multiattributiven Modellansatzes wird hier versucht, den Beitrag der Performance einzelner Produktmerkmale zu globalen Zufriedenheitsurteilen zu bestimmen.[9] Hierbei bestehen mehrere Möglichkeiten zur Klassifizierung dieser Merkmale. So entwickelt Kano (1984) ein Mehrfaktorenmodell der Zufriedenheit, in dem zwischen den sogenannten Basis-, Leistungs- und Begeisterungsfaktoren unterschieden wird. Die Bereitstellung von Basisfaktoren wird als selbstverständlich angesehen. Im Kontext der Basisfaktoren können Leistungsvariationen daher nur kundenseitige Unzufriedenheit bedingen. Bei Begeisterungsfaktoren kann von dem konträren Wirkungszusammenhang ausgegangen werden. Eine Variation der Performance sogenannter Leistungsfaktoren führt zu Zufriedenheitsreaktionen, die den Vorgaben des Erwartungsdiskonfirmations-Paradigmas entsprechenden. Ein weiterer Kategorisierungsansatz ist die auf Hoch/Deighton (1989) u. a. zurückgehende Einteilung in Such-, Erfahrungs-, Vertrauensmerkmale. Während Erfahrungs- und Vertrauensmerkmale nur schwer evaluiert werden können, ist dies bei Suchmerkmalen, wie z. B. dem Preis, nicht der Fall. Diese können sogar bereits vor der Konsumption bewertet werden.

Der zeitliche Gegenstandsbereich der Kundenzufriedenheit wird primär im Kontext von Dienstleistungen relevant. Aufgrund der im Rahmen der Dienstleistungserstellung notwendigen Integration des Kunden als externen Faktor sowie der daraus resultierenden Synchronität von Dienstleistungserstellung und -konsum, zerfällt der Konsum (komplexer) Dienstleistungen in Dienstleistungsepisoden. In den Episoden kommt es zu Interaktionen zwischen Serviceanbieter und Kunden. Die entsprechenden Interaktionen beschränken sich hierbei nicht auf interpersonelle Kontakte, sondern schließen auch physische Elemente von Dienstleistungen mit ein. Stauss/Seidel (2003) sprechen in diesem Kontext deshalb von dem Kundenprozess, der alle Kontakte zwischen Kunden und Serviceanbieter umfasst. Unter Berücksichtigung dieses Prozesses kann davon ausgegangen werden, dass Konsumenten eine Dienstleistung nicht nur erst nach Abschluss des konkreten Konsumerlebnisses, sondern diese bereits während desselben bewerten. Dies bedingt, dass die in frühen Phasen einer Dienstleistungserbringung gebildeten Zufriedenheitsurteile die letztendliche transaktionsspezifische Globalzufriedenheit beeinflussen können. Die transaktionsspezifische Globalzufriedenheit ergibt sich daher in einem mehrstufigen Prozess. Es kann davon ausgegangen werden, dass globale Zufriedenheitsurteile nicht alleine durch das Leistungsniveau verschiedener Dienstleistungsattribute, sondern auch durch die Merkmale des entsprechenden Dienstleistungserbringungsprozesses beeinflusst werden.[10] Es kann z. B. vermutet werden, dass die individuelle Evaluation von Dienstleistungsepisoden, die der Erstellung der Kernleistung zuzuordnen sind, eine unterschiedliche transaktionsspezifische Zufriedenheitswirkung haben als die Bewertung sogenannter peripherer Episoden.[11] Über die beschriebenen ausschließlich transaktionsspezifischen Aspekte der Zufriedenheitsdynamik hinaus, verweisen Stauss/Seidel (2003) ferner auf die mögliche Existenz vergleichbarer Effekte auf der transaktionsübergreifenden Ebene der Zufriedenheit mit der Geschäftsbeziehung zu (Dienst-)Leistungsanbietern.

Ein weiterer konzeptioneller Zugang, der sich nicht eindeutig dem sachlichen oder zeitlichen Gegenstandsbereich der Kundenzufriedenheit zuordnen lässt, ist die Betrachtung von Servicedefekten. Aus der Perspektive des Diskonfirmations-Paradigmas der Kundenzufriedenheit kann festgehalten werden, dass die subjektive Wahrnehmung eines Servicedefektes durch eine prägnant negative Abweichung der Performance von Vergleichsstandards bedingt ist. Servicefehler, die ausschließlich im Kontext von Leistungs- und Basisfaktoren entstehen können, resultieren hierbei grundsätzlich in Unzufriedenheitsreaktionen.[12] Ein in diesem Zusammenhang wesentlicherer Punkt ist, dass Servicefehler zumeist mit Rückgewinnungs- bzw. Nachbesserungsmaßnahmen der Anbieter verbunden sind. So zeigen z. B. Smith/Bolton (1998), dass Zufriedenheitsurteile im Kontext erfolgreicher Rückgewinnungsmaßnahmen höher ausfallen können als vor dem Eintreten eines Servicedefektes. Dieser Effekt wird als Service-Recovery-Paradoxon bezeichnet.

3. Konsequenzen der Kundenzufriedenheit

Zu den wesentlichen Konsequenzen der Variation von Zufriedenheitsurteilen werden, neben verschiedenen Formen des Beschwerdeverhaltens,[13] insbesondere Kundenbindungs- bzw. Kundenloyalitätsreaktionen gezählt. Die Kundenzufriedenheit wird von einer Vielzahl von Autoren als die (oder zumindest eine der) entscheidenden Determinante(n) der Kundenbindung bzw. -loyalität angesehen.[14] Der hier häufig unterstellte einfache lineare Kausalzusammenhang zwischen der Kundenzufriedenheit und -bindung wird aufgrund des potenziellen Einflusses moderierender Variablen (z. B. Variety-Seeking-Motive)[15] aber vermehrt kritisiert.[16] Trotz dieser Kritik ist die Plausibilität der Existenz eines Effektes der Kundenzufriedenheit auf den ökonomischen Erfolg von Unternehmen, welcher entscheidend durch die Variation der Kundenloyalität bedingt ist, nicht von der Hand zu weisen. Dieser Idee folgend, kann die Kundenzufriedenheit zusammen mit der Kundenloyalität als Bestandteil einer z. T. als Service-Profit-Chain bezeichneten Wirkungskette angesehen werden, die ausgehend von dem kundenseitig wahrgenommenen Leistungsniveau von Produkten bis hin zu ökonomischen Erfolgsgrößen reicht.[17] Neben den über den entsprechenden Kausalzusammenhang laufenden indirekten Wirkungen können in dem entsprechenden Ansatz auch direkte Ertragswirkungen von Marketing-Maßnahmen (z. B. Revenue-Management), welche auch das Leistungsniveau von Produkten beeinflussen, mitberücksichtigt werden.[18]

II. Kundenzufriedenheit und Überbuchung im Rahmen eines Revenue-Managements

Im Folgenden soll eine Fokussierung auf die Berührungspunkte zwischen der Anwendung des kapazitätsbasierten Revenue-Managements und dem Bereich der Kundenzufriedenheit erfolgen. Die anschließende empirische Untersuchung basiert auf einer Befragung, die unter Kunden verschiedener Fluggesellschaften durchgeführt wurde. Das kapazitätsbasierte Revenue-Management von Fluggesellschaften versucht über die Steuerung der Verfügbarkeit von Sitzplatzkapazitäten in multiplen Tarifklassen, eine Erlösmaximierung zu erreichen. Im Kontext des Revenue-Managements werden hierbei Marktsegmente im Sinne der Preisdifferenzierung zweiten Grades mit Hilfe variierender Tarifbestimmungen getrennt. Dies führt dazu, dass Kunden nur dann auf preisreduzierten Sitzplätzen reisen können, wenn sie die korrespondierenden strikteren Tarifbestimmungen akzeptieren können. Der entsprechende Planungsansatz umfasst, über die differenzierte Bepreisung hinaus, auch die Kontingentierung und Überbuchung beschränkter Kapazitäten.[19] Die optimale Steuerung von Preisen und Kapazitäten stellt hierbei einen komplexen Prozess dar, der die Anwendung hochentwickelter quantitativer Planungsmethoden und IT-Lösungen bedingt. Zufriedenheitsrelevante Effekte des Revenue-Managements können hierbei aber nur dort eintreten, wo die Effekte dieses unternehmensseitigen Prozesses die sogenannte „Line-of-Visibility"[20] überschreiten und damit kundenseitig wahrnehmbar werden. Entsprechende kundenseitig wahrnehmbare, ungünstige Variationen des Leistungsniveaus von Produkten bzw. Produktmerkmalen können im Sinne der gerade dargestellten Service-Profit-Chain zu einer sinkenden Kundenzufriedenheit und in deren Folge zu einer Verschlechterung ökonomischer Erfolgsgrößen führen. Aufgrund dieser potenziell negativen Zufriedenheitseffekte kann es daher zu einer Konterkarierung der direkten, primär positiven Erlöseffekte des Revenue-Managements kommen.

Entsprechende Leistungsvariationen können im Kontext des Revenue-Managements zum einen durch die auf der differenzierten Bepreisung beschränkter Sitzplatzkapazitäten basierenden Kontingentierungsmaßnahmen verursacht werden. Hier kann es dazu kommen, dass Kunden zum einem den ursprünglich gewünschten Tarif nicht buchen können und in höher bepreiste Buchungsklassen ausweichen müssen. Der entgegengesetzte Fall der Möglichkeit der Buchung eines günstigeren als des ursprünglich angefragten Tarifs ist ebenfalls möglich. Neben diesem direkten potenziell zufriedenheitsrelevanten Effekt der Kontingentierung gibt es auch einen indirekten Effekt. Dieser realisiert sich, wenn Kunden im Verlauf des Dienstleistungserstellungsprozesses feststellen, dass andere Kunden nicht den gleichen Preis für eine äquivalente Leistung gezahlt haben. Hier können sich individuell günstige und ungünstige interpersonelle Preisunterschiede ergeben. Neben der Kontingentierung kann zum anderen auch die Überbuchung beschränkter Kapazitäten zufriedenheitsrelevant werden. Airlines versuchen die negativen Konsequenzen der Überbuchung beschränkter Sitzplatzkapazitäten durch Maßnahmen wie etwa dem Upgrading von Economy-Class-Kunden in die Business-Class oder der Auslobung einer monetären Belohnung von Fluggästen, die freiwillig bis zum Start der nächsten Verbindung warten, zu vermindern. Trotz alledem lassen sich überbuchungsbedingte unfreiwillige Abweisungen von Kunden und deren kundenbeziehungsrelevante Konsequenzen nicht vermeiden. Im Folgenden sollen die potenziell zufriedenheitsrelevanten Aspekte der direkten Konsequenzen der Kontingentierung („Kontingentierungsabhängige Tarifklassenzugehörigkeit") und der überbuchungsbedingten unfreiwilligen Abweisung von Kunden näher betrachtet werden. Die indirekten Konsequenzen der Kontingentierung („Interpersonelle Preisabweichungen") sollen in der vorliegenden Arbeit nicht berücksichtigt werden, da diese Thematik bereits von Choi/Mattila (2004) bearbeitet wurde, ohne dass dort aber explizit auf zufriedenheitsrelevante Aspekte eingegangen wird.

1. Direkte kundenzufriedenheitsrelevante Effekte der Kontingentierung: Kontingentierungsabhängige Tarifklassenzugehörigkeit

Betrachtet man die direkten kundenseitig wahrnehmbaren Effekte der Kontingentierung aus der Perspektive des sachlichen Gegenstandsbereichs der Kundenzufriedenheit so wird deutlich, dass es, je nachdem, welche Tarifklassen für Buchungen offen stehen, zu Variationen des Preises sowie der korrespondierenden Tarifbestimmungen bzw. Flexibilitätsleistungen kommt. Niedrigere (höhere) Preise sind systematisch mit strikteren (weniger strikten) Flexibilitätsleistungen verbunden. So sind z. B. die Umbuchungs- und Stornierungsbedingungen in höher bepreisten Buchungsklassen weniger restriktiv. Demzufolge besteht ein potenziell zufriedenheitsrelevanter Einfluss der Kontingentierung auf das objektive Leistungsniveau der Produktmerkmale Preis und Flexibilitätsleistungen einer Flugreise. Beide sind zumindest grob der Kategorie der Leistungsattribute zuzuordnen. Daher kann davon ausgegangen werden, dass im Sinne des multiattributiven Zufriedenheitsmodells die alleinige Verbesserung (Verschlechterung) des wahrgenommenen Leistungsniveaus eines dieser Produktattribute eine höhere (niedrigere) Globalzufriedenheit bedingt. Aufgrund der hier qualitativ entgegengesetzten Richtung der Leistungsvariation beider Produktmerkmale ist der Nettozufriedenheitseffekt der kontingentierungsbedingten Tarifklassenzugehörigkeit vorab nicht eindeutig festlegbar. Konform gehend mit der im Bereich der kundenbeziehungsrelevanten Effekte des Revenue-Managements publizierten Arbeiten,[21] wird aber davon ausgegangen, dass eine kontingentierungsbedingte Umlenkung einer Reservierungsanfrage in eine höher bepreiste Buchungsklasse netto zu Unzufriedenheitsreaktionen führt. Der negative Effekt des höheren Preises muss demzufolge den positiven der besseren Flexibilitätsleistungen überwiegen. Aus der Perspektive des verhaltenswissenschaftlichen Ansatzes des Diskonfirmations-Paradigmas kann die kontingentierungsbedingte Buchung in eine höher bepreiste (günstigere) Tarifklasse als negative (positive) Diskonfirmation zugrundeliegender Vergleichsstandards angesehen werden. Wenn darüber hinaus auch die Vorgaben der Prospect-Theorie berücksichtigt werden, müsste die Zufriedenheitswirkung einer positiven Diskonfirmation von Erwartungen absolut geringer ausfallen als die durch eine negative Diskonfirmation bedingten Unzufriedenheitsreaktionen. Diesen Ausführungen folgend ergeben sich die Hypothesen 1A und 1B:

Hypothese$_{1A}$: Die kontingentierungsbedingte Umlenkung einer Reservierungsanfrage in eine höher bepreiste Buchungsklasse führt zu negativen Zufriedenheitsreaktionen. Die kontingentierungsbedingte Möglichkeit der Buchung eines Fluges in einer günstigeren als der ursprünglich angefragten Tarifklasse resultiert in positiven Zufriedenheitsreaktionen.

Hypothese$_{1B}$: Entsprechend der Prospect-Theorie führt die Verschiebung einer Reservierungsanfrage in eine höher bepreiste Tarifklasse, zu absolut stärkeren Zufriedenheitsreaktionen als die Möglichkeit der Buchung eines Fluges in einer günstigeren als der ursprünglich angefragten Tarifklasse.

Hinsichtlich der Wirkung individueller attributspezifischer Evaluationen bzw. Zufriedenheiten wird darüber hinaus Folgendes unterstellt:

Hypothese$_{1C}$: Eine höhere individuelle Zufriedenheit mit den Produktattributen Preis und Flexibilitätsleistungen beeinflusst die transaktionsspezifische Globalzufriedenheit positiv.

2. Zufriedenheitsrelevante Effekte der Überbuchung: Überbuchungsbedingte unfreiwillige Abweisung

Die Abweisung von überbuchten Kunden stellt ein idealtypisches Beispiel eines Servicedefektes dar. Im Falle einer überbuchungsbedingten unfreiwilligen Abweisung von Kunden, buchen Airlines die betroffenen Personen – im Sinne einer Rückgewinnungsstrategie – unter Gewährung einer finanziellen Kompensation routinemäßig auf einen nachfolgenden Flug um.[22] Während die unfreiwillige Abweisung von Kunden bei isolierter Betrachtung grundsätzlich nur Unzufriedenheitsreaktionen bedingen kann, ist die letztendliche Richtung von Zufriedenheitswirkung bei einer gleichzeitigen Betrachtung von überbuchungsbedingten Abweisungen und unternehmensseitigen Rückgewinnungsmaßnahmen – wie im Falle der direkten Effekte der Kontingentierung – vorab nicht eindeutig vorhersagbar. So kann die Kundenzufriedenheit im Rahmen einer erfolgreichen Rückgewinnungsmaßnahme sogar ihr ursprüngliches Niveau übersteigen. Das Auftreten eines entsprechenden Service-Recovery-Paradoxon würde sich hier dadurch erklären, dass die Fluggäste ihrem endgültigen transaktionsspezifischen Zufriedenheitsurteil neben ihre subjektiven Wahrnehmung überbuchungsbedingter Unannehmlichkeiten auch die potenziell zufriedenheitssteigernde Evaluation unternehmensseitiger Rückgewinnungsmaßnahmen zugrundelegen.

Eine verhaltenswissenschaftliche Fundierung der Zufriedenheitseffekte der überbuchungsbedingten Abweisung ist über das Diskonfirmations-Paradigma und darüber hinaus auch über die Gerechtigkeitstheorie möglich. Entsprechend des ersten Ansatzes kann eine überbuchungsbedingte Abweisung von Fluggästen nur in einer negativen Diskonfirmation von Erwartungen resultieren. Diese kann durch eine Übererfüllung bestehender

Erwartungen im Zusammenhang mit Rückgewinnungsstrategien eventuell (über-)kompensiert werden. Aus der Perspektive der Gerechtigkeitstheorie kann vermutet werden, dass eine überbuchungsbedingte Abweisung das vom Kunden wahrgenommene Austauschverhältnis beeinflusst. Die durch die Abweisung bedingten Unannehmlichkeiten erhöhen einerseits den Aufwand der Kunden. Da die Kompensationsbemühungen der Airline andererseits bis zu einem bestimmten Ausmaß auch zu einer Erhöhung des Tauschertrags führen, kann sich die kundenseitige Ertrags-Aufwands-Relation verbessern oder verschlechtern. Gemäß des vom Kunden wahrgenommenen Tauschergebnisses der überbuchenden Airline müssten sich die umgekehrten Effekte realisieren. Obwohl die Gerechtigkeitswahrnehmung der überbuchungsbedingten Abweisung zwar letztendlich von der individuellen Gewichtung der beschriebenen Effekte abhängt, wird konformgehend mit anderen Autoren davon ausgegangen,[23] dass die Überbuchungskonsequenzen im Rahmen üblicher Rückgewinnungsmaßnahmen insgesamt als unfair bzw. als negative Diskonfirmation wahrgenommen werden. Hypothese 2A heißt daher:

Hypothese$_{2A}$: Die überbuchungsbedingte unfreiwillige Abweisung von Kunden hat im Rahmen üblicher Rückgewinnungsstrategien einen negativen Einfluss auf die Kundenzufriedenheit.

Da aus der Perspektive der verhaltenswissenschaftlich fundierten Zugängen zur Kundenzufriedenheit ferner kein Grund abgeleitet werden kann, aus dem die zufriedenheitsrelevanten Konsequenzen der überbuchungsbedingten unfreiwilligen Abweisung von Passagieren über verschiedene Tarifklassen hinweg variieren sollten, ergibt sich Hypothese 2B wie folgt:

Hypothese$_{2B}$: Da sich im Kontext der überbuchungsbedingten Abweichung in verschiedenen Tarifklassen keine unterschiedlichen Abweichungen von zugrundeliegenden Referenzstandards realisieren, wird das Ausmaß der Zufriedenheitsreaktionen über die Tarifklassen nicht variieren.

Hinsichtlich der Wirkung attributspezifischer Evaluationen bzw. (un-)Zufriedenheiten wird darüber hinaus Folgendes unterstellt:

Hypothese$_{2C}$: Die individuelle Zufriedenheit mit den Kompensationsbemühungen und die Unzufriedenheit mit den überbuchungsbedingten Unannehmlichkeiten beeinflussen die transaktionsspezifische Globalzufriedenheit positiv bzw. negativ.

D. Forschungsdesign und Studienergebnisse

I. Forschungsdesign

Im Rahmen der Studie wurden auf einem deutschen Flughafen knapp über 450 Flugreisende befragt. Unter Berücksichtigung des gewählten Forschungsdesigns war das entscheidende Ziel der Probandenauswahl, eine hinreichend große Anzahl an Vielfliegern zu befragen.[24] Da die Gruppe der Vielflieger sich als vergleichsweise klein und homogen darstellt, lagen der Probandenauswahl keine weiteren spezifischen Verteilungsannahmen zugrunde. Zur Vermeidung größerer Auswahleffekte wurden die Probanden an mehreren Wochentagen an allen Gates des größten Terminals des Flughafens ausgewählt.

Das gewählte Forschungsdesign basiert auf der Szenariotechnik, in deren Rahmen den Probanden hypothetische Szenarien vorgelegt werden, welche daraufhin hinsichtlich ihrer Zufriedenheitswirkung bewertet werden sollen. Kritisch anzumerken ist, dass die dargestellten hypothetischen Szenarien natürlich nur Annäherungen von tatsächlichen Konsumerlebnissen darstellen können. Darüber hinaus kann es aufgrund der Konzentration auf einige wenige Einflussvariablen zu einer Unterspezifizierung der zu validierenden Modelle und in deren Folge zu einer Überbetonung der betrachteten Effekte kommen. Als Vorteil der Szenariotechnik ergibt sich dagegen, dass über die Möglichkeit der Integration experimenteller Elemente, die gezielte Analyse der Variation einzelner Variablen ermöglicht wird. Zur Sicherstellung valider Ergebnisse erfolgt im Rahmen der Befragung wie bereits erwähnt eine Fokussierung auf Vielflieger, die sich besser in die Szenarien hineindenken können. Darüber hinaus zählen die manipulierten Produktattribute überwiegend zu der Kategorie der Suchmerkmale, die bereits vor dem eigentlichen Konsum evaluiert werden können. Ferner findet sich in wissenschaftlich referierten Zeitschriften auch eine Vielzahl von Arbeiten, welche ebenfalls auf der Szenariotechnik basieren.[25]

In der vorliegenden Studie wird ein Szenario beschrieben, welches sich auf die überbuchungsbedingte Abweisung von Fluggästen bezieht. Ferner werden mit der kontingentierungsbedingten Tarifklassenzugehörigkeit die direkten zufriedenheitsrelevanten Konsequenzen der Kontingentierung betrachtet. Die interessierenden Variablen werden hierbei in einem 3*2-faktoriellen Design manipuliert. Die zufriedenheitsrelevanten Effekte des Yield-Managements werden hierbei ausschließlich aus einer transaktionsbezogenen Perspektive betrachtet.

Zu Beginn des Szenarios wird eine Situation beschrieben, in welcher der Proband 10 Tage im Voraus einen Flug von einem deutschen Flughafen in eine europäische Metropole bucht. Zur Vereinheitlichung individueller Vergleichsstandards wird bemerkt, dass der Flug mit einer Fluglinie erfolgt, die nicht der Kategorie der Low-Cost-Carrier zuzuordnen ist. Darüber hinaus wird für die Flugreise ein Referenzpreis von 500 € angegeben. Die Manipulation des Faktors „Kontingentierungsbedingte Tarifklassenzugehörig-

Tab. 1: Variation der Tarifbestimmungen in den drei berücksichtigten Tarifklassen

Tarifklasse/ Preis	Umbuchungs- und Stornierungsbedingungen	Mindestaufenthaltsbedingungen
300 €	Nicht möglich	Mindestens ein komplettes Wochenende zwischen Hin- und Rückflug
500 €	Gegen eine Gebühr von 75 € bis einen Tag vor Abflug möglich	Frühestens am ersten auf den Tag des Hinflugs folgenden Samstag
700 €	Immer kostenlos möglich	Keine

Tab. 2: 3*2-Faktorielles Design und Verteilung der Probanden auf die Experimentalgruppen

		Faktor 2: Überbuchungsbedingte Abweisung	
		keine Abweisung	Abweisung
Faktor 1: Kontingentierungsbedingte Tarifklassenzugehörigkeit	300 €	77	78
	500 €	77	77
	700 €	77	77

keit" bedingt, dass die Tarifbestimmungen auf jedem der zwei Preisschritte von 300 € über 500 € auf letztendlich 700 € weniger restriktiv werden (vgl. Tabelle 1).[26] Durch die entsprechende Manipulation kommen folglich drei Situationen zustande, in denen es zu einer negativen bzw. positiven Abweichung von 200 € oder einer Entsprechung des Referenzpreises von 500 € kommen kann.

Da auch die Effekte der überbuchungsbedingten Abweisung von Kunden betrachtet werden sollen, umfasst der korrespondierende zweite Faktor („Überbuchungsbedingte Abweisung") konsequenterweise zwei Faktorstufen. Eine Stufe, in der eine überbuchungsbedingte Abweisung zustande kommt, und eine, in der dies nicht geschieht. Bei Abweisung beträgt die überbuchungsbedingte Wartezeit $4^{1}/_{2}$ Stunden. Die abgewiesenen Passagiere erhalten ferner eine finanzielle Kompensation von 150 € sowie eine kostenlose Verpflegung.[27] Tabelle 2 stellt das 3*2-faktorielle Design und die Verteilung der Probanden auf die Experimentalgruppen dar.[28]

Zum Abschluss des dargestellten Szenarios erfolgt eine Evaluation der manipulierten Produktmerkmale. Hierbei wurden die attributspezifischen (Un-)Zufriedenheit und die transaktionsspezifische Globalzufriedenheit gemessen. Die Operationalisierung der entsprechenden Konstrukte erfolgte mit 5-Punkt-Ratingskalen. Die Endpunkte der jeweils verwendeten Skalen waren mit „sehr zufrieden" und „sehr unzufrieden" bezeichnet.[29] Während die attributspezifischen Zufriedenheiten mit Multiple-Item-Ansätzen erhoben wurden (vgl. auch Tabelle 3), wurde die transaktionsspezifische Globalzufriedenheit mit einem Item gemessen.[30] Der allgemeine Einfluss des Yield-Managements wird darüber hinaus durch die Zugehörigkeit zu den durch das faktorielle Design vorgegebene Gruppen erfasst. Die Gruppenzugehörigkeit wird durch binär kodierte Dummy-Variablen erfasst. Die attributspezifischen Zufriedenheiten wurden ferner unter Berücksichtigung der in den Experimentalgruppen ermittelten Mittelwerte zentriert. Diese Vorgehensweise ermöglicht eine Trennung von allgemeinen und individuellen Zufriedenheitsreaktionen auf den Einsatz des Revenue-Managements. Während erstere sozusagen pure Effekte des Revenue-Managements abbilden, können die individuellen attributspezifischen Zufriedenheitsreaktionen auch durch andere Determinanten, wie etwas die individuelle Bewertung des allgemeinen Niveaus der berücksichtigten Preise, beeinflusst werden.

II. Studienergebnisse

Nach einer kurzen Darstellung der Güte der Konstruktmessung werden im Folgenden die Ergebnisse von multivariaten Analysemethoden präsentiert, mit deren Hilfe die Gültigkeit der forschungsleitenden Fragestellung überprüft werden soll.

1. Konstruktmessung – Reliabilitäts- und Validitätsprüfung

Im Kontext der Überprüfung der Validität und Reliabilität der verwendeten Messskalen wurden u. a. explorative Faktorenanalysen durchgeführt. Die Faktorenanalysen erfolgten mit Anwendung der Hauptkomponentenanalyse, der Varimax-Rotation und des Kaiser-Kriteriums unter Zuhilfenahme üblicher Ansätze. In Tabelle 3 werden die im Kontext attributspezifischer Zufriedenheiten ermittelten rotierten Faktorladungsmatrizen dargestellt. Hierbei werden jeweils nur die Faktorladungen berücksichtigt, die größer als 0,1 sind. Im Kontext des dargestellten Szenarios werden neben den Ergebnissen einer Faktorenanalyse, die alle Probanden umfasst, auch eine Faktorladungsmatrix präsentiert, die ausschließlich die „abgewiesenen" Probanden einschließt. Im letzteren Fall konnten auch Faktorladungen für überbuchungsbedingte (Un-) Zufriedenheiten ermittelt werden. Unter Berücksichtigung der dargestellten Ergebnisse kann hinsichtlich der als relevant identifizierten attributspezifischen (Un-) Zufriedenheiten festgehalten werden, dass die aus den explorativen Faktorenanalysen resultierenden Zuordnungen von Frageitems zu Faktoren genau den vorab unterstellten entspricht. Es zeigt sich, dass die Frageitems jeweils mit Werten zwischen 0,80 und 0,95 sehr ausgeprägt auf einen Faktor laden. Dementsprechend kann in diesem Zusammenhang von einem hohen Maß an diskriminierender und konvergierender Validität der Konstruktmessung ausgegangen werden.[31] Die extrahierten Faktoren erklären ferner zusammen jeweils ca. 80 % der Gesamtstreuung der ursprünglichen Itembatterie. Bei Betrachtung der Werte des Cronbachschen Alphas von jeweils um 0,9 kann hinsichtlich der beiden Messansätze jeweils von einem hohen Maß an interner Konsistenz ausgegangen werden. Die Werte des Reliabilitätsmaßes übertreffen jeweils den für eine reliable Messung geforderten Wert von 0,7.[32]

Im Gegensatz zu Multiple-Item-Messansätzen, kann die Validitäts- und Reliabilitätsprüfung im Kontext des in der Messung der transaktionsspezifischen Globalzufriedenheit verwendeten Single-Item-Ansatzes nicht mit den vorab verwendeten Instrumenten erfolgen. Die Messung der transaktionsspezifischen Globalzufriedenheit erfolgte – aufgrund der experimentellen Variation der interessierenden Variablen – darüber hinaus auch nicht so, dass die Voraussetzungen für die Überprüfung der Test-Retest-Reliabilität idealtypisch gegeben sind. Yi (1990) berichtet in einem State-of-the-Art zur Kundenzufriedenheit aber von einer zumindest zufriedenstellenden Test-Retest-Reliabilität entsprechender Single-Item-Messansätze.

2. Zufriedenheitsrelevante Effekte der überbuchungsbedingten Abweisung von Kunden im Rahmen eines Revenue-Managements

Die Analyse der zufriedenheitsrelevanten Effekte der Kontingentierung und überbuchungsbedingten Abweisung von Kunden soll u. a. mithilfe von Dummy-Regressionsmodellen erfolgen. Hier werden insgesamt zwei Regressionsmodelle getestet. Während

Tab. 3: Rotierte Faktorladungsmatrizen – Attributspezifische Zufriedenheiten (Alle Probanden/Abgewiesene Passagiere)

Faktorkomponenten	Faktorladungen ≥ 0,1					Faktorname
	Alle Probanden		"Abgewiesene" Probanden			
... (Un-)Zufriedenheit mit ...						
... dem eigenen Preis	0,85		0,85			*Preiszufriedenheit*
... dem Preis anderer Fluggäste	0,87		0,84			
... dem Preis-Leistungs-Verhältnis	0,89		0,88			
... der Flexibilität der Reiseplanung		0,89		0,88		*Zufriedenheit mit den Flexibilitätsleistungen*
... den Umbuchungs- und Stornierungsbedingungen		0,87		0,87		
... den Mindestaufenthaltsbedingungen		0,87		0,87		
... der Kompensation	–		–		0,91	*Zufriedenheit mit der Kompensation*
... der Verpflegung	–		–		0,93	
... der Überbuchung	–		–	0,94		*Unzufriedenheit mit den überbuchungsbedingten Unannehmlichkeiten*
... der Wartezeit	–		–	0,94		
Cronbachs Alpha	0,87	0,86	0,85	0,84	0,87	0,91
Erklärte Varianz in %	41,5	38,0	24,0	23,3	18,4	17,9
Σ Erklärte Varianz	Σ = 79,5 %		Σ = 83,5 %			

das erste Regressionsmodell alle Probanden umschließt, beschränkt sich das zweite Modell auf die Befragten, die im Rahmen der präsentierten Szenarien mit einer überbuchungsbedingten Abweisung konfrontiert waren. Dies ermöglicht, dass zusätzlich individuelle (Un-)Zufriedenheiten mit den unternehmensseitigen Kompensationsleistungen sowie den Unannehmlichkeiten der Überbuchung als Regressoren berücksichtigt werden können.

Tabelle 4 stellt die Ergebnisse der ersten Regressionsanalyse dar.[33] Das erste Modell, welches alle Probanden umschließt, erklärt lediglich 37 % der Gesamtstreuung der transaktionsspezifischen Globalzufriedenheit. Dies ist z. T. dadurch begründet, dass die individuelle Bewertung der mit der Abweisung verbundenen Unannehmlichkeiten sowie der Kompensationsbemühungen im Regressionsmodell nicht berücksichtigt werden konnten. Betrachtet man die Ergebnisse des Regressionsmodells aber im Detail, zeigt sich zumindest, dass die Wirkung aller Regressoren signifikant ist. Da alle berücksichtigten Variablen binär kodierte Dummy- oder zentrierte Variablen sind, stellt die Konstante der Regressionsgleichung mit einem Wert von 3,44 die Zufriedenheit dar, die sich bei durchschnittlicher Bewertung beider Leistungsmerkmale in der Referenzgruppe („Flug zu 500 €/ Keine Abweisung") einstellt. Die Werte der Regressionskoeffizienten der Dummy-Variablen repräsentieren die Abweichungen zwischen dem durchschnittlichen Zufriedenheitswert in der jeweiligen Experimentalgruppe und dem der Referenzgruppe. Anders ausge-

Tab. 4: Regressionsanalyse – Zufriedenheitsrelevante Effekte der Kontingentierung unter Berücksichtigung überbuchungsbedingter Abweisungen (Alle Probanden)

		Nicht standardisierte Koeffizienten	Standardisierte Koeffizienten	Signifikanz
Konstante		3,44		0,00
Dummy-Variablen	500 €/Abweisung	-0,96	-0,34	0,00
	700 €/Keine Abweisung	-0,27	-0,10	0,04
	700 €/Abweisung	-1,32	-0,47	0,00
	300 €/Keine Abweisung	0,31	0,11	0,02
	300 €/Abweisung	-0,84	-0,30	0,00
Zufriedenheit m. d. Flexibilitätsleistungen, zentriert		0,18	0,13	0,00
Preiszufriedenheit, zentriert		0,23	0,18	0,00
$R^2 = 0,37$, Signifikanz des Gesamtmodells = 0,00, $F_{EMP(7.455)} = 37,78$			
Lesebeispiel: 500 €/Abweisung = Wenn ein Proband wie erwartet einen Flug zu 500 € buchen konnte und überbuchungsbedingt abgewiesen wurde, sinkt die transaktionsspezifische Globalzufriedenheit um -0,96 Punkte auf der 5er-Skala.			

drückt stehen sie für den Achsenabstand um den die geschätzte lineare Regressionsfunktion zwischen den Referenzgruppen linear transformiert wird. Bei Betrachtung der Dummy-Variablen wird deutlich, dass die überbuchungsbedingte Abweisung von Kunden in allen Tarifklassen zu deutlichen Unzufriedenheitsreaktionen führt. Das sogenannte Service-Recovery-Paradox tritt demzufolge im Rahmen üblicher Kompensationsbemühungen nicht auf. Hypothese$_{2A}$ kann daher bestätigt werden. Über diesen allgemeinen Effekt des Revenue-Managements bzw. der Überbuchung hinaus zeigt sich auch die positive Wirkung der beiden attributspezifischen Zufriedenheiten. Demgemäss kann Hypothese$_{1C}$ angenommen werden. Die Betrachtung der standardisierten Regressionskoeffizienten zeigt ferner, dass die Dummy-Variablen, die die überbuchungsbedingte Abweisung repräsentieren, den stärksten Zufriedenheitseffekt haben.

Insbesondere zur Identifikation potenzieller Interaktionseffekte wurde im Kontext des ersten Modells auch eine zweifaktorielle Varianzanalyse durchgeführt (vgl. Tabelle 5). Die Ergebnisse dieser Varianzanalyse gehen konform mit den Resultaten der vorausgegangenen Regressionsanalyse. Die beiden berücksichtigten Haupteffekte sind signifikant. Die kontingentierungsbedingte Tarifklassenzugehörigkeit sowie die überbuchungsbedingte unfreiwillige Abweisung von Kunden führen grundsätzlich zu Zufriedenheitsreaktionen. Hypothese$_{2A}$ kann daher auch aus dieser Perspektive angenommen werden. Ferner ergeben sich keine signifikanten Interaktionseffekte zwischen den beiden berücksichtigten Faktoren. Dies bedeutet, dass die zufriedenheitsrelevanten Konsequenzen einer überbuchungsbedingten Abweisung von Kunden in allen Buchungsklassen gleich sind. Hypothese$_{2B}$ kann demzufolge ebenfalls angenommen werden.

Tab. 5: Zweifaktorielle Varianzanalyse - Zufriedenheitsrelevante Effekte der Kontingentierung und Überbuchung

	Quadratsumme vom Typ III	Freiheitsgrade	Mittel der Quadrate	F	Signifikanz
Korrigiertes Modell	151,6	5	30,3	38,5	0,00
Konstante	3967,3	1	3967,3	5037,0	0,00
Faktor 1: Kontingentierungsbedingte Tarifklassenzugehörigkeit	22,4	2	11,2	14,2	0,00
Faktor 2: Überbuchungsbedingte Abweisung	128,7	1	128,7	163,4	0,00
Interaktionsterm: Faktor 1 * Faktor 2	0,7	2	0,4	0,4	0,64
Fehler	356,0	457	0,8		
Gesamt	4477,0	463			
Korrigierte Gesamtvariation	511,5	462			

Tab. 6: Mehrfachvergleiche (Post hoc-Tests, Tamhane T2) – Zufriedenheitswirkung des Faktors „Kontingentierungsabhängige Tarifklassenzugehörigkeit"

(I) Faktor	500 Euro		700 Euro		300 Euro	
(J) Faktor	700 Euro	300 Euro	500 Euro	300 Euro	500 Euro	700 Euro
Mittlere Differenz	0,32	-0,21	-0,32	-0,53	0,21	0,53
Signifikanz	0,01	0,11	0,01	0,00	0,11	0,00

Im Rahmen der Validierung von Hypothese$_{1A}$ sollen in Tabelle 6 zusätzlich zu der Varianzanalyse die Ergebnisse von Mehrfachvergleichen bzw. Post hoc-Tests zwischen den drei Stufen des ersten Faktors („Kontingentierungsbedingte Tarifklassenzugehörigkeit") präsentiert werden. Es zeigt sich, dass lediglich die kontingentierungsbedingte Umlenkung einer Reservierungsanfrage in eine höher bepreiste Tarifklasse zufriedenheitsrelevant ist. Die Möglichkeit der Buchung in einer günstigeren als der ursprünglich angefragten Buchungsklasse, führt nicht zu positiven Zufriedenheitseffekten. Hypothese$_{1A}$ kann daher nur teilweise bestätigt werden. Die prospect-theoretisch fundierte Subhypothese$_{1B}$ kann dagegen unterstützt werden.

Im zweiten Regressionsmodell werden neben nun insgesamt vier attributspezifischen (Un-)Zufriedenheiten lediglich die drei Dummy-Variablen berücksichtigt, welche die kontingentierungsbedingte Tarifklassenzugehörigkeit messen. Die Dummy-Variable, die für die mit 500 € bepreiste Tarifklasse steht, dient als Basis der Dummy-Regression. Das Regressionsmodell weist mit 0,51 einen deutlich höheren R^2-Wert auf. Da ein Teil der zufriedenheitsrelevanten Determinanten aufgrund des gewählten Forschungsdesigns auch hier nicht berücksichtigt werden konnte,[34] darf das Bestimmtheitsmaß einen dementsprechenden Wert ohnehin nicht deutlich übersteigen. Vergleicht man die Werte der Konstanten der beiden Regressionsgleichungen in den Tabellen 4 und 7, so zeigt sich, dass die durchschnittliche Zufriedenheit in den beiden Referenzgruppen um ca. einen Skalenpunkt voneinander abweichen. Die überbuchungsbedingte Abweisung von Kunden bedingt entsprechend Hypothese$_{2A}$ ausgeprägte negative Zufriedenheitsreaktionen. Die Betrachtung der Vorzeichen der Regressionskoeffizienten zeigt weiterhin, dass die Wirkungsrichtung der geschätzten Parameter mit der jeweils unterstellten übereinstimmt. Bis auf die Dummy-Variable, welche die Zugehörigkeit zur 300 €-Tarifklasse misst, ist ferner der Einfluss aller Regressoren signifikant. Nur die Ablehnung eines Reservierungswunsches bei gleichzeitiger Buchung in einer teureren Tarifklasse führt daher zu einer Zufriedenheitsreaktion. Somit kann Hypothese$_{1A}$ auch aus dieser Perspektive nur partiell, die prospect-theoretisch fundierte Hypothese$_{1B}$ dagegen aber uneingeschränkt angenommen werden.

Über die allgemeine Wirkung der direkten Effekte der Kontingentierung hinaus, weisen im zweiten Modell alle vier attributspezifischen (Un-)Zufriedenheiten die ihnen unterstellte Wirkungsrichtung auf. Hypothese$_{1C}$ sowie Hypothese$_{2C}$ können daher angenommen werden. Ein Vergleich der standardisierten Regressionskoeffizienten zeigt, dass die Unzufrie-

Tab. 7: Regressionsanalyse – Zufriedenheitsrelevante Effekte der Kontingentierung unter Berücksichtigung überbuchungsbedingter Abweisungen („Abgewiesene" Probanden)

	Nicht standardisierte Koeffizienten	Standardisierte Koeffizienten	Signifikanz
Konstante	2,48		0,00
Dummy-Variable: Tarifklasse 700 €	-0,36	-0,17	0,00
Dummy-Variable: Tarifklasse 300 €	0,13	0,06	0,27
Zufriedenheit m. d. Flexibilitätsleistungen, zentriert	0,18	0,14	0,01
Preiszufriedenheit, zentriert	0,16	0,13	0,01
Kompensationszufriedenheit, zentriert	0,31	0,31	0,00
Unzufriedenheit m. d. überbuchungsbedingten Unannehmlichkeiten, zentriert	-0,55	-0,56	0,00

$R^2 = 0,51$, Signifikanz des Gesamtmodells = 0,00, $F_{EMP(6.225)} = 39,34$

Lesebeispiel: Tarifklasse 700 € = Wenn ein Proband einen Flug nur zu 700 € buchen konnte, sinkt die transaktionsspezifische Globalzufriedenheit um den Wert von -0,36 Punkte auf der 5er-Skala.

denheit mit den überbuchungsbedingten Unannehmlichkeiten und darauf folgend die Zufriedenheit mit den unternehmensseitigen Kompensationsbemühungen, die stärkste Wirkung auf die Globalzufriedenheit abgewiesener Kunden hat. Die entsprechende Ausprägung der beiden Koeffizienten zeigt, dass das durch positive Netto-Zufriedenheitseffekte gekennzeichnete Service-Recovery-Paradoxon im Kontext der überbuchungsbedingten Abweisung von Kunden nur zustande kommen kann, wenn die individuelle Kompensationszufriedenheit deutlich über dem Niveau der überbuchungsbedingten Unzufriedenheit liegt.

E. Zusammenfassung und Diskussion

Zusammenfassend kann festgehalten werden, dass sowohl die direkten Konsequenzen der Kontingentierung („Kontingentierungsbedingte Tarifklassenzugehörigkeit") als auch die durch die Überbuchung bedingte unfreiwillige Abweisung von Flugpassagieren negative

Zufriedenheitsreaktionen verursachen. Interessanterweise führen positive Leistungsabweichungen im Zusammenhang mit der kontingentierungsbedingten Tarifklassenzugehörigkeit nicht zu positiven Zufriedenheitseffekten. Dies kann mit Hilfe prospect-theoretischer Überlegungen erklärt werden. Insgesamt kann demgemäss davon ausgegangen werden, dass die Zufriedenheitswirkung des Revenue-Managements im hier betrachteten Kontext grundsätzlich negativ ist. Weiterhin ist aufschlussreich, dass die negativen zufriedenheitsrelevanten Konsequenzen der überbuchungsbedingten Abweisung von Kunden in allen Tarifklassen gleich sind. Neben diesen allgemeinen Einflüssen des Revenue-Managements wurden auch im Zusammenhang mit individuellen attributspezifischen Evaluationen Zufriedenheitseffekte ermittelt. In diesem Zusammenhang ist insbesondere interessant, dass neben der individuellen Unzufriedenheit mit den Unannehmlichkeiten einer überbuchungsbedingten Abweisung auch die Evaluation der unternehmensseitigen Rückgewinnungsmaßnahmen zufriedenheitsrelevant sind. D. h., dass sich das Service-Recovery-Paradoxon bei anspruchskonformer bzw- -übertreffender Ausgestaltung von Rückgewinnungsstrategien hier grundsätzlich realisieren kann. Berücksichtigt werden muss, dass dementsprechende Kompensationsbemühungen nicht kostenneutral implementiert werden können und sich daher aus ökonomischer Perspektive als nicht zielkonform darstellen können.

Im Hinblick auf die Relevanz dieser Ergebnisse für die Unternehmenspraxis muss zuerst erkannt werden, dass die kundenzufriedenheitsrelevanten Effekte des Revenue-Managements im Allgemeinen negativ sind. Dies erklärt sich dadurch, dass im vorliegenden Kontext nur die für den Kunden ungünstigen Konsequenzen der simultanen Preis- und Kapazitätssteuerung zufriedenheitsrelevant werden. Unterstellt man, dass die Variation der Kundenzufriedenheit den ökonomischen Erfolg von Unternehmen beeinflussen kann, können diese negativen Zufriedenheitsreaktionen die eigentlich positive Erlöswirkung des Revenue-Managements konterkarieren. Dies muss bei Anwendung des Revenue-Managements im Allgemeinen sowie bei der Überbuchung beschränkter Kapazitäten im Speziellen beachtet werden. Betrachtet man darüber hinaus auch die nicht divergierenden Konsequenzen der überbuchungsbedingten Abweisung in verschiedenen Tarifklassen, ergibt sich ferner die Empfehlung, dass systematisch Kunden aus günstigen Tarifklassen abgewiesen werden sollten. Diese weisen gewöhnlich einen geringeren Kundenwert auf. Die resultierenden negativen Erlöseffekte müssten sich durch die entsprechende Vorgehensweise verringern lassen.

Der entscheidende Schritt in der weiteren wissenschaftlichen Analyse der kundenbeziehungsrelevanten Wirkung des Revenue-Managements ist, den Nettoeffekt der zufriedenheitsbedingten Erlöswirkung des Revenue-Managements im Allgemeinen und der Überbuchung im Speziellen im Sinne des Service-Profit-Chain-Gedankens zu bestimmen.[35] Zum einen kann nur so erkannt werden, ob die in der vorliegenden Arbeit ermittelten negativen Zufriedenheitseffekte die positive Erlöswirkung des Revenue-Managements tatsächlich konterkarieren können. Zum anderen könnten bestehende Optimierungsansätze unter Berücksichtigung der Ergebnisse entsprechender Analysen modifiziert werden. Ertragreich könnte ferner auch eine gezielte Anwendung der Critical-Incident-Technik sein. Im Kontext der überbuchungsbedingten Abweisung von Kunden könnte sie weitere Aspekte resultierender Unzufriedenheitsreaktionen aufdecken und somit Ansatzpunkte effizienter Rückgewinnungsstrategien aufzeigen. Sowohl der Critical-Incident- als auch der Service-Profit-Chain-Ansatz können aber nur durchführt werden, wenn unternehmensseitig Kooperationspartner gefunden werden. Über diese Ansatzpunkte hinaus könnte auch ein Vergleich der Zufriedenheitswirkung in unterschiedlichen branchenspezifischen Anwendungsbereichen des Revenue-Managements zu interessanten Ergebnissen führen. Auch eine explizite Analyse kundenbeziehungsrelevanter Effekte des preisbasierend Revenue-Managements, dessen Bedeutung stetig steigt, fehlt im gegenwärtig bestehenden Schrifttum zur Thematik.[36]

Anmerkungen

1 Vgl. z. B. Smith/Leimkuhler/Darrow (1992).
2 Für einen Überblick über verschiedene Anwendungsgebiete vgl. den Abschnitt zu den sektorspezifischen Anwendungen des Revenue-Managements bei Tscheulin/Lindenmeier (2003), S. 649ff.
3 Für einen Überblick vgl. Elmaghraby/Keskinocak (2003).
4 Vgl. Choi/Mattila (2004), Kimes (1994, 2002), Kimes/Wirtz (2002), McMahon-Beattie et al. (2002), Noone et al. (2003) und Wirtz et al. (2003).
5 Vgl. Kahneman et al. (1985).
6 Zur Attributionstheorie vgl. z. B. Folkes (1988) oder Oliver/DeSarbo (1988).
7 Zum Diskonfirmations-Paradigma vgl. für viele z. B. Oliver (1980), Churchill/Surprenant (1982) oder Anderson/Sullivan (1993).
8 Vgl. Mittal et al. (1998). Die Berücksichtigung der Prospect-Theorie im Rahmen von Zufriedenheitsmodellen bedingt grundsätzlich eine Verletzung der Linearität als eine der Grundprämissen des allgemeinen linearen Modells. Diese wird hier über die Abbildung der Gewinn- und Verlustszenarien mit Hilfe von Dummy-Variablen abgefangen. Lineare Regressionsmodelle o. ä. bleiben daher anwendbar.
9 Zum Für und Wider des multiattributiven Zufriedenheitsansatzes vgl. Oliver (1996, S. 37ff.), der diesen kritisiert, sowie Mittal et al. (1998, S. 34f.), die mehrere Vorzüge des entsprechenden Modellansatzes aufzeigen.
10 Vgl. Danaher/Mattson (1994), S. 5f.
11 Vgl. Walker (1995), S. 7ff.
12 Vgl. z. B. Maxham/Netemeyer (2002).
13 Vgl. hierzu z. B. Gilly/Gelb (1982) oder Singh (1988).
14 Vgl. für viele Anderson et al. (1994).
15 Vgl. z. B. Tscheulin (1994) oder Helmig (1997).
16 Vgl. z. B. Henning-Thurau/Klee (1997).
17 Vgl. Heskett et al. (1994).
18 Vgl. hierzu Kamakura et al. (2002).
19 Für einen Überblick über die Bestandteile des Revenue-Managements vgl. Tscheulin/Lindenmeier (2003, 631ff.).
20 Vgl. Shostack (1987).
21 Vgl. die im Abschnitt B angegebene Literatur.
22 Entsprechend der EU-Verordnung 295/91 sind Airlines im Falle einer Abweisung verpflichtet in Abhängigkeit der resultierenden Verspätung und des Ausmaßes der Flugstrecke eine Kompensation von 75 bis 600 € auszuzahlen.
23 Vgl. z. B. Rothstein (1971, S. 97).
24 Dieses primäre Ziel der Probandenauswahl wurde erreicht. Im Durchschnitt flog jeder Befragte 21 Mal pro Jahr.
25 Für viele vgl. Smith et al. (1999).
26 Die Preise von 300, 500 und 700 € entsprachen unter Berücksichtigung der korrespondierenden Tarifbestimmungen, der Flugstrecke sowie des Zeitraums bis zum Abflug grob den im Herbst 2003 gültigen Tarifen mehrerer etablierte europäischer Airlines.
27 Dies entspricht den durch die EU-Verordnung 295/91 vorgegebenen üblichen Rückgewinnungsmaßnahmen.

28 Es zeigt sich, dass die Probanden annähernd gleich auf die sechs Experimentalgruppen verteilen sind. Dies ist von Vorteil, da sich die später durchgeführte Varianzanalyse bei dem Vorliegen einer gleichen Zellbesetzung als robust gegenüber Verletzung der Annahmen des allgemeinen linearen Modells erweisen.
29 Autoren wie etwa Stauss (1999) empfehlen generell die Anwendung dieser direkten Zufriedenheitsskalen anstatt einer getrennten Messung von Erwartungen und Leistungswahrnehmungen.
30 Auch wenn es Kritiker dieses Messverfahrens gibt, wendet es eine Vielzahl von Autoren in wissenschaftlich referierten Zeitschriften an. Vgl. z. B. Mittal et al. (1998) oder Smith et al. (1999). Mittal et al. (1998) verweisen auf einen Vorteil des entsprechenden Messansatzes. Im Gegensatz zu Multiple-Item-Measures kommt es hier nicht zu Verzerrungen aufgrund von beharrungsbedingten Antworten oder zu Antwortverweigerungen. Yi (1990) berichtet ferner von einer guten Test-Retest-Reliabilität des Single-Item-Maßes.
31 Homburg/Giering (1996, S. 8) gehen davon aus, dass die rotierten Faktorladungsmatrizen explorativer Faktoranalysen erste Ansatzpunkte für die konvergierende und diskriminierende Validität der Messskalen liefern.
32 Vgl. Nunnally (1978).
33 Die Werte der Multikollinearitätsmaße (VIF, Toleranz) liegen bei allen in den Regressionsmodellen des vorliegenden Beitrags berücksichtigten Variablen in dem geforderten Wertebereich.
34 Im Kontext der Anwendung der Szenariotechnik würde eine Berücksichtigung einer Vielzahl potenzieller Zufriedenheitsdeterminanten die Probanden kognitiv überlasten. Daher wurden – auch unter Berücksichtigung der Gefahr der Unterspezifizierung der Modelle – nur die hier relevanten Determinanten berücksichtigt.
35 Inhaltliche und methodische Anregungen liefern hierzu z. B. Kamakura et al. (2002).
36 Vgl. Tscheulin/Lindenmeier (2003).

Literatur

Anderson, E.W., Fornell, C., Lehman, D.R., 1994, Customer Satisfaction, Market Share, and Profitability: Findings from Sweden, in: Journal of Marketing, Vol. 58, S. 53–66

Anderson, E.W., Sullivan, M.W., 1993, The Antecedents and Consequences of Customer Satisfaction for Firms, in: Marketing Science, Vol. 12, No. 2, S. 125–143

Choi, S., Mattila, A.S., 2004, Hotel Revenue Management and Its Impact on Customers' Perceptions of Fairness, in: Journal of Pricing and Revenue Management, Vol. 2, No. 4, S. 303–314

Churchill, G.A., Surprenant, C., 1982, An Investigation into the Determinants of Customer Satisfaction, in: Journal of Marketing Research, Vol. 19, S. 491–504

Danaher, P.J., Mattson, J., 1994, Customer Satisfaction during the Service Delivery Process, in: European Journal of Marketing, Vol. 28, No. 5, S. 5–16

Elmaghraby, W., Keskinocak, P., 2003, Dynamic Pricing in the Presence of Inventory Considerations: Research Overview, Current Practices, and Future Directions, in: Management Science, Vol. 49, No. 10, S. 1287–1309

Folkes, V.S., 1988, Recent Attribution Research in Consumer Behavior: A Review and New Directions, in: Journal of Consumer Research, Vol. 14, März, S. 548–565

Gilly, M.C., Gelb, B., 1982, Post-Purchase Consumer Processes and the Complaining Consumer, in: Journal of Consumer Research, Vol. 9, Dezember, S. 323–328

Helmig, B., 1997, "Variety-seeking-behavior" im Konsumgüterbereich – Beeinflussungsmöglichkeiten durch Marketing-Instrumente, Gabler, Wiesbaden

Henning-Thurau, T., Klee, A., 1997, The Impact of Customer Satisfaction and Relationship Quality on Customer Retention: A Critical Reassessment and Model Development, in: Psychology and Marketing, Vol. 14, No. 8, S. 737–764

Heskett, J.L., Jones, T.O., Loveman, G.W., Sasser, W.E., Schlesinger, L., 1994, Putting the Service-Profit Chain to Work, in: Havard Business Review, Vol. 72, No. 2, S. 164–174

Hoch, S.J., Deighton, J., 1989, Managing What Consumers Learn from Experience, in: Journal of Marketing, Vol. 53, April, S. 1–20

Homburg, C., Giering, A., 1996, Konzeptualisierung und Operationalisierung komplexer Konstrukte – Ein Leitfaden für die Marketingforschung, in: Marketing ZFP, Heft 1, 1. Quartal, S. 5–24

Kahneman, D., Tversky, A., 1979, Prospect Theory: An Analysis of Decision under Risk, in: Econometrica, Vol. 47, März, S. 263–291

Kahneman, D., Knetsch, J.L., Thaler, R., 1985, Fairness as a Constraint on Profit Seeking: Entitlements in the Market, in: American Economic Review, Vol. 76, No. 4, S. 728–741

Kamakura, W.A., Mittal, V., de Rosa, F., Mazzan, J.A, 2002, Assessing the Service-Profit Chain, in: Journal of Marketing, Vol. 21, No. 3 S. 294–317

Kano, N., 1984, Attractive Quality and Must-be Quality, in: Hinshitsu Journal of the Japanese Society for Quality Control, Vol.14, No. 2, S. 39-48, 1984

Kimes, S.E., 1994, Perceived Fairness of Yield Management, in: Cornell Hotel and Restaurant Administrations Quarterly, Vol. 35, No. 1, S. 22–29

Kimes, S.E., 2002, Perceived Fairness of Yield Management, in: Cornell Hotel and Restaurant Administrations Quarterly, Vol. 43, No. 1, S. 21–30

Kimes, S.E., Wirtz, J., 2002, Perceived Fairness of Demand-Based Pricing for Restaurants, in: Cornell Hotel and Restaurant Administrations Quarterly, Vol. 43, No. 1, S. 31–37

McMahon-Beattie, U., Yeoman, I., Palmer, A., Mudie, P., 2002, Customer Perceptions of Pricing and the Maintenance of Trust, in: Journal of Pricing and Revenue Management, Vol. 1, No. 1, S. 25–43

Noone, B.M., Kimes, S.E., Renaghan, L.M., 2003, Integration Customer Relationship Management and Revenue Management: A Hotel Perspective, in: Journal of Pricing and Revenue Management, Vol. 2, No. 1, S. 7–21

Mittal, V., Ross, W.T., Baldasare, P.M., 1998, The Asymmetric Impact of Negative and Positive Attribute-Level Performance on Overall Satisfaction and Repurchase Intentions, in: Journal of Marketing, Vol. 62, Januar, S. 33–47

Nunnally, J., Bernstein, I.H., 1994, Psychometric Theory, 3. Auflage, McGraw-Hill, New York

Oliver, R.L., 1980, A Cognitive Model of the Antecedents and Consequences of Satisfaction Decisions, in: Journal of Marketing Research, Vol. 17, November, S. 460–469

Oliver, R.L., 1996, Satisfaction: A Behavioral Perspective on the Consumer, Irwin/McGraw-Hill, Boston u. a.

Oliver, R.L., DeSarbo, W.S., 1988, Response Determinants in Satisfaction Judgements, in: Journal of Consumer Research, Vol. 14, März, S. 495–507

Oliver, R.L., Swan, J.E., 1989, Equity and Disconfirmation Perceptions as Influence on Merchant and Product Satisfaction, in: Journal of Consumer Research, Vol. 16, Dezember, S. 372–383

Rothstein, M., 1971, Airline Overbooking – The State of the Art, in: Journal of Transport Economics and Policy, Vol. 5, No. 1, S.96–99

Shostack, G.L., 1987, Service Positioning Through Structural Change, in: Journal of Marketing, Vol. 51, Januar, S. 34–43

Singh, J., 1988, Consumer Complaint Intentions and Behavior: Definitional and Taxonomical Issues, in: Journal of Marketing, Vol. 52, Januar, S. 93–107

Smith, A.K., Bolton, R.N., Wagner, J., 1999, A Model of Customer Satisfaction with Service Encounters Involving Failure and Recovery, in: Journal of Marketing Research, Vol. 36, August, S. 356–372

Smith, B.C., Leimkuhler, J.F., Darrow, R.M., 1992, Yield Management at American Airlines, in: Interfaces, Vol. 22, No.1, S. 8-31.

Stauss, B., 1999, Kundenzufriedenheit, in: Marketing – Zeitschrift für Theorie und Praxis, H. 1, S. 5–23

Stauss, B., Seidel, W., 2003, Prozessuale Zufriedenheitsermittlung und Zufriedenheitsdynamik bei Dienstleistungen, in: Homburg, C. (Hrsg.), 2003, Kundenzufriedenheit: Konzepte – Methoden – Erfahrungen, 5., Aktualisierte und erweiterte Auflage, Gabler-Verlag, Wiesbaden

Tscheulin, D.K., 1994, "Variety-seeking-behavior" bei nicht-habitualisierten Konsumentenentscheidungen: Eine empirische Studie, in: ZfbF, Vol. 46, No. 1, S. 54–62

Tscheulin, D. K., Lindenmeier, J., 2003, Yield-Management – Ein State-of-the-Art, in: ZfB, 73 Jg., H. 6, S. 629–662

Wirtz, J., Kimes, S.E., Theng, J.H.P., Patterson, P., 2003, Revenue Management: Resolving Potential Customer Conflicts, in: Journal of Revenue and Pricing Management, Vol. 2, No. 3, S. 216–226

Yi, Y., 1990, A Critical Review of Consumer Satisfaction, in: Zeithaml, V.A. (Hrsg.), 1990, Review of Marketing, Chicago, S. 68–123

Kundenzufriedenheitsrelevante Effekte der Überbuchung

Zusammenfassung

Der vorliegende Beitrag beschäftigt sich – unter besonderer Berücksichtigung der überbuchungsbedingten Abweisung von Kunden – mit den kundenzufriedenheitsrelevanten Effekten des Revenue-Managments. Hierbei werden zuerst potenzielle Berührungspunkte zwischen der Anwendung des Revenue-Managements und dem Bereich der Kundenzufriedenheit im Rahmen konzeptioneller Überlegungen aufgezeigt. Neben den verhaltenswissenschaftlich fundierten Ansätzen des Diskonfirmations-Paradigmas und der Gerechtigkeitstheorie, wird hierbei auch der Gegenstandsbereich der Kundenzufriedenheiten berücksichtigt. Die Wirkung der auf der differenzierten Bepreisung beschränkter Sitzplatzkapazitäten basierenden Kontingentierung sowie der überbuchungsbedingten Abweisung von Kunden wird u. a. mit Hilfe von Dummy-Regressionsmodellen analysiert. Generell kann festgehalten werden, dass das Revenue-Management in negativen Zufriedenheitsreaktionen mündet. Dies gilt insbesondere für die durch die Überbuchung beschränkter Kapazitäten bedingte Abweisung von Kunden. Aufbauend auf den Ergebnissen der empirischen Analysen werden Empfehlungen für die Unternehmenspraxis und Ansatzpunkte weiterführender Forschungsarbeiten präsentiert.

Summary

This paper analyses revenue management's and denied boarding's influence on customer satisfaction. The junctures between the fields of revenue management and customer satisfaction are examined in the conceptual part of this article. Especially the disconfirmation paradigm and equity theory are considered in this context. Dummy regressions are conducted in order to validate the derived hypotheses. It is shown that the revenue management's overall effects on customer satisfaction are negative. The paper concludes with practical recommendations and directions for future research.

JEL: *M19, M30, M39*

Grundsätze und Ziele

Die **Zeitschrift für Betriebswirtschaft** ist eine der ältesten deutschen Fachzeitschriften der Betriebswirtschaftslehre. Sie wurde im Jahre 1924 von Fritz Schmidt begründet und von Wilhelm Kalveram, Erich Gutenberg und Horst Albach fortgeführt. Sie wird heute von 14 Universitätsprofessoren, die als **Department Editors** fungieren, herausgegeben. Dem **Editorial Board** gehören namhafte Persönlichkeiten aus Universität und Wirtschaftspraxis an. Die Fachvertreter stammen aus den USA, Japan und Europa.

Die Zeitschrift für Betriebswirtschaft verfolgt das Ziel, die **Forschung auf dem Gebiet der Betriebswirtschaftslehre** anzuregen sowie zur Verbreitung und Anwendung ihrer Ergebnisse beizutragen. Sie betont die Einheit des Faches; enger und einseitiger Spezialisierung in der Betriebswirtschaftslehre will sie entgegenwirken. Die Zeitschrift dient dem **Gedankenaustausch zwischen Wissenschaft und Unternehmenspraxis**. Sie will die betriebswirtschaftliche Forschung auf wichtige betriebswirtschaftliche Probleme in der Praxis aufmerksam machen und sie durch Anregungen aus der Unternehmenspraxis befruchten.

In der Zeitschrift für Betriebswirtschaft können auch englischsprachige Aufsätze veröffentlicht werden. Die Herausgeber begrüßen die Einreichung englischsprachiger Beiträge von deutschen und internationalen Wissenschaftlern. Durch die Zusammenfassungen in englischer Sprache sind die deutschsprachigen Aufsätze der ZfB auch internationalen Referatenorganen zugänglich. Im Journal of Economic Literature werden die Aufsätze der ZfB zum Beispiel laufend referiert.

Die Qualität der Aufsätze in der Zeitschrift für Betriebswirtschaft wird durch die Herausgeber und einen Kreis renommierter Gutachter gewährleistet. Das **Begutachtungsverfahren** ist doppelt verdeckt und wahrt damit die Anonymität von Autoren wie Gutachtern gemäß den international üblichen Standards. Jeder Beitrag wird von zwei Fachgutachtern beurteilt. Bei abweichenden Gutachten wird ein Drittgutachter bestellt. Die Department Editors entscheiden auf der Grundlage der Gutachten eigenverantwortlich über die Annahme und Ablehnung der von ihnen betreuten Manuskripte.

Die Zeitschrift für Betriebswirtschaft veröffentlicht im Einklang mit diesen Grundsätzen und Zielen:

- **Aufsätze** zu theoretischen und praktischen Fragen der Betriebswirtschaftslehre einschließlich von Arbeiten junger Wissenschaftler, denen sie ein Forum für die Diskussion und die Verbreitung ihrer Forschungsergebnisse eröffnet,
- **Ergebnisse der Diskussion** aktueller betriebswirtschaftlicher Themen zwischen Wissenschaftlern und Praktikern,
- **Berichte** über den Einsatz wissenschaftlicher Instrumente und Konzepte bei der Lösung von betriebswirtschaftlichen Problemen in der Praxis,
- **Schilderungen von Problemen** aus der Praxis zur Anregung der betriebswirtschaftlichen Forschung,
- **„State of the Art"-Artikel**, in denen Entwicklung und Stand der Betriebswirtschaftslehre eines Teilgebietes dargelegt werden.

Die Zeitschrift für Betriebswirtschaft informiert ihre Leser über **Neuerscheinungen** in der Betriebswirtschafslehre und der Management Literatur durch ausführliche Rezensionen und Kurzbesprechungen und berichtet in ihrem **Nachrichtenteil** regelmäßig über betriebswirtschaftliche Tagungen, Seminare und Konferenzen sowie über persönliche Veränderungen vorwiegend an den Hochschulen. Darüber hinaus werden auch Nachrichten für Studenten und Wirtschaftspraktiker veröffentlicht, die Bezug zur Hochschule haben. Die ZfB veröffentlicht keine Aufsätze, die wesentliche Inhalte von **Dissertationen** wiedergeben. Sie rezensiert aber publizierte Dissertationen.

GPSR Compliance
The European Union's (EU) General Product Safety Regulation (GPSR) is a set of rules that requires consumer products to be safe and our obligations to ensure this.

If you have any concerns about our products, you can contact us on

ProductSafety@springernature.com

In case Publisher is established outside the EU, the EU authorized representative is:

Springer Nature Customer Service Center GmbH
Europaplatz 3
69115 Heidelberg, Germany

www.ingramcontent.com/pod-product-compliance
Lightning Source LLC
LaVergne TN
LVHW080314260326
834688LV00038B/1114